本书是吉林省社会科学基金项目"吉林省对外贸易现状分析与发展对策研究(2017BS20)"及东北电力大学博士科研启动基金项目

"中国制造业企业出口贸易现状的实证分析——基于异质性企业贸易理论的研究(BSJXM-2019107)"的阶段性研究成果

竞争能力异质性与 中国制造业企业 出口贸易问题研究

Study on the Heterogeneity of Competitiveness and
Export Trade of Chinese Manufacturing Enterprises

| 周小琳　著

人民出版社

前　言

　　比较优势理论和异质性企业贸易理论在国际贸易理论体系中都占有重要的地位，前者是整个国际贸易理论的基石，后者将国际贸易理论由宏观领域扩展到微观领域。两大理论体系研究的核心问题可以概括为贸易起因、贸易利得和收益分配。比较优势理论认为，贸易起因源于两个国家生产技术水平或者要素禀赋差异形成的相对成本差异，每个国家应该专业化生产并出口本国具有比较优势的产品，进口本国具有比较劣势的产品，那么，每个国家都能够获得贸易利益。尽管贸易是双赢的，但一国内部并不是所有利益集团都能够获得贸易利益，贸易自由化会使得一国丰富要素所有者的报酬上升，稀缺要素所有者的报酬下降。比较优势理论假设国家之间在产业层面存在差异，但是同一产业内所有的企业都是同质的，即某一产业内或者所有企业都出口，或者所有企业都不出口，这显然与现实中任何国家同一产业内不同企业之间广泛地存在生产率、成本加成率和要素密集度等方面的差异，且同一产业内只有部分企业出口的现象不一致。为此，梅里兹（Melitz，2003）、伯纳德等（Bernard etal.，2003）、埃尔普曼等（Helpman et al.，2003）学者在对称性国家假设下从企业生产率异质的角度，开创性的提出异质性企业贸易理论。该理论的核心观点是在有贸易成本和企业异质性的条件下，只有少数高生产率的企业才能跨越出口门槛生产率水平进入国际市场，因此，出口企业的生产率水平高于非出口企业。异质性企业贸易理论在对这一核心观点作进一步解释的过程中，形成了两大假说："自选择效应"假说和"出口学习效应"假说，"自选择效应"假说是从贸易起因的角度进行解释，认为出口企业生产率水平比非出口企业高是在出口前就形成了，是生产率高的企业自我选择出口的结果。"出口学习效应"假说是从贸易结果的角度进行解释，认为出口企业在出口后通过从国外学习提高了自身生产率水平，从而导致出口后企业生产率水平高于非出口企业。众多学者以"自选择效应"假说和"出口学习效应"假说为基础，不断放宽假设条件，逐步将成本加成差异、要素禀赋差异等因素纳入异质性企业贸易理论模型，随着假设条件与现实不断接近，模型的解释力度越来越强，应用领域越来越广泛。

入世以来，中国沿着比较优势路径、依靠自身的劳动力禀赋优势发展对外贸易，取得了巨大的成功。自 2013 年以来，中国已连续多年蝉联世界第一货物贸易出口国，货物贸易出口额从 2001 年的 2.20 万亿元增加到 2018 年的 16.42 万亿元，出口额增加了 6.46 倍。从宏观角度来看，中国对外贸易在贸易起因、贸易模式、贸易利得和收益分配方面都符合比较优势理论的预期。但从微观角度来看，国内学者运用异质性企业贸易理论，对中国企业出口与生产率、出口与成本加成率以及出口与工资水平之间的相互关系进行检验，检验结果与理论预期并不完全一致。具体表现在：第一，"自选择效应"结论不一致。易靖韬（2009）、范剑勇和冯猛（2013）、张坤等（2016）认为中国企业出口能够遵循"自选择效应"机制，李春顶和尹翔硕（2009）、赵伟和赵金亮（2011）、戴觅等（2014）则认为中国企业出口中存在"生产率悖论"，即出口企业的生产率水平反而低于非出口企业。第二，"出口学习效应"结论不一致。张杰等（2008）、张礼卿和孙俊新（2010）、李春顶和唐丁祥（2010）认为中国企业进入国际市场后没有获得生产率提升，余淼杰（2010）、张仁骞等（2016）、佟家栋等（2014）则认为中国企业出口后获得了"出口学习效应"。第三，企业出口陷入"低加成率陷阱"。黄先海等（2016）、盛丹和王永进（2012）、盛丹（2013）、刘啟仁和黄建忠（2015）、祝树金和张鹏辉（2015）证实中国出口企业的成本加成率水平反而低于非出口企业。第四，工资溢价结论不一致。于洪霞和陈玉宇（2010）揭示了出口经由影响生产率而引起企业工资增加的机制。陈波和贺群超（2013）从理论层面解析了出口通过引起技术工人的绩效工资增加而导致工资差异的机制。包群和邵敏（2010）的研究则认为，我国"低工资增长、高劳动生产率增长"的出口模式对工资增长有显著的抑制作用。从企业异质的角度分析我国企业的出口起因、出口利得与收益分配，找出传统异质性企业贸易理论模型无法解释我国企业出口现象的原因，以及应对措施是当前国际理论研究迫切需要解决的问题。

本书的研究内容如下：首先，对异质性企业贸易相关理论进行综述。运用异质性企业贸易理论，从贸易起因、贸易利得和收益分配三个角度，重新回答了国际贸易的基本问题。其次，竞争能力异质性、生产率差异、企业的出口选择与学习。阐述了"自选择效应"和"出口学习效应"的含义，归纳了"自选择效应"和"出口学习效应"的作用机制，为出口与生产率关系的研究提供理论支撑；以上市公司制造业企业的数据为样本，描述了制造业企业出口密度的行业特征以及出口与生产率之间的相互关系；构建实证模型，检验我国不同竞争能力企业的出口中是否存在"自选择效应"和"出口学习效应"，并进行理论分析与解释。结果表明，自2006年以来，我国企业出口"自选择悖论"逐渐消失，企业能够遵循"自选择效应机制"确定出口市场的进入行为，但进入出口市场后，企业仅获得了微弱的"出口学习效应"。为此，可以采用转变对加工贸易企业的扶持方向、提高资产使用效率、培养高素质劳动力和技能型人才、以超常举措推动成长性企业发展、全面提升企业的营运能力、拓展出口融资渠道等措施，来维持企业出口"自选择效应"机制、提升"出口学习效应"，以促进我国外贸"稳中提质"、"稳中增效"、加快我国外贸供给侧改革。再次，从竞争能力异质性、成本加成率差异企业的出口选择与获利角度进行阐述。介绍成本加成的经济学含义，概括与总结成本加成率的理论模型与实证模型；以中国上市公司制造业企业数据为样本，描述企业出口与成本加成率之间的关系；构建成本加成的计量模型，实证检验我国不同竞争能力企业的出口是否陷入"低加成率陷阱"。结果表明，尽管2006年以后，我国企业的出口开始遵循"自选择效应"机制，并在进入出口市场后，获得了微弱的"出口学习效应"，但由于我国出口产品大多是低质量低技术水平的劳动力密集型产品，出口产品在国内市场的需求强度高于其在国际市场上的需求强度，我国企业出口仍然存在"低加成率陷阱"现象，贸易自由化程度提升以后，出口市场过度的"竞争效应"进一步降低了出口企业的成本加成率水平和获利能力，我国在国际分工中赚取的利润份额越来越小。为此，可采取提升我国产业的价值链地位、改进出口产品质量、培育高端生产要素、加大成长性企业的扶持力度、提升企业的营运能力、提高内源性资本的使用效率等措施促进企业出口成本加成率溢价系数由负转正，推动企业出口走出"低加成率陷阱"。最后，从竞争能力异质性、工资差异性、企业的出口选择与工资溢价角度阐述。概括出口工资溢价的基础理论；以中国上市公司制造业企业数据为样本，描述企业出口与工资水平之间的关系；构建工资溢价的计量模型，实证检验我国不同竞争能力企业的出口中是否存在工资溢价。结果表明，中国制造业企业出口前和出口后均存在显著的工资溢价，但由于中国企业在国际市场上并不具备竞争优势，众多企业采用压低工人工资的方法来扩大出口市场份额、维持出口利润，出口工资溢价和企业效益之间成反比关系。可采取深化制度改革、合理配置生产要素、鼓励人力资本积累、加大研发支出投入力度、推动企业向价值链高端发展、降低融资成本、提高融资效率等措施，促进企业实现出口工资溢价，带动企业生产率水平提升和外贸结构转型升级。

异质性企业贸易理论是国际贸易的前沿和最新进展，相关理论和实证研究均存在很大的难度，本书在写作过程中，除了笔者自己所做的工作外，还参阅了国内外作者的相关文献资料，在此深表谢意。由于学识水平所限，书中不足和疏漏之处在所难免，恳请读者与有关专家阅读后能不吝赐教并给予批评指正。

周小琳

2019 年 6 月 15 日

目　录

第一章　异质性企业贸易理论关于
国际贸易基本问题的回答

近年来，从企业角度来分析国际经济问题成为国际贸易领域的一个新现象，有利于更好的理解国际贸易过程。20世纪90年代中期以后，企业层面的微观数据逐渐可得，大量的文献开始洞察出口企业的特征。例如，出口企业相对于非出口企业生产率更高、规模更大；出口过程是持续的，企业很少改变其出口或者不出口的状态；少数的出口企业贡献了大部分的出口额；出口企业仅有部分产出用来出口；企业从事国际贸易面临巨大的障碍，只有生产率最高的企业能够承担这些成本。由于传统贸易理论（古典和新古典贸易理论）和新贸易理论均使用代表性企业的假设，无法对这些现实做出解释。对此，梅里兹（Melitz，2003）、蒙塔尼亚（Montagna，2001）、伯纳德等（Bernard et al.，2003）、埃尔普曼等（Helpman et al.，2003）根据企业间生产率存在差异的事实，从不同的角度进行理论构建与解释。其中，影响最为深远的当属梅里兹（Melitz，2003）的异质性企业贸易理论模型。在这之后，众多学者以梅里兹（Melitz，2003）模型基础，不断放宽假设条件，构建了存在多产品生产（Bernard et al.，2012；Maye et al.，2014）、FDI（Antras 2003；Helpman et al.，2004）、要素禀赋差异（Bernard et al.，2007）、可变价格加成（Melitz and Ottaviano，2008）、生产率有界（Helpman et al.，2008）、产品质量差异（Kugler and Verhoogen，2012；Verhoogen，2008）等情况下的异质性企业贸易模型。随着假设条件与现实不断接近，模型的解释力度越来越强，国际贸易步入异质性企业贸易理论时代。本研究将综合现有文献对异质性企业贸易理论下贸易起因、贸易模式、贸易对福利及收入分配的影响和贸易政策进行概括。

第一节　贸易起因

传统贸易理论从国家之间差异的角度来解释产业间贸易产生的原因，新贸易理论从规模经济、需求偏好相似的角度解释产业内贸易产生的原因。这些理论均假设企业是同质的，意味着同一部门内所有企业要么都出口，要么都不出口。然而，现实经济中，即使是一国最具有竞争优势的出口部门，也只有部分企业出口，这就需要新的理论给予解释。梅里兹（Melitz，2003）扩展了克鲁格曼（Krugman，1979）的垄断竞争模型，在其基础上加了两个重要的假设：第一，企业是异质的，存在生产率水平的差异；第二，企业出口需要支付开拓市场的固定成本以及"冰山"运输成本。只有生产率高于出口门槛生产率的企业才有能力支付出口的固定成本及冰山成本，进入国际市场。生产率低于出口门槛生产率的企业只能在国内销售。生产率最低的企业退出市场。另外，企业在每一期都可能受到随机的、负面的冲击，使其出现亏损而退出市场。因此，梅里兹（Melitz，2003）认为企业间生产率水平的差异是企业是否出口的决定因素。

那么，什么是决定生产率水平高低的因素呢？各国学者从不同的角度对此进行了分析。伊顿和科图姆（Eaton and Kortum，2002）、梅里兹（Melitz，2003）、伯纳德等（Bernard et al.，2003）\埃尔普曼（Helpman，2004）、康斯坦丁尼和梅里兹（Constantini and Melitz，2007）假设每个企业的生产技术水平是随机的，一国的平均生产率取决于生产率的门槛值，而生产率的门槛值取决于出口商面对的贸易障碍和世界市场的其他特征。哈里斯和李（Harris and Li，2008）、萨洛蒙和谢弗（Salomon and Shaver，2010）认为即使最初企业的生产率完全相同，自由贸易后部分企业为了进入国际市场不断进行产品和生产过程的创新，提高生产率。即高生产率是企业有意识的自选择行为的结果。耶普尔（Yeaple，2005）假设企业刚成立时都是一样的，企业可以自由的选择技术，可以自由的在完全竞争的劳动力市场上雇佣不同技能的劳动力。企业间生产率水平的差异是由企业内生性的选择使用不同的技术和雇佣不同技能水平的劳动力引起的。布里尼和韦克林（Bleaney and Wakelin，2010）、古尔利和西顿（Gourlay and Seaton，2004）、奥塔维亚诺（Ottaviano，2005）认为市场竞争程度取决于该市场的规模和贸易一体化的程度，规模越大、市场开放程度越高，企业的平均生产率越高。罗默（Romer，1989）、格罗斯曼和埃尔普曼（Grossman and Helpman，1991）认为进口中间产品的企业因可以在更大的范围内选取最优的投入组合，而具有较高的生产率。布莱洛克和格特勒（Blalock and Gertler，2004）认为企业因学习国外进口商的技术专长而具有较高的生产率。进口商定制中间投入品时，需要与出口商就后续的生产进行协调，进口商强烈的需要把最新的设计规范及生产技术传播给出口商。芬斯特拉和吉（Feenstra and Kee，2004）认为根据产品生产中投入的要素密集度不同，产出种类越多，出口企业的生产率越高。同时，出口多样性对一国生产率的影响取决于各部门差异产品之间的替代弹性。类似于哈里根（Harrigan，1997），国家间出口产品种类的差异引发 GDP 函数中价格的差异，并因此影响各部门的产品附加值。安德森等（Andersson et al.，2008）认为劳动生产率和市场多元化、产品多样化之间是成正向的比例关系。

第二节　贸易利得

异质性企业贸易理论中，贸易利得主要来源于三个方面：（1）消费者消费产品的种类增多（Krugman，1979）；（2）产业内资源优化配置的效应（Melitz，2003；Bernard et al.，2007；Melitz and Ottaviano，2008）；

（3）通过进口竞争，企业的成本加成下降（Krugman，1979；Melitz and Ottaviano，2008）。

一、消费者消费产品种类增加

国际贸易的目的是为了进口，而不是出口。一国从国际贸易获得的真正利益是它进口所需商品的能力。由于传统的比较优势模型假设商品是同质的，它所反映的进口能力是指该国消费原有商品的数量增加。然而，消费者既希望能够消费更多数量的产品，又希望能够消费更多种类的产品。克鲁格曼（Krugman，1979）最先放宽产品同质性假设，将消费者多样化需求偏好置于国际贸易福利分析的框架之中。梅里兹（Melitz，2003）的异质性企业贸易理论是在克鲁格曼（Krugman，1979）等基础上发展而来的，沿用了包括商品异质性在内的诸多假设，同样能分析消费者的多样化需求偏好，但异质性企业贸易理论和新贸易理论一样，在分析时只考虑了进口产品种类的增加，忽略了国内消失产品的种类。

实证分析中现有文献主要是从进口产品种类变化的角度进行分析。芬斯特拉（Feenstra，2010）认为可以用包含进口新产品后带来的价格指数下降的程度来衡量产品多样化对消费者带来的福利水平增加。布罗达和温斯坦（Broda and Weinstein，2004）对美国所有的进口产品进行了实证分析，发现进口产品种类的增加使得美国实际进口价格指数平均每年下降1.2%。布罗达和温斯坦（Broda and Weinstein，2004）假设消费者效用函数中商品的替代弹性是常数，进口产品被认为是效用函数中的新产品，贸易利益取决于进口的比重及商品的替代弹性。通过对美国1972—2001年进口的分类数据进行分析发现，消费者对从不同国家购买的相似产品的替代弹性低。1972—2001年，世界交易的产品种类增加了4倍，使得美国福利水平大幅提高。进口种类增多使得美国实际收入提高3%。阿科拉基斯等（Arkolakis et al.，2008）通过哥斯达黎加1986—1992年的数据分析发现，虽然贸易自由化后，进口产品种类大幅增加，但由于每种新产品的进口规模不大，福利水平改善只是小幅提高。如果考虑国内退出市场的产品种类，产品全部种类（国内及进口）可能增加、减少或者保持不变，产品多样性对消费者福利的影响具有不确定性。

二、产业内资源优化配置的效应

克鲁格曼（Krugman，1979）解释了通过国际贸易不仅可以实现资源在不同国家之间的优化配置，还可以实现资源在一国内部不同产业之间的优化配置。梅里兹（Melitz，2003）放开克鲁格曼（Krugman，1979）垄断竞争模型的生产率外生性和企业同质性的假设，开创性的分析了对外贸易如何促进资源在一国同一产业内不同企业间的优化配置。

首先，在克鲁格曼（Krugman，1979）模型中，生产率是外生确定的，一国的平均生产率水平不随贸易成本的变化而变化，贸易自由化并不能提高企业的平均生产率。而在梅里兹（Melitz，2003）的异质性企业模型中，企业生产率是内生确定的，一个国家的平均生产率随贸易成本的变化而变化，而贸易成本取决于国内市场及国际市场的门槛生产率。贸易自由化会提高企业的平均生产率水平。其次，在克鲁格曼（Krugman，1979）模型中，同一产业内，或者所有企业都出口，或者所有企业都不出口。而在异质性企业贸易模型中，自由贸易减少了本国企业的市场份额，并降低了本国企业的成本加成和利润，迫使低效率的企业退出市场，将更多的资源配置到生产率高的出口企业，总体生产率水平提高。最后，对于多产品生产企业来说，自由贸易使得企业放弃生产率较低的产品的生产，并将资源转移到高效率产品的生产中，提高了企业层面的生产率。因此，自由贸易不仅通过企业的自选择行为，实现了产业内企业间资源的优化配置，还实现了企业内产品间资源的优化配置（Mayer et al.，2011）。

实证研究中，戴维斯和霍尔蒂万格（Davis and Haltiwanger，2011）发现部门内企业间就业的创造和消失要远大于部门间就业的变化，这意味着产业内而不是产业间实现了大量的资源再分配。伯纳德等（Bernard et al., 2006、2012）、费尔南德斯（Fernandes，2007）、坎德尔沃尔（Khandelwal，2010）用企业层面的数据证实，贸易自由化带来的生产率总体水平的提高主要是由产业内资源的重新配置引起的，产业间资源重新配置所起的作用非常有限。帕夫科尼克（Pavcnik，2002）论证智利制造业12.7%的生产率增长来源于1979—1986年智利贸易自由化期间资源从低效率生产商向高效率生产商的重新配置，大约有三分之二的企业生产率提高了19%。迪士尼等（Disney et al.，2003）发现，1980—1992年，英国50%的劳动生产率增长和80%—90%的全要素生产率的增长是由外部重组效应（市场进入和退出以及企业间市场份额的重新分配）引起的。1990—1998年，原有企业生产率的改善以及市场份额在"坏企业"和"坏企业"之间的重新分配并没有大幅度的促进制造业全要素生产率的提高，全要素生产率的提高主要是由全要素生产率高的企业进入市场、全要素生产率低于平均水平的企业退出市场引起的。

三、企业成本加成下降

对外贸易通过竞争效应促使垄断企业的成本加成下降。对于消费者来说，国外企业的进入降低了本国企业的市场份额，企业的成本加成下降，消费者可以以更低的价格消费商品而得到满足。同时，效率低的企业退出市场会部分抵消消费者获得的福利。对于整个社会来说，由于梅里兹（Melitz，2003）模型假设企业可以自由进入市场，均衡时企业是零利润的。价格对边际成本之比下降也意味着平均成本相对于边际成本的下降，企业规模因而扩大，规模经济效应得以充分发挥。通过竞争效应，消费者因价格下降而获利，但这种价格下降并不是从企业到消费者的重新分布，而是伴随着企业规模的扩张转化为一种社会福利。

虽然，克鲁格曼（Krugman，1979、1980）的新贸易理论模型也能够解释自由贸易对企业成本加成下降的影响，但是，克鲁格曼（Krugman，1979、1980）模型中使用不变替代弹性的CES效应函数。常替代弹性意味着企业的成本加成是常数，无法估计第三种贸易收益来源。梅里兹和奥塔维亚诺（Melitz and Ottaviano，2008），引入奥塔维亚诺等（Ottaviano et al.，2002）内生成本加成的线性需求函数，构建拟线性效用函数，合并分析了三种主要贸易收益来源，但该模型中效用函数仍然是非位似的。许（Hsu，2010）、芬斯特拉（Feenstra，2010）引入芬斯特拉（Feenstra，2003）超越对数效用函数，克服了梅里兹和奥塔维亚诺（Melitz and Ottaviano，2008）中效用函数非位似的缺陷，不但可直观度量贸易自由化后成本加成下降的幅度及其对福利的影响，还可以把模型扩展到 H-O 框架下，分析不同因素对国家间成本加成的冲击。阿科拉基斯等（Arkolakis et al.，2012）认为即使允许异质性企业模型使用非 CES 偏好，以便能够体现成本加成下降的效应，由于梅里兹（Melitz，2003）模型假设生产率服从无界帕累托分布，无法体现成本加成下降效应和产品多样化效应，只能反映通过企业的自选择所引起的产业内资源优化配置效应。芬斯特拉（Feenstra，2014）使用生产率服从有界帕累托分布的假设，恢复了贸易所得中产品多样性和成本加成下降的角色。

通过以上的分析可以看出，在存在企业异质的情形下，一国通过对外贸易，不仅可以获得传统贸易理论下分工和交换的利益，以及新贸易理论下规模经济与产品多样化的利益，还可以通过企业的自选择行为实现产业内资源的优化配置。因此，在异质性贸易理论框架下，对外贸易的福利效应更大。而且，自由贸易提高了所有国家的生产率门槛，更多的低效率企业退出市场。尽管每个国家中企业的数目减少了，但企业的平均生产率和平均收入上升了。因此，自由贸易对每一个国家都是有益的。但这是否意味着各国在国际贸易中获得的利益是均等的呢？由于梅里兹（Melitz，2003）模型中假设两个国家是对称的，所以，贸易所得在两国之间也是对称分布的。事实上，从事贸易的各个国家在规模、技术水平和经营状况等方面存在着众多差异，这些差异能够改变贸易利益的分配格局，在特定的环境下，甚至会使落后国出现贫困化增长。如果两个国家其他条件均相同，只是生产技术水平存在差异。生产率高的国家会拥有更多的企业、更高比例的出口商、更高的平均企业收益，并在差异产品部门维持贸易顺差。因此，在对外贸易中分享了更多的贸易利益（Falvey et al.，2004）。同时，生产率水平高也意味着该国企业在生产中具有竞争优势，贸易自由化将促使领先国家相对于落后国家有更多的企业进入现代化部门。这种自选择机制使得领先国（落后国）生产率门槛和福利水平提高（下降）。当落后国家专业化生产传统产品时，领先国可能会独占全部贸易收益，甚至可能出现落后国出口贫困化增长的现象（Pflüger and Russek，2013）。当考虑国家间要素禀赋的差异和产业间要素密集度的差异时，贸易自由化虽然能够提高所有的产业平均生产率，但是具有比较优势的部门因为具有较多的出口机会，产业内企业平均生产率水平提高的更多。因而，在一国内部，具有比较优势的部门获得更多的贸易利益（Bernard et al.，2007）。当两国存在市场规模及市场一体化程度的差异时，市场规模大及市场一体化程度高的国家，贸易自由化后生产率提高和福利改善的程度更大（Melitz and Ottaviano，2008）。

第三节　收益分配

按照传统贸易理论，尽管自由化提高了所有贸易参与国的福利水平，但一国内部贸易利益的分配是不平等的。丰富要素所有者获得了全部的贸易利益，稀缺要素所有者不但没有获得任何贸易利益，还将自己的一部分收入转移给丰富要素的所有者。在自由化的过程中，低收入的要素所有者报酬上升，高收入的要素所有者报酬下降，一国内部的收入差距水平逐渐缩小，直至消失。这虽然从一定程度上解释了各国的贸易利益分配格局，但是，仍有很多现实的经济现象无法用传统贸易理论来解释。例如，国际贸易使得中国的资本所有者利益受损，可为什么众多的企业家力图把自己的产品推向国际市场？贸易自由化后中国劳动者的报酬虽然上升了，但是各部门间收入差距不但没有消失，反而在加大？异质性企业贸易理论的出现恰好从全新的视角对上述问题做了解答。异质性贸易理论关于收益分配的观点主要包括：

一、自由贸易提高了所有企业的平均收益

出口企业相对于非出口企业具有更高的生产率，贸易自由化通过企业的自选择效应提高国内市场的进入门槛、降低出口市场的进入门槛，将市场份额重新分配给效率更高的出口企业，从而提高了所有企业的平均生产率水平。同时，贸易自由化降低了企业的成本加成和消费品的平均价格指数，从而提高了所有企业的实际收益（Melitz，2003）。刘等（Liu et al.，1999）、伊斯古特（Isgut，2001）、尚克等（Schank et al.，2007）分别使用中国台湾地区、哥伦比亚和德国的数据证实了出口的工资溢价效用。

二、自由贸易扩大了收入分配的差距

梅里兹（Melitz，2003）和耶普尔（Yeaple，2005）假设劳动力市场是完全竞争的，工资水平的差异代表劳动力质量的差异，出口企业因能吸引更多的优秀人才而支付较高的工资水平。马丁斯和奥罗莫拉（Martins and Opromolla，2009）认为出口企业的工资溢价也可能是为了补偿工作条件的差异。出口企业相对于非出口企业来说，经营风险更高、工人在工作中需要付出更多的努力，因而希望能够获得工资溢价的补偿。此外一些文献从不完全竞争的劳动力市场的角度出发，如贾尼亚克（Janiak，2006）、埃尔普曼和伊茨霍基（Helpman and Itskhoki，2010）根据搜索和匹配摩擦，戴维斯和哈里根（Davis and Harrigan，2011）使用夏皮罗和斯蒂格利茨（Shapiro and Stiglitz，1984）的效率工资模型，埃格和格罗斯曼（Egger and Grossmann，2005）通过类似于阿克洛夫和耶伦（Akerlof and Yellen，1990）提出的公平工资机制，焦沙尔等（Coşar et al.，2010）、克

拉玛日（Kramarz, 2008）根据租金分享理论，扩展了梅里兹（Melitz, 2003）异质性企业贸易模型，解释一个国家从自给自足到贸易的过程中收入水平上升以及收入差距扩大的原因。

也有一些文献将企业的出口行为与进口行为联系起来，认为出口企业通常也从国外进口商品（Bernard et al., 2007），出口企业的部分生产率优势来源于它们从国外市场的进口（Bekes and Altomonte, 2009）。如果没有控制进口对收入分配的影响，单方面从企业层面分析企业出口与工资变动之间的关系，就可能高估或者低估出口对工资的影响（Munch and Skaksen, 2008；Frias et al., 2009）。不管是单纯的进口，还是为出口而进口，低价进口产品不仅可以降低成本，还因学习效应、产品多样化效应及最终产品质量改善而提高了企业的生产率和租金，这些租金最终以工资溢价的形式部分转移给企业的员工。由于国际市场比国内市场竞争更加激烈，出口企业面对的产品需求价格弹性通常比非出口企业高。根据马歇尔定理，进口企业相对于出口企业将会转移更多的租金给员工。因此，综合考虑企业的进口行为后，贸易自由化将会在更大程度上提高工人的平均收入水平，并进一步扩大收入差距的程度。

实证研究方面，马丁斯和奥罗莫拉（Martins and Opromolla, 2009）通过对1995—2005年葡萄牙企业层面的数据进行研究发现，贸易和工资的关系依产品不同而显著不同。高技术及中等技术产品出口的增加尤其倾向于提高员工的工资水平。鲍德温和哈里根（Baldwin and Harrigan, 2011）、约翰逊（Johnson, 2012）认为越优质的产品将会被销售到越遥远的出口市场，这些企业将会雇佣更高层次的人力资本，并在每一个受教育层面上支付更高的工资。阿尔卡拉等（Alcala et al., 2009）根据西班牙企业四个主要的目标市场（当地、本国、欧盟、世界其他国家）将企业划分为四类，使用西班牙雇主和雇员的匹配数据证实了上述观点，这意味着经济全球化的深化是扩大同一教育层级及不同教育层级之间员工收入差距的主要原因。

第四节　相关结论

异质性企业贸易理论的出现丰富和发展了国际贸易理论，将国际贸易基本问题的研究从国家和产业层面扩展到了微观的企业层面。国际贸易现象纷繁复杂，是多种因素共同作用的结果，单纯使用任何一种贸易理论均难以做出准确的解释。结合传统贸易理论、新贸易理论和异质性企业贸易理论，本书对国际贸易的基本问题重新进行诠释。

第一，贸易起因。国际贸易的起因归根到底还是两国产品相对价格的差异。当两国生产率水平及要素禀赋存在较大的差异时，国家间产品相对价格的差异来源于两国相对生产率水平和要素禀赋的差异。当两国具有相似的生产率水平和要素禀赋时，国家之间产品相对价格的差异取决于两国产品规模经济效应的差异。但一国无论是分工生产其具有比较优势或者具有规模经济效应的产品，该出口部门内并不是所有企业都能够出口。只有生产率高于出口门槛生产率的企业才有能力支付出口的固定成本及冰山成本，进入国际市场。

第二，贸易利得。从根本上来说，一国通过国际贸易获得利益是消费者能够以更低的价格消费更多数量及/或更多种类的产品，而消费者福利水平提高是通过国家间（传统贸易理论）、产业间（新贸易理论）和同一产业内不同企业间（异质性企业贸易理论）资源的优化配置实现的。

第三，收益分配。国际贸易会使贸易双方均获益，但是其产品具有竞争优势（而不是比较优势）的国家会从国际贸易分享更多的利益。在一国内部不同利益集团之间，一方面，国际贸易使得该国丰富要素的所有者实际收入上升，稀缺要素的所有者实际收入下降，收入差距缩小；另一方面，国际贸易通过自选择效应和刺激竞争效应提高了所有企业的平均生产率和实际收益，出口企业相对于非出口企业具有更高的生产率溢价和工资溢价，收入差距扩大。国际贸易对收入分配的影响取决于两种力量综合作用的结果。

为从异质性企业贸易理论的角度解读中国企业的出口现状，本书主要包含三大类内容：一是贸易起因，包括生产率、成本加成率、工资水平的"自选择效应"；二是贸易利得，包括"出口学习效应"、成本加成率与企业的获利能力；三是收益分配，包括出口后工资溢价。

第二章　竞争能力异质性、生产率差异、企业的出口选择和学习

出口与生产率之间的相互关系是异质性企业贸易理论的核心内容，两者之间的相互作用机制可以概括为"自选择效应"和"出口学习效应"，它是出口带动企业间资源优化配置和实现企业内生性增长的重要渠道。众多国外实证研究的文献证实了"自选择效应"和"出口学习效应"能够有效地发挥作用，然而，基于我国企业数据的实证研究得出的结论并不一致，一部分研究支持这两个假说，另一部分研究认为我国企业的出口中存在"生产率悖论"和"出口学习效应悖论"的现象。基于此，本书将以我国上市公司制造业企业的数据为样本来检验"自选择效应"和"出口学习效应"是否适用于我国的企业，如果适用，适用的范围是什么，如果不适用，不适用的原因如何，希望这一基础性的研究工作能够为进一步从微观视角研究我国企业的出口行为奠定一个事实基础。

第一节　自选择效应和出口学习效应的理论基础

一、自选择效应理论基础

异质性企业贸易理论的重要模型以梅里兹（Melitz，2003）、伯纳德等（Bernard et al.，2003）、伊顿和科图姆（Eaton and Kortum，2002）、埃尔普曼和耶普尔（Helpman and Yeaple，2003）、梅里兹和奥塔维亚诺（Melitz and Ottaviano，2008）、梅里兹（Melitz，2003）、伯纳德等

（Bernard et al., 2003）为基础模型，首次提出企业"自选择效应"的概念，之后虽然众多学者从不同角度拓展了梅里兹（Melitz，2003）模型或者伯纳德等（Bernard et al., 2003）模型，但其拓展模型中仍然贯穿"自选择效应"的作用机制。

1. 梅里兹模型

梅里兹从企业异质性的角度，构建的异质性企业贸易理论模型是前期大量研究生产率和出口关系的文献的集大成者，该模型扩展了克鲁格曼的垄断竞争模型，引入了企业生产率异质性和出口存在运输沉没成本两个重要的假说，很好的解释了企业生产率和出口行为关系的机理。

基本理论框架如下：假设市场上存在大量的企业，每个企业仅使用劳动力一种生产要素，在规模报酬递增的情况下生产水平差异化的产品。企业存在生产率异质，并且生产率异质与其他异质性来源紧密联系，从而可以用企业间的生产率差异来反映企业异质性对贸易的影响。与垄断竞争模型的生产函数不同，异质性企业贸易理论提出了一个考虑企业生产率水平 φ 的总成本函数 TC。企业的生产率越高，产出的边际成本 $1/\varphi$ 越低，假设所有企业的固定生产成本都是 f，则总成本为：TC=$f+q(\varphi)/\varphi$。不管企业的生产率水平如何，每个企业面对固定弹性 σ 的需求曲线，同样按照利润最大化的原则进行市场定价 $p(\varphi)=w/\sigma\varphi$，如果将工资水平 w 标准化为 1，则企业的利润为

$$\pi(\varphi) = r(\varphi) - \mathrm{TC}(\varphi) = \frac{r(\varphi)}{\sigma} - f \qquad (2\text{-}1)$$

在这个经济体中，任何时候都有无数的潜在企业愿意进入市场。然而，进入并不是免费的，企业必须支付沉没进入成本 f_e 才能进入市场。假设企业的生产率水平服从概率密度为 $g(\varphi)$、累计分布为 $G(\varphi)$ 的分布函数，企业在进入市场之前并不知道自己的生产率，只有在支付了沉没成本之后才能够发现自己的生产率。因此，低生产率和高生产率的企业可以共存于市场中。在这种情况下，任何两家企业的产出和收入的比率直接取决于它们的生产率水平的比率，而企业市场要价的比率则反向取决

于它们的生产率水平的比率。因此，与生产率低的企业相比，生产率高的企业出售更多的产出，创造更高的收入，并且获得更多的利润。

梅里兹（Melitz，2003）模型中，行业中现有企业和新进入企业面临不同但相互联系的约束。原有企业的门槛生产率临界值为 φ^*，即零利润生产率水平，任何一个生产率水平低于这个临界值的企业退出市场。那么，门槛生产率临界值是确保企业获得利润正值的最低生产率水平。只有生产率水平高于临界值的企业，才能获得利润。这样现有企业的零利润门槛条件为：$\pi(\varphi^*)=0$，$\tilde{\pi}=fk(\varphi^*)$。自选择过程形成了企业生产率的事后概率分布。既然，只有生产率高于临界值的企业留在市场上，实际（事后）生产率分布是一个概率密度为 $g(\varphi)/[1-G(\varphi^*)]$ 的截断分布。因此，现有生存企业生产率的事后分布是根据进入企业的事前生产率及企业进入和退出机制推导出来的。

对于新进入企业来说，这些企业进入市场后面临同样的零利润门槛条件，即 $\pi(\varphi^*)=0$，$\tilde{\pi}=fk(\varphi^*)$。但与原有企业不同的是，新进入企业需要承担市场进入的沉没成本，因此，企业从生产率分布中提取生产率后，企业是否生产或者退出市场的决定，取决于该企业预期的累计利润的贴现额是否足够高以偿还初始固定进入成本 f_e。新进入企业未来预期利润的净现值必须至少等于沉没成本，即新进入企业的净价值 V_e 必须至少等于零，才会选择进行生产；原有企业以及新进入企业投入生产后，如果受到外部冲击，会有 δ 的概率退出市场。因此，新进入企业的自由进入条件为：$V_e=0$，$\tilde{\pi}=\delta f_e/[1-G(\varphi^*)]$。当以这种方式被迫退出的现有企业数量等于成功进入市场的企业数量时，经济体达到稳态均衡。

为了便于分析，梅里兹模型中引入了一些汇总变量。如果市场上实际有 M 家企业进行生产，那么，对于给定的这些企业，使用汇总变量很容易确定经济体中总体变量的价值，如总体价格水平 P、总利润 π 和所有差异化产品的总产量 Q 等。梅里兹在模型中引入一个"代表性企业"，这样就不用处理大量的异质性企业，这家具有代表性的企业是一个生产率水平等于所有生存企业加权平均生产率水平$\tilde{\varphi}$（用生产率的事后分布来计算）的企业。具有加权平均生产率水平$\tilde{\varphi}$的代表性企业获得平均利润$\tilde{\pi}$，平均利润$\tilde{\pi}$乘以经济体中生存企业的数量就可以得到该经济体获取的总利润。同样，经济体中M个异质性企业具有事后生产率分布时，这个具有代表性的企业也会引起（相乘于M）相同的总价格水平、总收入和总生产数量。由于事后生产率分布本身取决于临界生产率水平，所以事后平均生产率的度量可以用临界生产率的函数来获得。那么，由于使用事后生产率分布，平均利润、平均收入和平均价格水平最终也由临界生产率水平决定。在这些变量中，最重要的变量是平均利润率，它可以表示为平均生产率的函数。

零利润门槛条件和自由进入条件的相互作用内生地确定门槛生产率水平以及经济体平均利润水平的实际值（图2-1）。零利润门槛条件中，平均利润水平和门槛生产率之间是负相关的关系，而新进入企业的自由进入条件中，平均利润水平和门槛生产率之间是正相关的关系。两条曲线的交点决定了该产业均衡的平均利润和门槛生产率水平。当门槛生产率水平提高时，两个对立的效应发挥作用。从零利润门槛条件来看，门槛生产率水平提高后，每个存活企业都将更具生产力。由于平均利润是门槛生产率水平的函数，平均利润水平有增加的趋势。但是，生产率水平高于提高后的门槛生产率水平的所有其他幸存企业也将更具生产力。因此，企业之间的利润竞争更为激烈，导致平均利润水平下降。在概率分布温和的假设下，第二个效应支配第一个效应。因此，对于产业中的原有企业来说，在其他因素不变的情况下，门槛生产率水平越高，利润水平越低。门槛生产率水平提高，降低了产业的平均利润水平。从自由进入条件来看，在均衡中，企业未来利润流的期望值应等于进入的固定成本，以使进入市场的净值为零。随着门槛生产率的提高，越来越少的企业能够进入市场。进入的企业将是生产率较高的企业，一旦成功进入市场，这些企业将获得较高的利润，从而提高产业的平均利润。零利润门槛条件确定了均衡状态下企业的门槛生产率水平、产业的平均生产率水平和平均利润水平。在梅里兹（Melitz，2003）模型和克鲁格曼（Krugman，1980）模型中，劳动力均是唯一的生产要素，既可用于生产，也可用来支付固定进入成本。因为劳动力是唯一的生产要素，所有收入都是劳动收入，所以收入总额等于差别化商品的总支出。门槛生产率水平的提高会减少产业中的企业数量，一旦门槛生产率一定，产业中的企业数目就不会变化。因此，封闭经济中的市场规模一定，根据平均利润和门槛生产率和劳动力市场出清的条件，一旦加权企业平均生产率确定，企业／产品数量、总价格、总产出和福利水平就都被确定。当劳动力工资标准化为 1 时，福利与总价格水平成反比。

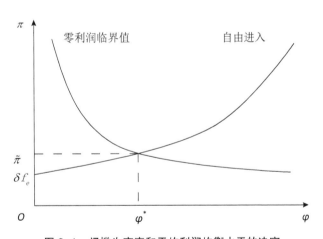

图 2-1　门槛生产率和平均利润均衡水平的决定

　　一旦经济体对外开放，产品成本将发生变化，相对于国内销售，企业将产品销售到国外需要支付额外的贸易成本，如运输成本和关税等。由于存在额外的贸易成本，对外贸易可以影响企业的出口定价、收入和利润，并通过市场份额的重新配置来提高产业的整体生产率。如果不存在贸易成本，贸易均衡时经济体规模成比例地增加，但对企业的收入、利润等没有任何影响。然而，梅里兹（Melitz，2003）引入冰山运输成

本 τ 来代表企业出口活动面临的额外边际成本，同时，梅里兹（Melitz，2003）模型中增加了出口固定成本 f_x，这是开始出口的一次性成本，只有在企业得知生产率后才支付。由于出口成本高于国内销售面临的成本，只有表现良好的企业，才能进入出口市场。由于企业只有在提取生产率后才能决定是否出口，所有出口企业都可以在国内市场销售他们的商品，但并不是所有在国内市场销售产品的企业都可以出口。如果用下标 d 和 x 分别代表国内市场业务和国际市场业务，那么，企业的收益函数发生如式（2-2）所示的变化。

$$r(\varphi) = \begin{cases} r_d(\varphi) & \text{如果企业不出口} \\ r_d(\varphi) + nr_x(\varphi) = (1 + n\tau^{1-\delta})r_d(\varphi) & \text{如果企业出口} \end{cases} \quad (2-2)$$

式（2-2）中，n 表示出口目的地国家的数量，假设企业的出口贸易伙伴特征一致，即企业向任何一个国家出口运用同样的收入函数。如果出口企业仅出口，不进行国内销售，则出口企业的收入 $r(\varphi)$ 中国内收入 $r_d(\varphi)$ 为零。通过收入和成本的分解，可得开放经济中内销企业和出口企业的利润函数分别如式（2-3）所示。

$$\pi_d(\varphi) = \frac{r_d(\varphi)}{\sigma} - f, \ \pi_x(\varphi) = \frac{r_x(\varphi)}{\sigma} - f_x \quad (2-3)$$

出口需要承担额外的贸易成本，意味着企业国内销售和出口具有不同的零利润生产率水平。国内市场上，零利润生产率条件是 $\pi_d(\varphi_d^*)=0$，而在国际市场上，零利润生产率条件是 $\pi_x(\varphi_x^*)=0$，综合考虑国内外市场，企业零利润生产率条件是 $\pi(\varphi^*) = \pi_d(\varphi^*) + n\pi_x(\varphi^*)=0$。当生产率水平高于出口门槛生产率水平 φ_x^* 时，企业可以通过在国内市场销售赚取利润，也可以通过将货物出口到国外市场获得利润。当企业生产率水平在国内门槛生产率 φ_d^* 和出口门槛生产率 φ_x^* 之间时，生产的产品专供国内市场消费。由于企业从事出口活动面临的成本 $\tau^{\sigma-1}f_x$ 大于企业国内销售面临的成本 f 是普遍存在的现象，这间接的反映了出口门槛生产率要高于国内生产的门槛生产率。也就是说，只有在出口固定成本 f_x 足够高的情况下，才有可能将企业划分为专门供应国内市场的企业和同时供应国内外市场的企业，并进而计算企业的平均收入、平均利润函数以及综合市场的零利润门槛条件和自由进入条件。因为开放经济中存活企业平均上来说获得更高的利润，自由进入条件保持不变，但零利润曲线向上移动。因此，开放经济中门槛生产率水平提高。

从图 2-2 可以看出，对于某一产业，开放经济下包含三个门槛生产率水平：封闭经济门槛生产率 φ^*、开放经济国内生产门槛生产率 φ_d^* 和出口门槛生产率 φ_x^*。其中，$\varphi^* < \varphi_d^* < \varphi_x^*$。当 $\varphi < \varphi^*$ 时，企业退出市场；当 $\varphi^* < \varphi < \varphi_d^*$ 时，在封闭经济情况下，企业因为生产率高于 φ^* 而得以生存，但是开放经济中，由于国内生产门槛生产率提高，这部分企业被迫退出市场；当 $\varphi_d^* < \varphi^* < \varphi_x^*$ 时，企业只能从事国内生产与销售（这里也可能存在两种情况，一种情况是企业国内销售获得的利润不足以弥补进入国际市场的损失，从而产生亏损，这部分企业不会从事出口；另一种情况是企业国内销售获得的利润能够弥补进入国际市场的损失，尽管进入国际市场会降低他们的总体利润水平，但这部分企业出于其他战略性考虑，也有可能进入国际市场）。当 $\varphi < \varphi_x^*$ 时，企业进入国际市场，收入和利润水平大幅度提高。这解释了贸易自由化对企业市场份额和利润分配以及总生产率的影响。比较自给自足和自由贸易，贸易后生产率最低的企业离开国内市场（国内市场"自选择效应"），高生产率企业进入出口市场（出口市场"自选择效应"），这两种"自选择效应"的作用是将市场份额配置给更高生产率的企业。其运作机制如下：在贸易中，所有的企业都遭受国内销售损失，这导致生产率最低的企业退出市场，因为他们无法获得正利润。但出口企业国外销售弥补了国内销售的亏损，这些企业扩大生产，以利用出口获得额外利润的机会增加对劳动力的需求。这些新出口企业对劳动力的需求增加了经济中对劳动力的总体需求，导致实际工资上涨。由于工资上涨，一些刚刚盈亏平衡的低生产率企业出现亏损，被迫退出市场。自选择力量的最终结果是将低生产率企业的市场份额重新

分配给高生产率企业，导致该经济体的平均生产率提高，这一机制是产业内部贸易再分配效应的潜在重要渠道。梅里兹（Melitz，2003）模型成功地解释了数据中观察到的新贸易理论无法解释的典型化事实，即贸易自由化后生产率增长的现象。

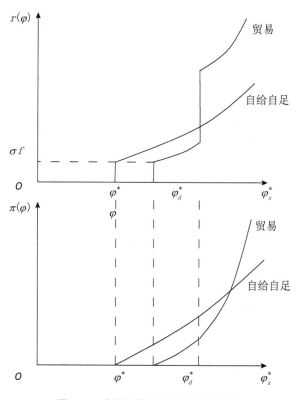

图 2-2　市场份额和利润的重新分配

2. 伯纳德等（Bernard et al.，2003）模型

伯纳德等（Bernard et al.，2003）也构建了一个体现企业异质性的替代模型（以下简称 BEJK 模型）。该模型假定企业参与 Bertrand 竞争，而不是像梅里兹模型一样参与完全竞争，分析了即使没有出口固定成本时，企业生产率和出口之间的关系。模型认为生产率高的企业能够获得成本优势，而且在出口中，具有更高生产率的企业倾向于压低产品价格，并

在国内市场中占领更大的市场份额。这是因为具有更高效率的企业在国际市场上更可能打败竞争者而占领国外市场。另外，考虑到冰山贸易成本，出口比在国内销售更困难，意味着任何出口企业都必须同时在国内销售，但并不是所有的国内企业都能成功出口。在同一产业内，生产率最低的企业将退出市场，生产率相对较高的企业进入出口市场。

尽管 BEJK 模型关于"自选择效应"的结论与梅里兹模型相似，但是由于 BEJK 模型的假设条件与梅里兹模型不同，其从不同的角度解释了"自选择效应"机制。在 BEJK 模型中，假设产品是同质的，每个国家都有众多的潜在企业生产产品 j，这些企业在生产技术水平上存在异质。在国家 i 中，第 k 个最有效率的企业生产 1 单位的产品 j 需要 $1/Z_{ki}(j)$ 单位的劳动力。模型假设产品的生产中不存在固定成本，因此，产品生产保持规模报酬不变。产品中间投入在一国之内可以自由流动，但是在国家之间不能够自由流动。因此，不同国家之间产品中间投入的成本 w_i 存在差异。假设有 $d_{nj} \geq 1$ 个产品从国家 i 出口到国家 n，由于产品中间投入在国家之间不能够自由流动，导致国家 i 中第 k 个最有效率的企业若将产品运送到国家 n，面临的成本是：$C_{kni}(j)=w_i d_{ni}/Z_{ki}(j)$。由于 BEJK 模型仍然采用具有固定弹性的 CES 需求函数，但由于 BEJK 模型假设企业间进行 Bertrand 竞争，生产率最高（价格最低）的企业占领市场，并成为市场中唯一的生产者，该企业（生产率最高的企业）收取的价格等于生产率第二高的企业的单位成本的最小值与生产率最高的企业的成本加成之和。因此，其最优的价格选择为：$P_n(j)=\min\{C_{2n}(j), \overline{m}C_{1n}(j)\}$。由于每个市场上每种商品的价格取决于每个商品的两个最有效率的生产者的单位成本，BEJK 模型假定国家 i 中任意商品 j 的前两名生产者的生产率是一对随机变量 $Z_{1i}(j)$、$Z_{2i}(j)$，其中联合分布类似于伊顿和科图姆（Eaton and Kortum，2002）模型中的 Frechet 分布。BEJK 模型的另外一个重要假设是，成本加成的分布在各个目的地之间是相同的。同样，低成本的企业更有可能收取更高的成本加成。因此，企业生产率的差异并没有表现在技术水平上，而是表现在获利能力上。高生产率的企业能够获得更高的利润。

BEJK 模型中，生产成本最低的企业若想产品能够在国内市场上销售，则需要满足：

$$Z_{1i}(j) \geqslant \varphi^* = \max_{k \neq i}\{Z_{1k}(j)w_i / w_k d_{ik}\} \tag{2-4}$$

若国家 i 想将产品出口到其他国家 n，需要满足：

$$Z_{1i}(j) \geqslant \varphi_x^* = \max_{k \neq i}\{Z_{1k}(j)w_i d_{ni} / w_k d_{nk}\} \tag{2-5}$$

由于替代弹性大于 1，出口企业的规模一般都大于非出口企业。由于 $\varphi_x^* > \varphi^*$，只有一部分企业能够将产品出口到国外，而出口企业的生产率水平一般均大于仅将产品在国内销售的企业，因此，生产率高的企业自选择出口到国际市场。

二、出口企业学习效应理论基础

（一）用市场进入成本降低体现出口学习效应

施迈泽（Schmeiser，2012）通过构建出口目的地非对称的异质性企业贸易理论模型来分析企业如何根据"出口学习效应"的变化作出出口目的地和出口数量决策。该模型认为降低未来出口成本的能力以及进入出口市场以后的获利性驱使起初规模比较小、生产率比较低的企业更有动力进入出口市场。

在消费者均衡方面，施迈泽（Schmeiser，2012）模型假设每个国家的消费者消费一系列的差异性产品，这些产品一部分由本国生产，一部分来自国外进口。消费者根据终生收入来确定各期最优的消费组合，本国代表性消费者的跨期消费效用函数 u_H 如式（2-6）所示。

$$u_H = \sum_{t=0}^{\infty} \beta^t \log(C_{t,H}) \tag{2-6}$$

在生产者均衡方面，施迈泽（Schmeiser，2012）模型假设企业间不仅存在生产率异质，而且还存在固定出口成本 $F_n(\varphi)$ 和延续成本 $F_n(\varphi)$ 的差异。在时期 t，企业在国内市场 H 和国外市场 $i(i-1,2,...,n)$ 销售获得利润分别如式（2-7）和式（2-8）所示：

$$\pi_{t,H}(s_t,\varphi)=P_{t,H}(s_t,\varphi)X_{t,H}(s_t,\varphi)-q_H\left(\frac{x_{t,H}(s_t,\varphi)}{\varphi}+f_H\right) \quad (2-7)$$

$$\pi_{t,i}(s_t,\varphi)=P_{t,i}(s_t,\varphi)X_{t,i}(s_t,\varphi)-q_H\left(\frac{x_{t,i}(s_t,\varphi)}{\varphi}+f_i\right) \quad (2-8)$$

式（2-8）中，s_t表示企业在时期t的状态；q_H表示国内企业的单位生产成本。则企业在时期t的利润是其国内外市场的利润总和与新进入市场的固定进入成本之差，其表达式如式（2-9）所示：

$$\pi_t(s_t,\varphi)=\pi_{t,H}(s_t,\varphi)+\sum_{n=1}^{\hat{i}}\pi_{t,n}(s_t,\varphi)-\sum_{n=1}^{\hat{i}}\overline{I}q_{t,H}F_i(s_t,\varphi) \quad (2-9)$$

式中，$\overline{I}$表示企业市场进入结果，$\overline{I}=1$时，企业成功进入新的出口市场，$\overline{I}=0$时，企业的出口状态维持不变；F_i表示企业进入国家i的市场进入成本；$\hat{i}$表示企业预期进入的目的地市场的个数。

在学习效应度量方面，施迈泽（Schmeiser，2012）模型将学习效应机制嵌入到每个企业市场进入成本中。企业出口到特定目的地具有不同的市场进入成本（Das，2007），学习效应通过节省双边市场的固定进入成本进一步决定企业进入国外市场的初始进入成本。假设企业预期进入目的地市场n的市场进入成本为：

$$F_{t,n}(\cdot)-F_{0,n}e^{-\lambda\hat{i}} \quad (2-10)$$

当$\hat{I}=0$时，$F_{t,n}(\cdot)=F_{0,n}$。随着企业新进入的目的地市场的数目$\hat{i}$的增加，企业获得出口以及在国外设立附属机构的经验，雇用能够讲外语的员工，降低了其进入新市场和类似市场的成本。同时，企业能够更好的了解国外消费者的偏好、目的地市场的文化习俗以及将产品运输到特定目的地市场的最佳运输方式等。λ是学习效应的参数，当$\lambda=1$时，企业从出口市场所学到的知识的累计冲击与滞后的出口目的地市场的数目相同，能够快速的获得"出口学习效应"，推动企业进入更多的出口市场。当$\lambda=0$时，没有"出口学习效应"，企业的出口决策是静态的，没有动力进入新的出口市场。当 $0 < \lambda < 1$ 时，企业有机会通过缓慢降低出口市场进入成本获得"出口学习效应"，进入更多的出口市场。

（二）用有效劳动力提高来体现出口学习效应

张仁寿等（2016）在梅里兹（Melitz，2003）和库姆斯等（Combes et al.，2012）的基础上构建了"出口学习效应"的理论模型。梅里兹（Melitz，2003）的基础模型中，不考虑企业的"出口学习效应"，一单位劳动力提供的有效劳动为1，假设企业生产一单位产品的边际劳动投入为 h，则企业的生产率水平为 $1/h$。进入出口市场后，企业在国际市场上面临更加激烈的竞争，更加挑剔的消费需求，接触更加先进的技术，使得企业能够获得知识外溢的好处，平均成本曲线向下移动，此时，1单位劳动投入相当于 α 单位的有效劳动力，$\alpha > 1$。因此，进入出口市场后，企业的劳动生产率由 $1/h$ 提升到 $\alpha > h$，α 即为企业的"出口学习效应"。

那么，差异化产品的生产企业实际劳动力投入为 $\sum Q_j \cdot h$，而有效劳动力投入为 $L_j = \sum Q_j / \alpha \cdot h$，则"出口学习效应"可以表示成：

$$\alpha = \sum Q_j / L_j \cdot h \qquad （2\text{-}11）$$

企业间存在生产率异质，但是式（2-11）无法体现出不同生产率水平的企业间"出口学习效应"的差距。为此，张仁寿等（2016）进一步在模型中引入参数 D，假设一单位劳动力提供的有效劳动为：$\alpha (1/h)^{D-1}$。当 $D=1$ 时，尽管企业的生产率水平存在差异，但是获得相同的"出口学习效应"；当 $D > 1$ 时，生产率高的企业相对于生产率低的企业能够获得更高的"出口学习效应"。

第二节　制造业企业出口密度的进一步考察

本书的数据来源于 RESSET 锐思数据库以及上海证券交易所和深圳证券交易所网站提供的制造业各上市企业 2006—2016 年年度财务报告。本书以中国上市公司制造业企业数据为样本来分析中国制造业企业出口贸易发展现状，其原因包括：首先，上市公司数据覆盖面广，指标分类齐全。本书使用的上市公司数据涵盖全国30个省区市（不包括香港、澳门、台湾和西藏）、27个制造业和3类所有制的企业，有利于全面系统的分析企业出口贸易中存在的各类现象。其次，上市公司数据代表性好。上市公司制造业企业均为全国27个制造业中的代表性企业。因此，样本数据能够较好的代表中国企业出口的情况，在此基础上进行的实证研究，结论具有较强的说服力。再次，上市公司数据时效性强。当前实证研究中使用的数据主要是2001—2007年中国工业企业数据库，尽管该数据库统计范围广泛、分类目录较细，但由于统计指标更新速度太慢，2006年中国市场全面对外开放以后，对外贸易发生了实质性的变化，利用2001—2007年数据分析所得的结论不能代表与解释中国企业当前的发展状况，而上市公司数据实时更新，有利于全面统计与分析入世至今中国企业出口贸易的现状及存在问题。最后，上市公司数据包含企业研发投资等关键指标。现有运用中国工业企业数据库分析中国企业出口与生产率、出口与成本加成率之间关系的文献忽略了生产率和成本加成率的重要影响因素——研发投资，而上市公司制造业企业2006年以后的财务报表中详细的统计了研发投资数据，利用包含该指标的上市公司数据实证检验企业出口中能否获得"出口学习效应"和是否陷入"低加成率陷阱"，能够避免由于遗漏重要解释变量而引起的内生性问题。

2006—2016年，我国上市公司制造业出口企业和非出口企业数目及出口企业的比重如表2-1所示。样本中企业的数目有逐年递增的趋势，出口企业的比重也呈逐年递增的趋势，这与入世以后我国放宽外贸自主经营权，出口规模不断扩大，越来越多的企业进入出口市场的特征事实相符。本书中主营业务收入、主营业务成本、资本存量、负债总额等财务指标来源于RESSET锐思数据库，出口收入、企业人数、研发支出等指标通过对2006—2016年各上市公司年度财务报告手工整理而得，部分年份出口收入缺失的数据通过出口退税额间接计算得到，删除连续多年有出口退税额而没有出口收入的企业。对于其他缺失的财务指标，通过简单平均法，以相邻前后两年的平均值来估计缺失值，如果缺失两年以上的数据，则删除缺失年份及缺失年份以前该企业的数据。对于2006—2016年持续经营期间转变行业的企业，视企业转变行业的行为为退出先前行业或者退出市场，删去企业跨行业以后的数据。

表 2-1 　2006—2016 年上市公司制造业出口企业和非出口企业数目

年份 企业数	2006 年	2007 年	2008 年	2009 年	2010 年	2011 年
制造业企业 / 家	679	759	816	915	1172	1362
非出口企业 / 家	230	250	237	263	298	318
出口企业 / 家	449	509	579	652	874	1044
出口企业比重	66.13%	67.06%	70.96%	71.26%	74.57%	76.65%
年份 企业数	2012 年	2013 年	2014 年	2015 年	2016 年	
制造业企业 / 家	1452	1482	1486	1492	1508	
非出口企业 / 家	339	333	335	338	340	
出口企业 / 家	1113	1149	1151	1154	1168	
出口企业比重	76.65%	77.53%	77.46%	77.35%	77.45%	

资料来源：作者根据 RESSET 锐思数据库，以及上海证券交易所和深圳证券交易所网站提供的制造业各上市企业 2006—2016 年年度财务报告数据整理。

一、企业出口密度的行业特征

本书根据国民经济行业分类（GB/T4754-2017）对照表，将中国上市公司制造业企业分为 26 类（烟草制造业除外），分类汇总了各类企业的平均出口规模和平均出口密度，如表 2-2 所示。总体上来说，2006—2016 年，上市公司制造业企业的平均出口密度为 16.64%。纺织业、纺织服装、鞋、帽制造业、皮革、毛皮、羽毛（绒）及其制品业、文教体育用品制造业等轻工业企业以及通信设备、计算机及其他电子设备制造业等高科技企业的出口密度最高，分别达到了制造业企业总体出口密度的 1.95 倍、2.91 倍和 1.69 倍；造纸及纸制品业、印刷业和记录媒介的复制、石油加工、炼焦及核燃料加工业、黑色金属冶炼及压延加工业和医药制造业的出口密度最低，不足 10%。从样本区间上来看，纺织业、纺织服装、鞋、帽制造业、皮革、毛皮、羽毛（绒）及其制品业等企业的出口密度具有下降趋势，而电气机械及器材制造业、通用设备制造业、通信设备、计算机及其他电子设备制造业等企业的出口密度则显示了上升势头，由轻工业主导的出口模式向重工业品、高科技产品出口的方向转变初见端倪，这显示了我国企业出口导向过程中的产品升级符合当前我国产业结构升级的趋势。

表 2-2　2006—2016 年上市公司制造业企业分行业出口特征

行业	企业数	出口规模（亿元）	出口密度（%）
农副食品加工业	39	2.27	13.53
食品制造业；饮料制造业	25	2.09	10.66
纺织业；纺织服装、鞋、帽制造业；皮革、毛皮、羽毛（绒）及其制品业	75	4.93	32.53
木材加工及木、竹、藤、棕、草制品业；家具制造业	8	1.44	12.95
造纸及纸制品业；印刷业和记录媒介的复制	36	1.32	4.14
文教体育用品制造业	11	2.91	48.50
石油加工、炼焦及核燃料加工业	18	0.57	1.01
化学原料及化学制品制造业	165	3.42	16.65
化学纤维制造业	24	4.69	15.68
医药制造业	145	1.54	9.36
橡胶制品业；塑料制品业	47	3.93	18.65
非金属矿物制品业	74	1.78	11.52
黑色金属冶炼及压延加工业	29	21.39	6.53
有色金属冶炼及压延加工业	55	6.97	13.92
金属制品业	54	4.12	22.27
通用设备制造业	102	2.56	12.08

续表

行业	企业数	出口规模（亿元）	出口密度（%）
专用设备制造业	128	4.62	14.49
电气机械及器材制造业	168	4.92	15.17
通信设备、计算机及其他电子设备制造业	211	9.59	28.19
交通运输设备制造业	110	7.93	15.26
仪器仪表制造业	30	1.11	13.09

二、企业出口密度的内部化特征

本书研究将侧重于对微观企业内部化运营的考察，科斯定理背景下的企业"黑匣子"需要通过企业治理结构来完成其内部化剖析，企业出口能力等外部业绩表现进而具有了新的经验依据。企业的治理绩效得以体现的系列指标包括盈利能力指标（如利润率）、研发能力指标（如R&D比重）、营运能力指标（如总资产周转率）、资本结构指标（如资本负债率）、要素禀赋结构指标（如人均资本）等。以下我们给出出口企业的主要内部化经营指标与出口密度之间关系的散点图，见图2-3至图2-7。

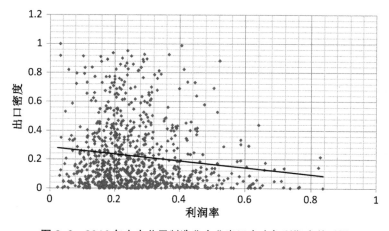

图2-3　2016年上市公司制造业企业出口密度与利润率关系图

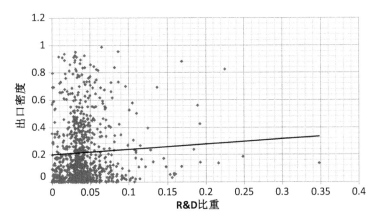

图 2-4　2016 年上市公司制造业企业出口密度与 R&D 比重关系图

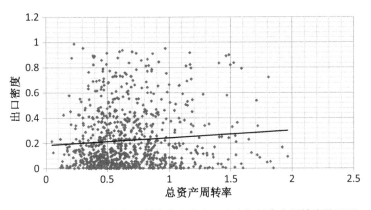

图 2-5　2016 年上市公司制造业企业出口密度与总资产周转率关系图

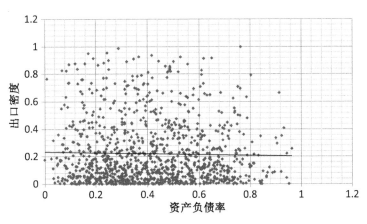

图 2-6　2016 年上市公司制造业企业出口密度与资产负债率关系图

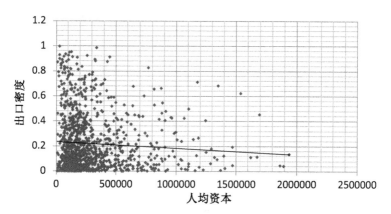

图 2-7　2016 年上市公司制造业企业出口密度与人均资本关系图

　　图 2-3 描绘了企业出口密度和利润率之间具有一定的负向关联性，利润率虽然是企业绩效和竞争力的主要依据，却未能成为出口导向的主要动力，可行的解释包括：第一，盈利能力高的企业更容易获得本土市场优势，因而对出口具有替代作用；第二，我国企业长期以压低价格和利润的方式作为出口竞销的手段，大量产品涌入国际市场进一步降低了我国的贸易条件和出口企业的盈利能力。我国 90% 以上的上市公司制造业企业研发投资的比重不足 10%，但从整体上来说，研发投资和企业出口密度之间具有正向关联性，这种正向关联性主要是由研发投资比重高于 10% 的少数企业引起的（见图 2-4）。总资产周转率是指企业一定时期的销售收入净额与平均资产总额之比，它是衡量资产投资规模与销售水平之间配比情况的指标。从图 2-5 可以看出，总资产周转率高的企业具有更高的出口密度。资产负债率是企业的负债总额与资产总额的比值，用以衡量企业利用债权人提供资金进行经营活动的能力。企业融资经营具有不同的外部动机，对出口导向具有两面性：第一，竞争力强的企业通过债务融资扩大市场，因而举债经营具有出口导向动机；第二，举债经营的债务成本较高，部分偿债能力弱的企业为维持生存而被动地收缩市场，从而不利于出口导向型发展。从图 2-6 可以看出，由于负债的成

本效应占主导作用，上市公司制造业企业的出口密度与资产负债率之间具有微弱的负向相关性。我国是劳动力禀赋丰富的国家，资本密集型企业在出口中不具有比较优势。图 2-7 体现了上市公司制造业企业人均资本与出口密度之间的负向关联性，也意味着劳动力禀赋过于丰富是制约我国外贸结构转型的主要因素。

第三节　制造业企业生产率的估算与比较

一、企业生产率的估算

全要素生产率的估计方法包括参数法和非参数法，借鉴鲁晓东和连玉君（2012）、李建萍（2015）对全要生产率的常规估计方法，本书用 CD 生产函数来估计全要素生产率，即

$$Y_{it} = A_{it} K_{it}^{\beta_k} L_{it}^{\beta_l} M_{it}^{\beta_m} \tag{2-12}$$

式（2-13）中，Y_{it}、K_{it}、L_{it} 和 M_{it} 分别表示企业 i 在时期 t 的产出、资本投入、劳动投入和中间投入；β_k、β_l 和 β_m 分别表示资本、劳动和中间投入的平均产出份额；A_{it} 表示驱动经济增长的非资本、劳动和中间投入要素之外的因素，即全要素生产率（Total Factor Productivity，TFP）。企业产出采用当年年末主营业务收入额；劳动投入采用职工人数；工业企业中间投入的常用计算方法包括收入法和支出法。中间投入收入法是从生产过程形成收入的角度，用企业一定时期内的生产总值减去该时期内创造的附加价值。生产总值用当年年末的主营业务收入来表示，附加价值用该期固定资产折旧、劳动报酬、主营业务税金及附加和主营业务利润之和来计算。支出法以生产过程中产生的各种支出来代表中间投入，用主营业务成本与各种费用之和减去本期固定资产折旧和劳动报酬总额来表示。本书折衷了两种方法，采用收入法和支出法的平均值计算中间投入；企业资本投入采用永续盘存法进行计算，具体公式为 $K_{it}=K_{it-1}+I_{it}-D_{it}$，其中，式中，$K_{it}$、$K_{it-1}$ 分别表示企业 i 在 t 期和 $t-1$ 期的资本存量净值，

对于首次出现在数据库的年份对应的固定资产净值按照固定资产投资价格指数折算成初期的实际值作为该企业的初始资本存量；I_{it} 表示企业 i 在 t 期新增的固定资产投资，用相邻两年固定资产原值的差按照固定资产投资价格指数折算成初期的实际值后，作为企业的实际投资额；D_{it} 表示企业 i 在 t 期固定资产投资的折旧，用企业经过固定资产投资价格指数折算的当期折旧额表示。

将式（2-12）取对数可以得到如式（2-13）所示的线性模型：

$$y_{it}=\beta_k k_{it}+\beta_l l_{it}+\beta_m m_{it} \qquad (2-13)$$

式（2-13）中，y_{it}、k_{it}、l_{it} 和 m_{it} 分别表示企业 i 在第 t 年的产出、资本投入、劳动投入和中间投入的自然对数。

大量的现有文献认为企业特征等因素会显著的影响全要素生产率，因此本书还考虑了如下控制变量：企业规模（size）、企业所在地区（area）、企业性质（nature）。企业产出的函数转变为

$$\begin{aligned} y_{it} =\ & \alpha + \beta_k k_{it} + \beta_l l_{it} + \beta_m m_{it} + \gamma_1\, \text{size}1_{it} + \gamma_2\, \text{size}2_{it} + \gamma_3\, \text{area}1_{it} \\ & + \gamma_4\, \text{area}2_{it} + \gamma_5\, \text{nature}1_{it} + \gamma_6\, \text{nature}2_{it} + \mu_{it} \end{aligned}$$

$$(2-14)$$

其中，企业规模参照工业和信息化部、国家统计局、国家发展和改革委员会、财政部 2011 年制定的《关于印发中小企业划型标准规定的通知》，划分为大型企业、中型企业和小型企业[①]。如果 size1=1，且 size2=0，则为大型企业；如果 size1=0，且 size2=1，则为中型企业；如果 size1=0，且 size2=0，则为小型企业。本书根据企业所处地区的经济发展水平，将全国 30 个省区市划分为东部地区、中部地区和西部地区。如果 area1=1，且 area2=0，则为东部地区；如果 area1=0，且 area2=1，则为中部地区；如果 area1=0，且 area2=0，则为西部地区。按照所有制类型，根据

---

① 主营业务收入大于 40000 万元，且职工人员大于 1000 人的企业为大型企业；主营业务收入在 2000 万元与 40000 万元之间、职工人数在 300 人与 1000 人之间的企业为中型企业；主营业务收入小于 2000 万元，且职工人数小于 300 人的企业为小型企业。

企业的绝对控股情况，将上市公司制造业企业划分为国有企业、外商投资企业和民营企业。如果 nature1=1，且 nature2=0，则为国有企业；如果 nature1=0，且 nature2=1，则为外商投资企业；如果 nature1=0，且 nature2=0，则为民营企业。

根据式（2-14），可以得到企业全要素生产率的估计式如式（2-15）所示。

$$\text{TFP}_{it} = y_{it} - \hat{\beta}_k k_{it} - \hat{\beta}_l l_{it} - \hat{\beta}_m m_{it} - \hat{\gamma}_1 \text{size}1_{it} - \hat{\gamma}_2 \text{size}2_{it} - \hat{\gamma}_3 \text{area}1_{it}$$
$$- \hat{\gamma}_4 \text{area}2_{it} - \hat{\gamma}_5 \text{nature}1_{it} - \hat{\gamma}_6 \text{nature}2_{it}$$

$$（2\text{-}15）$$

二、出口企业和非出口企业全要素生产率的比较分析

根据式（2-15），按照《国民经济行业分类》（GB/T4754—2017）对照表，将中国上市公司制造业企业分为 27 类，分别计算 2006—2016 年、2007—2016 年、2008—2016 年、2009—2016 年、2010—2016 年以及 2011~2016 年上市公司制造业企业的全要素生产率水平，结果证实 27 类产业中企业的全要素生产率水平均具有稳定性。假设企业在 2006—2016 年间只要有一年出口即为出口企业，2006—2016 年，一年也没有出口的企业为非出口企业。逐年计算上市公司制造业企业总体、非出口企业和出口企业的全要素生产率，则 2006—2016 年上市公司制造业企业全要素生产率的变化趋势如图 2-8 所示。

根据异质性企业贸易理论，出口企业比非出口企业具有更高的生产率水平。从图 2-8 中可以看出，2006—2016 年，出口企业的全要素生产率水平比非出口企业平均高 2.13%，企业能够按照"自选择效应"机制做出出口市场选择的决策。随着贸易自由化程度的提高，产业内低效率的企业退出市场，高效率的企业跨越出口门槛生产率水平进入国际市场，贸易自由化通过产业内资源的重新配置提高了产业总体的生产率水平。2006—2016年，随着我国上市公司制造业企业的出口规模不断攀升，企业的全要素生产率水平逐步提升。非出口企业的全要素生产率水平从 2006 年的 1.01 上

升到 2016 年的 1.12，年均上升 1.04%，出口企业的全要素生产率水平从
2006 年的 1.00 上升到 2016 年的 1.13，年均上升 1.23%。"自选择效应"机
制的有效发挥，促进了制造业企业整体全要素生产率水平的提升。

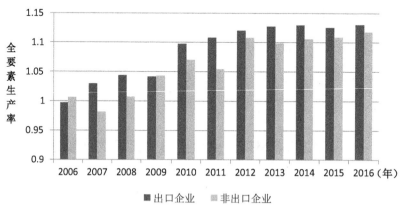

图2-8　2006-2016 年上市公司制造业企业全要素生产率

　　尽管图 2-8 显示 2006—2016 年我国上市公司制造业企业总体上说出
口企业的生产率水平高于非出口企业，但结合图 2-9 和图 2-10 可以看出，
上市公司制造业企业中出口企业和非出口企业生产率水平的差异并不大，
两个样本群生产率的高频区都位于 0.9—1.2，且具有类似的断尾分布，这
印证了入世以后我国企业出口仍然保持粗放型增长模式的观点，出口企业
的优势相对于非出口企业来说并不显著。那么，中国出口企业相对于非出
口企业具有微弱生产率优势的情形下缘何能够完胜国外竞争对手，助力中
国连续多年蝉联世界第一贸易大国的地位？一个可能的原因在于，中国企
业生产率普遍高于国际层面的出口门槛生产率，因而出口门槛生产率就失
去了应有的淘汰机制；当国内所有企业都具备出口能力时，生产率就难以
成为引导企业出口的唯一要素，于是提升出口竞争力的异质性因素还可能
包括：（1）企业的成长能力，如利润增长能力、现金流量增长能力、营业
收入增长能力、总资产增长能力等；（2）企业的营运能力，如应收账款周

转能力、存货周转能力、流动资产周转能力、固定资产周转能力以及总资产周转能力等；（3）要素禀赋优势，如人力资本优势、物质资本优势等；（4）融资结构优势，如高资产负债率、高股权投资比率等。

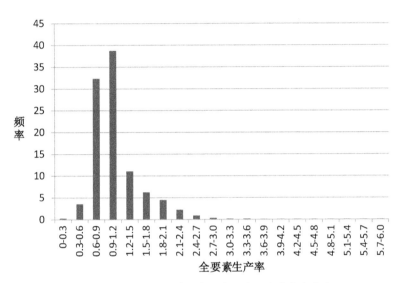

图2-9　上市公司制造业出口企业全要素生产率分布

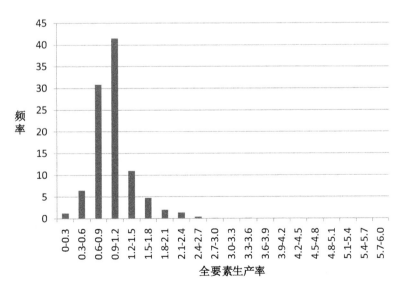

图2-10　上市公司制造业非出口企业全要素生产率分布

第四节　竞争能力异质性与生产率水平的自选择

国内学者普遍采用2001—2007年中国工业企业数据库或2001—2005年中国海关数据库进行企业出口与生产率之间关系的实证研究，结果均表明中国企业出口中存在"生产率悖论"，即出口企业的生产率水平低于非出口企业。然而，2006年12月11日入世过渡期结束后，中国更深入、更广泛地融入世界经济体系，原有的经济贸易格局发生了翻天覆地的变化，企业的出口选择行为是否发生了变化呢？通过图2-8的描述性统计分析可以看出，2006—2016年我国上市公司制造业企业中出口企业的生产率水平总体上来说高于非出口企业。那么，出口企业是在开始出口之前生产率水平就高于非出口企业？还是在出口以后生产率水平得到了持续性提升？本书通过构建"自选择效应"和"出口学习效应"的实证模型，利用我国上市公司制造业的分类数据，来进一步检验企业出口与生产率之间的相互作用关系。

为了检验2006年中国市场全面对外开放以后中国上市公司制造业企业的出口是否遵循"自选择效应"机制，需要考察出口企业在进入国际市场之前是否比非出口企业具有更高的生产率水平。为此，本书将借鉴伯纳德和瓦格纳（Bernard and Wagner，1997）的经典模型，利用式（2-16）来检验生产率对企业出口的决定作用：

$$\ln \mathrm{TFP}_{i,t-3} = \alpha + \beta\,\mathrm{Export}_{i,t} + \gamma_1 \ln y_{i,t-3} + \gamma_2 \ln \mathrm{rd}_{i,t-3} + \gamma_2 (\ln \mathrm{rd}_{i,t-3})^2$$
$$+ \gamma_4\,\mathrm{prfrt}_{i,t-3} + \eta\,\mathrm{Control}_{i,t-3} + \varepsilon_{i,t}$$

$$(2\text{-}16)$$

式（2-16）中，i 表示企业，t 表示年份，$\mathrm{TFP}_{i,t-3}$ 表示企业 i 在 $t-3$ 年的生产率水平。$\mathrm{Export}_{i,t}$ 表示与基期年份相比企业 i 在 t 年的出口状态，当企业 i 在 $t=0$ 时不出口，在第 t 年仍然不出口时，Export=0；当企业 i 在 $t=0$ 时不出口，在第 t 年开始出口时，Export=1。$y_{i,t-3}$ 表示企业 i 在第 $t-3$ 年的产出水平，用主营业务收入来表示。rd= 研发支出 / 总营业收入，$\ln \mathrm{rd}_{i,t-3}$ 为企业 i 在时期 $t-3$ 研发支出比率的对数值，$\ln \mathrm{rd}^2_{i,t-3}$ 为企业 i 在时期 $t-3$ 研发支出比率的对数值。

prfrt$_{i,t-3}$ 表示企业 i 在第 t-3 年的利润率，用主营业务利润 / 主营业务收入来表示。Control 表示控制标量，包括两个企业规模 size、两个企业所有制 nature 和两个地区 area 虚拟变量。所有控制变量的分类标准与式（2-14）一致。

根据理论预期：①β 的估计值显示了同一产业内出口企业在从事出口活动三年前与同期非出口企业平均生产率水平的差异。按照异质性企业贸易理论，生产率高的企业自选择进入国际市场，因此，$\beta > 0$。如果 $\beta < 0$，代表企业出口中存在"出口选择悖论"，生产率低的企业反而成为出口企业。②随着产出 y 的增加，企业的生产规模不断扩大，通过规模经济效应，企业的生产率水平提高，因此，$\gamma_1 > 0$。③研发投资对企业生产率水平具有双重影响。一方面，研发投资需要高额的成本投入，抑制了企业当前生产率水平的提升；另一方面，研发投资有利于提高企业的创新能力，是企业未来生产率水平提升的主要渠道。因此，$\gamma_2 < 0$，$\gamma_3 > 0$。④利润率 prfrt 越高，企业越有能力扩大生产规模以及从事研发创新活动，生产率水平越高，因此，$\gamma_4 > 0$。

一、企业总体出口自选择行为分析

本节将利用式（2-16）检验我国上市公司制造业企业的出口是否遵循"自选择效应"机制。在面板模型参数估计方法的选择上，制造业企业总体的"自选择效应"方程中，F 检验的 P 值为 0.00，拒绝联合回归模型的假设，Hausman 检验的 P 值为 0.07，拒绝随机效应模型的假设，因此，本节采用固定效应模型进行估计，制造业企业总体"自选择效应"的检验结果如式（2-17）所示。

$$\ln \text{TFP}_{i,t-3} = -1.46 + 0.20\,\text{Export}_{i,t} + 0.09\ln y_{i,t-3} - 0.02\ln\text{rd}_{i,t-3} + 0.001(\ln\text{rd}_{i,t-3})^2$$
$$\quad (-3.47) \quad\;\; (2.95) \qquad\;\; (4.27) \qquad\quad (-1.68) \qquad\quad (0.67)$$
$$+\,0.005\,\text{prfrt}_{i,t-3} - 0.75\,\text{size}\,1_{i,t-3} - 0.62\,\text{size}\,2_{i,t-3} - 0.14\,\text{area}\,1_{i,t-3}$$
$$(6.06) \qquad\quad (-2.79) \qquad\quad (-2.31) \qquad\quad (-0.56)$$
$$-\,0.10\,\text{area}\,2_{i,t-3} + 0.09\,\text{nature}\,1_{i,t-3} + 0.05\,\text{nature}\,2_{i,t-3}$$
$$(-1.77) \qquad\quad (2.30) \qquad\qquad (2.52)$$

$$(2\text{-}17)$$

式（2-17）的拟合优度为 0.9658，除 $\ln rd^2_{i,t-3}$ 和 $area1_{i,t-3}$ 变量外，式（2-17）中所有变量 t 值的绝对值均显著大于 1.65，模型总体拟合效果良好。

从出口变量的结果来看，与国内文献运用 2001—2007 年中国工业企业数据库和 2001—2005 年中国海关数据库进行出口企业"自选择效应"实证研究得出的结论不同，2006—2016 年，我国上市公司制造业企业总体的出口生产率溢价系数显著为正，说明 2006—2016 年，随着我国市场机制日益完善和外贸体制改革的逐步深化，企业渐进遵循"自选择效应"机制做出出口市场选择的决策。从总体上来说，2006—2016 年，在其他变量保持不变的情况下，上市公司制造业出口企业在出口前三年与同期的非出口企业相比，生产率水平高 20%。

从产出变量的结果来看，上市公司制造业企业产出的系数为正，说明 2006—2016 年，上市公司制造业企业的生产中均存在规模经济效应。产出水平每提高 1%，生产率水平提升 0.09%。

从研发投资变量的结果来看，短期内研发投资的"成本效应"占优，研发投资每增加 1% 会使得企业的生产率水平降低 0.02%，长期内研发投资的"创新效应"占优，当前研发投资每增加 1%，会使得未来生产率水平提升 0.001%。

从利润率变量的结果来看，2006—2016 年，我国上市公司制造业企业的利润率对生产率的影响为正，说明利润率提高有助于提升企业的生产率水平。2006—2016 年，上市公司制造业企业利润率每提升 1%，使得企业生产率水平提升 0.50%。这与我国在世界市场上的国际分工格局密切相关，我国制成品生产基本都停留在产品的加工组装环节，产品的利润率低，对企业生产率提升的带动作用有限。

式（2-17）的分析验证了梅里兹（Melitz，2003）、伯纳德等（Bernard et al.，2003）、伊顿和科图姆（Eaton and Kortum，2002）、埃尔普曼和耶普尔（Helpman and Yeaple，2003）、梅里兹和奥塔维亚诺（Melitz and Ottaviano，2008）等异质性企业贸易理论文献的假设，2006—2016 年，

我国上市公司制造业企业中生产率高的企业具有更强的竞争优势，能够克服出口固定成本，成功进入国际市场。然而，出口企业的竞争优势不仅体现在生产率水平的优势上，还体现在成长能力优势、营运能力优势、要素密集度优势、融资能力优势等竞争能力优势上，竞争能力差异是否会影响中国企业的出口自选择行为，需要实证数据的进一步检验。

二、要素密集度异质性与企业出口自选择行为

要素密集度是指生产一单位产品时所使用的两种要素的相对比重。根据比较优势原理，一国在其丰富要素密集型产品的生产上具有比较优势，贸易自由化后，每个国家分别出口本国具有比较优势的产品，进口本国具有比较劣势的产品。然而，世界各国微观层面数据的实证研究表明，即使在本国具有比较优势的部门内也不是所有的企业都出口，本国具有比较劣势的部门内也不是所有的企业都不出口。对外出口需要承担额外的贸易成本，每个部门内部能够跨越出口门槛生产率水平的企业自选择进入出口市场。因此，企业无论是处于比较优势部门内，还是处于比较劣势部门内，对外出口均遵循"自选择效应"机制。处于本国比较劣势部门内的企业，对外出口需要承担更多的贸易成本，生产率在该部门中的出口决定作用高于比较优势部门，即处于本国比较劣势部门内的企业出口"自选择效应"更强。

产品生产中投入的生产要素种类繁多，如劳动力、物质资本和人力资本等。理论文献中产品要素密集度主要包括两种划分方法：一种方法是假设一国只生产 X 和 Y 两种产品，每种产品的生产中只使用劳动和资本两种生产要素，生产一单位该产品所使用的资本—劳动比率称为该产品的资本密集度，如果 X 产品的资本密集度高于 Y 产品，则称 X 产品为资本密集型产品，Y 产品为劳动密集型产品。另一种方法是假设一国只生产 X 和 Y 两种产品，每种产品的生产中只使用熟练劳动力和非熟练劳动力两种生产要素，生产一单位该产品所使用的熟练劳动力—非熟练劳动

力比率称为该产品的熟练劳动力密集度，如果 X 产品的熟练劳动力密集度高于 Y 产品，则称 X 产品为熟练劳动力密集型产品，Y 产品为非熟练劳动力密集型产品。根据异质性企业贸易理论，中国是资本和熟练劳动力相对稀缺的国家，资本密集型产品和熟练劳动力密集型产品的生产企业对外出口中"自选择效应"更强。

（一）资本密集度差异与企业出口自选择行为

本书以资本密集度的中位数为临界点，将 2006—2016 年上市公司制造业全部企业划分为高资本密集度企业和低资本密集度企业，分别带入式（2-16），实证检验资本密集度差异对企业出口自选择行为的影响。

检验资本密集度差异对上市公司制造业企业出口"自选择效应"的影响时，在面板模型参数估计方法的选择上，高资本密集度企业和低资本密集度企业的"自选择效应"方程中，F 检验的 P 值均为 0.00，拒绝联合回归模型的假设，Hausman 检验的 P 值分别为 0.06 和 0.00，因此，本节高资本密集度企业和低资本密集度企业的"自选择效应"方程均采用固定效应模型进行估计，其检验结果分别如式（2-18）和式（2-19）所示。

$$
\begin{aligned}
\ln \text{TFP}_{i,t-3} = &-1.76 + 0.29\,\text{Export}_{i,t} + 0.10 \ln y_{i,t-3} - 0.17 \ln \text{rd}_{i,t-3} + 0.04(\ln \text{rd}_{i,t-3})^2 \\
&(-3.93)\quad (3.21)\qquad\quad (5.25)\qquad\qquad (-2.39)\qquad\qquad (2.07) \\
&+ 0.009\,\text{prfrt}_{i,t-3} - 0.68\,\text{size}1_{i,t-3} - 0.39\,\text{size}2_{i,t-3} - 1.54\,\text{area}1_{i,t-3} \\
&\quad (4.18)\qquad\qquad (-12.97)\qquad\qquad (-7.33)\qquad\qquad (-4.09) \\
&- 1.80\,\text{area}2_{i,t-3} - 0.37\,\text{nature}1_{i,t-3} + 0.05\,\text{nature}2_{i,t-3} \\
&\quad (-5.08)\qquad\qquad (4.24)\qquad\qquad (1.65)
\end{aligned}
$$

$$（2\text{-}18）$$

$$
\begin{aligned}
\ln \text{TFP}_{i,t-3} = &-2.00 + 0.18\,\text{Export}_{i,t} + 0.09 \ln y_{i,t-3} - 0.09 \ln \text{rd}_{i,t-3} + 0.01(\ln \text{rd}_{i,t-3})^2 \\
&(-3.09)\quad (2.33)\qquad\quad (3.28)\qquad\qquad (-1.34)\qquad\qquad (0.36) \\
&+ 0.007\,\text{prfrt}_{i,t-3} - 0.55\,\text{size}1_{i,t-3} - 0.44\,\text{size}2_{i,t-3} + 0.16\,\text{area}1_{i,t-3} \\
&\quad (10.86)\qquad\qquad (-5.27)\qquad\qquad (-4.53)\qquad\qquad (2.01) \\
&- 0.72\,\text{area}2_{i,t-3} + 0.38\,\text{nature}1_{i,t-3} + 0.62\,\text{nature}2_{i,t-3} \\
&\quad (-3.43)\qquad\qquad (3.21)\qquad\qquad (6.42)
\end{aligned}
$$

$$（2\text{-}19）$$

式（2-18）和式（2-19）的拟合优度分别为 0.9680 和 0.9825，除式（2-19）中的 $\ln rd_{i,t-3}$、$(\ln rd_{i,t-3})^2$ 变量外，式（2-18）和式（2-19）中所有变量 t 值的绝对值均显著大于 1.65，模型总体拟合效果良好。

从出口变量的结果来看，我国上市公司制造业高资本密集度企业和低资本密集度企业的出口"自选择效应"方程中，出口生产率溢价系数均显著为正，且前者的出口生产率溢价系数大于后者，说明 2006—2016 年，我国上市公司制造业高资本密集度企业和低资本密集度企业的出口均能够遵循"自选择效应"机制，高资本密集度企业的出口"自选择效应"更强。从总体上来说，2006—2016 年，在其他变量保持不变的情况下，上市公司制造业高资本密集度企业和低资本密集度企业中，出口企业在出口前三年与同期的非出口企业相比，生产率水平分别高 29% 和 18%，高资本密集度企业的出口"自选择效应"比低资本密集度企业高 61.11%。

从产出变量的结果来看，上市公司制造业高资本密集度企业和低资本密集度企业的产出系数均为正，说明 2006—2016 年，上市公司制造业高资本密集度企业和低资本密集度企业中均存在规模经济效应。2006—2016 年，在其他变量保持不变的情况下，高资本密集度企业和低资本密集度企业产出水平每提高 1%，生产率水平分别提升 0.10% 和 0.09%。

从研发投资变量的结果来看，2006—2016 年，上市公司制造业高资本密集度企业和低资本密集度企业中，短期内研发投资的"成本效应"均占优，高资本密集度企业和低资本密集度企业研发投资每增加 1% 分别会使得企业的生产率水平降低 0.17% 和 0.09%，长期内研发投资的"创新效应"均占优，高资本密集度企业和低资本密集度企业研发投资每增加 1%，分别会使得未来生产率水平提升 0.04% 和 0.01%。

从利润率变量的结果来看，2006—2016 年，上市公司制造业高资本密集度企业和低资本密集度企业中，利润率提高对企业生产率水平提升均有正向影响。2006—2016 年，上市公司制造业高资本密集度企业和低资本密集度企业中，利润率每提升 1%，分别使得企业生产率水平提升 0.90% 和 0.70%，高资本密集度企业利润积累对企业生产率增长的带动作用是低资本密集度企业的 1.29 倍。

（二）熟练劳动力密集度差异与企业出口自选择行为

本书以大专以上员工比重的中位数为临界点，将 2006—2016 年上市公司制造业全部企业划分为高熟练劳动力密集度企业和低熟练劳动力密集度企业，分别带入式（2-16），实证检验熟练劳动力密集度差异对企业出口自选择行为的影响。

检验熟练劳动力密集度差异对上市公司制造业企业出口"自选择效应"的影响时，在面板模型参数估计方法的选择上，高熟练劳动力密集度企业和低熟练劳动力密集度企业的"自选择效应"方程中，F 检验的 P 值均为 0.00，拒绝联合回归模型的假设，Hausman 检验的 P 值分别为 0.03 和 0.32，因此，本节高熟练劳动力密集度企业和低熟练劳动力密集度企业的"自选择效应"方程分别采用固定效应模型和随机效应模型进行估计，检验结果分别如式（2-20）和式（2-21）所示。

$$
\begin{aligned}
\ln \mathrm{TFP}_{i,t-3} = &-1.91 - 0.21\,\mathrm{Export}_{i,t} + 0.13\ln y_{i,t-3} - 0.01\ln \mathrm{rd}_{i,t-3} + 0.009(\ln \mathrm{rd}_{i,t-3})^2 \\
&(-3.55)\quad(-2.64)\qquad(5.02)\qquad(-0.28)\qquad\quad(0.73) \\
&+ 0.005\,\mathrm{prfrt}_{i,t-3} - 0.66\,\mathrm{size}\,1_{i,t-3} - 0.48\,\mathrm{size}\,2_{i,t-3} + 0.14\,\mathrm{area}\,1_{i,t-3} \\
&(4.78)\qquad\quad(-13.70)\qquad(-13.12)\qquad\quad(1.67) \\
&- 0.34\,\mathrm{area}\,2_{i,t-3} + 0.14\,\mathrm{nature}\,1_{i,t-3} + 0.17\,\mathrm{nature}\,2_{i,t-3} \\
&(-3.75)\qquad\quad(1.40)\qquad\qquad(4.28)
\end{aligned}
$$

$$（2\text{-}20）$$

$$
\begin{aligned}
\ln \mathrm{TFP}_{i,t-3} = &-0.67 + 0.51\,\mathrm{Export}_{i,t} + 0.07\ln y_{i,t-3} - 0.79\ln \mathrm{rd}_{i,t-3} + 0.27(\mathrm{Cn}\,\mathrm{rd}_{i,t-3})^2 \\
&(-1.72)\quad(7.53)\qquad(1.93)\qquad(-6.08)\qquad\quad(5.55) \\
&+ 0.009\,\mathrm{prfrt}_{i,t-3} - 0.71\,\mathrm{size}\,1_{i,t-3} - 0.57\,\mathrm{size}\,2_{i,t-3} + 0.25\,\mathrm{area}\,1_{i,t-3} \\
&(12.03)\qquad\quad(-10.87)\qquad(-14.42)\qquad\quad(2.31) \\
&- 0.07\,\mathrm{area}\,2_{i,t-3} + 0.16\,\mathrm{nature}\,1_{i,t-3} + 0.20\,\mathrm{nature}\,2_{i,t-3} \\
&(-0.59)\qquad\quad(1.71)\qquad\qquad(3.59)
\end{aligned}
$$

$$（2\text{-}21）$$

式（2-20）和式（2-21）的拟合优度分别为 0.9829 和 0.9695，除式（2-20）中的 $\ln rd_{i,t-3}$、$(\ln rd_{i,t-3})^2$、$nature1_{i,t-3}$ 变量以及式（2-21）中的 $area2_{i,t-3}$ 变量外，式（2-20）和式（2-21）中所有变量 t 值的绝对值均显著大于 1.65，模型总体拟合效果良好。

从出口变量的结果来看，我国上市公司制造业高熟练劳动力密集度企业的出口"自选择效应"方程中，出口生产率溢价系数显著为负，说明我国上市公司制造业高熟练劳动力密集度企业的出口中存在"生产率悖论"，2006—2016 年，在其他变量保持不变的情况下，高熟练劳动力密集度企业中，出口企业在出口前三年与同期的非出口企业相比，生产率水平低 21%。我国上市公司制造业低熟练劳动力密集度企业的出口"自选择效应"方程中，出口生产率溢价系数显著为正，说明我国上市公司制造业低熟练劳动力密集度企业的出口能够遵循"自选择效应"机制。2006—2016 年，在其他变量保持不变的情况下，低熟练劳动力密集度企业中，出口企业在出口前三年与同期的非出口企业相比，生产率水平高 51%。

从产出变量的结果来看，上市公司制造业高熟练劳动力密集度企业和低熟练劳动力密集度企业的产出系数均为正，说明 2006—2016 年，上市公司制造业高熟练劳动力密集度企业和低熟练劳动力密集度企业的生产中均存在规模经济效应。2006—2016 年，在其他变量保持不变的情况下，高熟练劳动力密集度企业和低熟练劳动力密集度企业产出水平每提高 1%，生产率水平分别提升 0.13% 和 0.07%。

从研发投资变量的结果来看，2006—2016 年，上市公司制造业高熟练劳动力密集度企业和低熟练劳动力密集度企业中，短期内研发投资的"成本效应"均占优，高熟练劳动力密集度企业和低熟练劳动力密集度企业研发投资每增加 1% 分别使得企业的生产率水平降低 0.01% 和 0.79%，长期内研发投资的"创新效应"均占优，高熟练劳动力密集度企业和低熟练劳动力密集度企业研发投资每增加 1%，分别使得未来生产率水平提升 0.009% 和 0.27%。

从利润率变量的结果来看，2006—2016 年，上市公司制造业高熟练劳动力密集度企业和低熟练劳动力密集度企业中，利润率提高对企业生产率水平提升均有正向影响。2006—2016 年，上市公司制造业高熟练劳动力密集度企业和低熟练劳动力密集度企业中，利润率每提升 1%，分别使得企业生产率水平提升 0.50% 和 0.90%，高熟练劳动力密集度企业利润积累对企业生产率增长的带动作用是低熟练劳动力密集度企业的 55.56%。

从式（2-18）—式（2-21）的分析中可以得出结论：（1）2006—2016 年，我国上市公司制造业企业中，高资本密集度企业和低资本密集度企业的出口均能够遵循"自选择效应"机制，且相对来说高资本密集度企业的出口"自选择效应"更强；由于我国在熟练劳动力密集型产品的生产中处于比较劣势，高熟练劳动力密集度企业的出口中存在"生产率悖论"，低熟练劳动力密集度企业的出口能够遵循"自选择效应"机制。（2）产出规模与企业生产率水平成正相关，熟练劳动力密集度差异相对于资本密集度差异对规模经济效应的影响更显著。（3）不同要素密集度的企业中，研发投资与生产率水平之间均呈倒"U"型关系。短期内研发投资的"成本效应"占优，研发投资增加降低了企业的生产率水平，长期内研发投资的"创新效应"占优，研发投资增加具有促进企业生产率水平提升的作用。总体上来说，上市公司制造业企业研发投资的"成本效应"大于"创新效应"，高资本密集度和高熟练劳动力密集度的企业研发投资的"成本效应"和"创新效应"之间的差距相对较小。（4）无论要素密集度差异如何，利润率与企业生产率水平均成正相关。总体上来说，高资本密集度的企业和低熟练劳动力密集度的企业，利润积累对企业生产率提升的促进作用更大。

三、成长能力异质性与企业出口自选择行为

成长能力是指企业在生存的基础上，扩大规模、壮大实力的潜在能

力。成长性企业多属于朝阳产业或者新兴产业，例如信息技术、医疗器械、生物制药等具有增长潜力的产业，大多数产品处于产品生命周期的创新阶段和成长阶段，产品的市场占有率低、市场营销渠道少，产品主要面向国内消费者，企业进入国际市场需要克服更多的贸易壁垒、承担更高的贸易成本；与此相反，纺织、服装、皮革、木材加工、电气机械及器材制造业等传统的轻工产业和重工产业多为夕阳产业，多数产品处于产品生命周期的成熟阶段，尽管这些产业中企业的成长能力相对较弱，但是，其产品市场占有率高、市场营销渠道广泛，企业对外出口中承担的贸易成本较少。因此，根据异质性企业贸易理论，短期内成长能力强的企业出口"自选择效应"小于成长能力弱的企业。

体现企业成长能力的指标包含三年利润平均增长率、营业收入增长率、总资产增长率、净现金流量增长率、投资现金流量净额增长率和筹资现金流量净额增长率等，其中前三个指标的代表性最强。三年利润平均增长率表明企业利润的连续三年增长情况，体现企业的发展潜力。利润是企业积累和发展的基础，利润率越高，表明企业积累越多，可持续发展能力越强，发展的潜力越大。利用三年利润平均增长率指标能够反映企业的利润增长趋势和效益稳定程度，较好地体现了企业的发展状况和发展能力，避免因少数年份利润不正常增长而对企业发展潜力的错误判断。营业收入增长率是指企业本年营业收入增长额同上年营业收入总额的比率。营业收入的增减变化情况是评价企业成长状况和发展能力的重要指标。该指标是衡量企业经营状况和市场占有能力、预测企业经营业务拓展趋势的重要标志，也是企业扩张增量和存量资本的重要前提。不断增加的营业收入是企业生存的基础和发展的条件，营业收入越高表明企业增长速度越快、市场前景越好。总资产增长率是企业本年总资产增长额同年初资产总额的比率，它可以衡量企业本期资产规模的增长情况，评价企业经营规模总量上的扩张程度。该指标是从企业资产总量扩张方面衡量企业的发展能力，表明企业规模增长水平对企业发展后劲的影响。该指标越高，表明企业一个经营周期内资产经营规模扩张的速度越快。

本书运用三年利润平均增长率、营业收入增长率和总资产增长率三个指标，以相应的中位数为临界点，将 2006~2016 年上市公司制造业全部企业划分为成长能力强的企业和成长能力弱的企业，分别代入式（2-16），实证检验成长能力差异对企业出口自选择行为的影响。

（一）利润增长率差异与企业出口自选择行为

检验利润增长率差异对上市公司制造业企业出口"自选择效应"的影响时，在面板模型参数估计方法的选择上，高利润增长率企业和低利润增长率企业的"自选择效应"方程中，F 检验的 P 值均为 0.00，拒绝联合回归模型的假设，Hausman 检验的 P 值均为 0.07，拒绝随机效应模型的假设，因此，本节采用固定效应模型进行估计，高利润增长率企业和低利润增长率企业"自选择效应"的检验结果分别如式（2-22）和式（2-23）所示。

$$
\begin{aligned}
\ln \text{TFP}_{i,t-3} = &-3.10 + 0.17\,\text{Export}_{i,t} + 0.17\ln y_{i,t-3} - 0.07\ln \text{rd}_{i,t-3} + 0.04(\ln \text{rd}_{i,t-3})^2 \\
&(-2.32) \quad (10.53) \qquad (3.04) \qquad\quad (-0.33) \qquad\quad (0.51) \\
&+ 0.007\,\text{prfrt}_{i,t-3} - 3.59\,\text{size1}_{i,t-3} - 3.45\,\text{size2}_{i,t-3} - 0.04\,\text{area1}_{i,t-3} \\
&\quad (4.24) \qquad\qquad (-3.31) \qquad\qquad (-3.26) \qquad\qquad (-0.28) \\
&- 0.52\,\text{area2}_{i,t-3} - 3.15\,\text{nature1}_{i,t-3} + 0.40\,\text{nature2}_{i,t-3} \\
&\quad (-4.51) \qquad\qquad (-2.93) \qquad\qquad (11.66)
\end{aligned}
$$

$$（2\text{-}22）$$

$$
\begin{aligned}
\ln \text{TFP}_{i,t-3} = &-1.40 + 0.25\,\text{Export}_{i,t} + 0.03\ln y_{i,t-3} - 0.13\ln \text{rd}_{i,t-3} + 0.04(\ln \text{rd}_{i,t-3})^2 \\
&(-1.52) \quad (3.01) \qquad\quad (1.74) \qquad\quad (-1.77) \qquad\quad (0.98) \\
&+ 0.009\,\text{prfrt}_{i,t-3} + 0.11\,\text{size1}_{i,t-3} + 0.17\,\text{size2}_{i,t-3} + 0.10\,\text{area1}_{i,t-3} \\
&\quad (5.17) \qquad\qquad (0.97) \qquad\qquad (4.19) \qquad\qquad (1.55) \\
&+ 0.47\,\text{area2}_{i,t-3} + 0.11\,\text{nature1}_{i,t-3} + 0.23\,\text{nature2}_{i,t-3} \\
&\quad (6.07) \qquad\qquad (1.85) \qquad\qquad (3.36)
\end{aligned}
$$

$$（2\text{-}23）$$

式（2-22）和式（2-23）的拟合优度分别为 0.9905 和 0.9985，除式（2-22）中的 $\ln \text{rd}_{i,t-3}$、$(\ln \text{rd}_{i,t-3}^2)^2$ 和 $\text{area1}_{i,t-3}$ 变量及式（2-23）中的 $(\ln \text{rd}_{i,t-3}^2)$

^{2} 和 $area1_{i,t-3}$ 变量外，式（2-22）和式（2-23）中所有变量 t 值的绝对值均显著大于 1.65，模型总体拟合效果良好。

从出口变量的结果来看，我国上市公司制造业高利润增长率企业和低利润增长率企业的出口"自选择效应"方程中，出口生产率溢价系数均显著为正，且后者的出口生产率溢价系数大于前者，说明 2006—2016 年，我国上市公司制造业高利润增长率企业和低利润增长率企业的出口均遵循"自选择效应"机制，低利润增长率企业的出口自选择效应更强。从总体上来说，2006—2016 年，在其他变量保持不变的情况下，上市公司制造业高利润增长率企业和低利润增长率企业中，出口企业在出口前三年与同期的非出口企业相比，生产率水平分别高 17% 和 25%，低利润增长率企业的出口"自选择效应"比高利润增长率企业高 47.06%。

从产出变量的结果来看，上市公司制造业高利润增长率企业和低利润增长率企业的产出系数均为正，说明 2006—2016 年，上市公司制造业高利润增长率企业和低利润增长率企业的生产中均存在规模经济效应。2006—2016 年，在其他变量保持不变的情况下，高利润增长率企业和低利润增长率企业产出水平每提高 1%，生产率水平分别提升 0.17% 和 0.03%，处于创业初始阶段或成长阶段的高利润增长率企业尚未形成最优生产规模，规模经济效应对企业生产率增长的促进作用是低利润增长率企业的 5.67 倍。

从研发投资变量的结果来看，2006—2016 年，上市公司制造业高利润增长率企业和低利润增长率企业中，短期内研发投资的"成本效应"均占优，高利润增长率企业和低利润增长率企业研发投资每增加 1% 分别会使得企业的生产率水平降低 0.07% 和 0.13%，长期内研发投资的"创新效应"均占优，高利润增长率企业和低利润增长率企业研发投资每增加 1%，均会使得未来生产率水平提升 0.04%。

从利润率变量的结果来看，2006—2016 年，上市公司制造业高利润增长率企业和低利润增长率企业中，利润率提高对企业生产率水平提升均有正向影响。2006—2016 年，上市公司制造业高利润增长率企业和低利润增长率企业中，利润率每提升1%，分别使得企业生产率水平提升 0.70% 和 0.90%。纺织、服装、皮革、木材加工、电气机械及器材制造业等我国具有比较优势的产业，企业的利润低、成长能力弱，利润积累有利于企业转变发展模式、调整出口结构，因此，低利润增长率企业利润积累对企业生产率增长的带动作用是高利润增长率企业的 1.29 倍。

（二）营业收入增长率差异与企业出口自选择行为

检验营业收入增长率差异对上市公司制造业企业出口"自选择效应"的影响时，在面板模型参数估计方法的选择上，高营业收入增长率企业和低营业收入增长率企业的"自选择效应"方程中，F 检验的 P 值均为 0.00，拒绝联合回归模型的假设，Hausman 检验的 P 值分别为 0.17 和 0.12，接受随机效应模型的假设，因此，本节采用随机效应模型进行估计，高营业收入增长率企业和低营业收入增长率企业"自选择效应"的检验结果分别如式（2-24）和式（2-25）所示。

$$
\begin{aligned}
\ln \text{TFP}_{i,t-3} = &-2.06 + 0.39 \, \text{Export}_{i,t} + 0.33 \ln y_{i,t-3} - 0.48 \ln \text{rd}_{i,t-3} + 0.22 (\ln \text{rd}_{i,t-3})^2 \\
&(-4.52) \quad (1.61) \quad\quad (2.61) \quad\quad\quad (-2.66) \quad\quad\quad (1.93) \\
&+ 0.008 \, \text{prfrt}_{i,t-3} - 0.44 \, \text{size1}_{i,t-3} - 0.35 \, \text{size2}_{i,t-3} + 0.28 \, \text{area1}_{i,t-3} \\
&\quad (9.47) \quad\quad\quad (-5.56) \quad\quad\quad (-2.83) \quad\quad\quad (4.04) \\
&- 0.95 \, \text{area2}_{i,t-3} + 0.17 \, \text{nature1}_{i,t-3} - 0.69 \, \text{nature2}_{i,t-3} \\
&\quad (-15.27) \quad\quad\quad (1.21) \quad\quad\quad (-2.88)
\end{aligned}
$$

$$（2\text{-}24）$$

$$
\begin{aligned}
\ln \text{TFP}_{i,t-3} = &-1.04 + 0.77 \, \text{Export}_{i,t} + 0.14 \ln y_{i,t-3} - 0.45 \ln \text{rd}_{i,t-3} + 0.20 (\ln \text{rd}_{i,t-3})^2 \\
&(-1.82) \quad (2.92) \quad\quad (1.69) \quad\quad\quad (-2.94) \quad\quad\quad (1.79) \\
&+ 0.009 \, \text{prfrt}_{i,t-3} - 0.31 \, \text{size1}_{i,t-3} - 0.32 \, \text{size2}_{i,t-3} + 0.63 \, \text{area1}_{i,t-3} \\
&\quad (12.52) \quad\quad\quad (-5.50) \quad\quad\quad (-2.77) \quad\quad\quad (3.92) \\
&- 0.94 \, \text{area2}_{i,t-3} + 0.29 \, \text{nature1}_{i,t-3} - 0.27 \, \text{nature2}_{i,t-3} \\
&\quad (-4.96) \quad\quad\quad (2.58) \quad\quad\quad (-1.57)
\end{aligned}
$$

$$（2\text{-}25）$$

式（2-24）和式（2-25）的拟合优度分别为 0.9763 和 0.9925，除式

（2-24）中的 $Export_{i,t}$、$nature1_{i,t-3}$ 变量及式（2-25）中的 $nature2_{i,t-3}$ 变量外，式（2-24）和式（2-25）中所有变量 t 值的绝对值均显著大于1.65，模型总体拟合效果良好。

从出口变量的结果来看，我国上市公司制造业高营业收入增长率企业和低营业收入增长率企业的出口"自选择效应"方程中，出口生产率溢价系数均显著为正，且后者的出口生产率溢价系数大于前者，说明2006—2016年，我国上市公司制造业高营业收入增长率企业和低营业收入增长率企业的出口均遵循"自选择效应"机制，低营业收入增长率企业的出口自选择效应更强。从总体上来说，2006—2016年，在其他变量保持不变的情况下，上市公司制造业高营业收入增长率企业和低营业收入增长率企业中，出口企业在出口前三年与同期的非出口企业相比，生产率水平分别高39%和77%，低营业收入增长率企业的出口"自选择效应"比高营业收入增长率企业高97.44%。

从产出变量的结果来看，上市公司制造业高营业收入增长率企业和低营业收入增长率企业的产出系数均为正，说明2006—2016年，上市公司制造业高营业收入增长率企业和低营业收入增长率企业的生产中均存在规模经济效应。2006—2016年，在其他变量保持不变的情况下，高营业收入增长率企业和低营业收入增长率企业产出水平每提高1%，生产率水平分别提升0.33%和0.14%，处于创业初始阶段或成长阶段的高营业收入增长率企业尚未形成最优生产规模，规模经济效应对企业生产率增长的促进作用是低营业收入增长率企业的5.67倍。

从研发投资变量的结果来看，2006—2016年，上市公司制造业高营业收入增长率企业和低营业收入增长率企业中，短期内研发投资的"成本效应"均占优，高营业收入增长率企业和低营业收入增长率企业研发投资每增加1%分别会使得企业的生产率水平降低0.48%和0.45%，长期内研发投资的"创新效应"均占优，高营业收入增长率企业和低营业收入增长率企业研发投资每增加1%，分别使得未来生产率水平提升0.22%

和 0.20%。

从利润率变量的结果来看，2006—2016 年，上市公司制造业高营业收入增长率企业和低营业收入增长率企业中，利润率提高对企业生产率水平提升均有正向影响。2006—2016 年，上市公司制造业高营业收入增长率企业和低营业收入增长率企业中，利润率每提升 1%，分别使得企业生产率水平提升 0.80% 和 0.90%，低营业收入增长率企业利润积累对企业生产率增长的带动作用是高营业收入增长率企业的 1.13 倍。

（三）总资产增长率差异与企业出口自选择行为

检验总资产增长率差异对上市公司制造业企业出口"自选择效应"的影响时，在面板模型参数估计方法的选择上，高总资产增长率企业和低总资产增长率企业的"自选择效应"方程中，F 检验的 P 值均为 0.00，拒绝联合回归模型的假设，Hausman 检验的 P 值分别为 0.38 和 0.29，接受随机效应模型的假设，因此，本节采用随机效应模型进行估计，高总资产增长率企业和低总资产增长率企业"自选择效应"的检验结果分别如式（2-22）和式（2-23）所示。

$$
\begin{aligned}
\ln \mathrm{TFP}_{i,t-3} = & -2.06 + 0.36\, \mathrm{Export}_{i,t} + 0.14\, \ln y_{i,t-3} - 0.07\, \ln \mathrm{rd}_{i,t-3} + 0.02\, (\ln \mathrm{rd}_{i,t-3})^2 \\
& (-3.39) \quad (2.55) \qquad (3.53) \qquad\quad (-0.43) \qquad\qquad (0.47) \\
& + 0.007\, \mathrm{prfrt}_{i,t-3} - 3.76\, \mathrm{size}1_{i,t-3} - 3.56\, \mathrm{size}2_{i,t-3} + 0.80\, \mathrm{area}1_{i,t-3} \\
& \quad (4.09) \qquad\quad (-3.90) \qquad\quad (-3.83) \qquad\quad (2.54) \\
& + 0.10\, \mathrm{area}2_{i,t-3} + 0.17\, \mathrm{nature}1_{i,t-3} + 0.09\, \mathrm{nature}2_{i,t-3} \\
& \quad (0.56) \qquad\qquad (1.01) \qquad\qquad (1.89)
\end{aligned}
$$

$$(2\text{-}26)$$

$$
\begin{aligned}
\ln \mathrm{TFP}_{i,t-3} = & -2.27 + 0.52\, \mathrm{Export}_{i,t} + 0.08\, \ln y_{i,t-3} - 0.25\, \ln \mathrm{rd}_{i,t-3} + 0.13\, (\ln \mathrm{rd}_{i,t-3})^2 \\
& (-3.85) \quad (4.18) \qquad (1.93) \qquad\quad (-2.30) \qquad\qquad 2.02) \\
& + 0.006\, \mathrm{prfrt}_{i,t-3} - 1.32\, \mathrm{size}1_{i,t-3} - 1.13\, \mathrm{size}2_{i,t-3} - 0.87\, \mathrm{area}1_{i,t-3} \\
& \quad (5.69) \qquad\quad (-17.65) \qquad\quad (-16.21) \qquad\quad (-4.12) \\
& - 1.08\, \mathrm{area}2_{i,t-3} + 0.58\, \mathrm{nature}1_{i,t-3} + 0.92\, \mathrm{nature}2_{i,t-3} \\
& \quad (-8.31) \qquad\qquad (6.12) \qquad\qquad (3.38)
\end{aligned}
$$

$$(2\text{-}27)$$

式（2-26）和式（2-27）的拟合优度分别为 0.9823 和 0.9922，除式（2-26）中的 $\ln rd_{i,t-3}$、$(\ln rd_{i,t-3}^2)^2$、$nature1_{i,t-3}$ 和 $area2_{i,t-3}$ 变量外，式（2-26）和式（2-27）中所有变量 t 值的绝对值均显著大于 1.65，模型总体拟合效果良好。

从出口变量的结果来看，我国上市公司制造业高总资产增长率企业和低总资产增长率企业的出口"自选择效应"方程中，出口生产率溢价系数均显著为正，且后者的出口生产率溢价系数大于前者，说明 2006—2016 年，我国上市公司制造业高总资产增长率企业和低总资产增长率企业的出口均遵循"自选择效应"机制，低总资产增长率企业的出口自选择效应更强。从总体上来说，2006—2016 年，在其他变量保持不变的情况下，上市公司制造业高总资产增长率企业和低总资产增长率企业中，出口企业在出口前三年与同期的非出口企业相比，生产率水平分别高 36% 和 52%，低总资产增长率企业的出口"自选择效应"比高总资产增长率企业高 44.44%。

从产出变量的结果来看，上市公司制造业高总资产增长率企业和低总资产增长率企业的产出系数均为正，说明 2006—2016 年，上市公司制造业高总资产增长率企业和低总资产增长率企业的生产中均存在规模经济效应。2006—2016 年，在其他变量保持不变的情况下，高总资产增长率企业和低总资产增长率企业产出水平每提高 1%，生产率水平分别提升 0.14% 和 0.08%，处于创业初始阶段或成长阶段的高总资产增长率企业尚未形成最优生产规模，规模经济效应对企业生产率增长的促进作用是低总资产增长率企业的 1.75 倍。

从研发投资变量的结果来看，2006—2016 年，上市公司制造业高总资产增长率企业和低总资产增长率企业中，短期内研发投资的"成本效应"均占优，高总资产增长率企业和低总资产增长率企业研发投资每增加 1% 分别使得企业的生产率水平降低 0.07% 和 0.25%，长期内研发投资的"创新效应"均占优，高总资产增长率企业和低总资产增长率企业研发投资每增加 1%，分别使得未来生产率水平提升 0.02% 和 0.13%。

从利润率变量的结果来看，2006—2016 年，上市公司制造业高总资产增长率企业和低总资产增长率企业中，利润率提高对企业生产率水平提升均有正向影响。2006—2016 年，上市公司制造业高总资产增长率企业和低总资产增长率企业中，利润率每提升 1%，分别使得企业生产率水平提升 0.70% 和 0.60%，高总资产增长率企业利润积累对企业生产率增长的带动作用是低总资产增长率企业的 1.17 倍。

从式（2-22）—式（2-27）的分析中可以得出结论：（1）与异质性企业贸易理论的假设相符，2006—2016 年，我国上市公司制造业企业中，无论是成长性企业，还是发展成熟的企业，企业出口均能够遵循"自选择效应"原则，且相对来说发展成熟的企业出口"自选择效应"更强。（2）产出规模与企业生产率水平成正相关，成长性企业尚未形成最优生产规模，规模经济效应对企业生产率增长的促进作用更强。（3）不同营运能力的企业中，研发投资与生产率水平之间均呈倒"U"型关系。短期内研发投资的"成本效应"占优，研发投资与企业生产率水平负相关，长期内研发投资的"创新效应"占优，研发投资与企业生产率水平正相关。总体上来说，上市公司制造业企业研发投资的"成本效应"大于"创新效应"，成长性企业研发投资的"成本效应"和"创新效应"之间的差距相对较小。（4）无论是成长性企业，还是发展成熟的企业，利润积累均对企业生产率水平提升具有促进作用。总体上来说，成长性企业相对于发展成熟的企业，利润积累对企业生产率提升的促进作用更大。

四、营运能力异质性与企业出口自选择行为

营运能力本义是指经营运作管理能力，是企业各项经济资源，包括：人力资源、生产资料资源、财务资源、技术信息资源和管理资源等，基于环境约束与价值增值目标，通过配置组合与相互作用而生成的推动企业运行的物质能量。广义的营运能力是指企业所有要素所能发挥的营运

作用；狭义的营运能力是指企业资产的营运效率，不直接体现人力资源的合理使用和有效利用。根据异质性企业贸易理论，营运能力强的企业具有更高的生产率水平，更有能力跨越出口门槛生产率水平，将产品推向国际市场。因此，营运能力强的企业具有更强的出口"自选择效应"。

现实中企业对营运能力的研究，实际上就是企业运用各项资产以赚取利润的能力的研究。体现企业营运能力的指标主要包括：存货周转率、应收账款周转率和固定资产周转率等。存货周转率是一定时期内企业销货成本与存货平均余额间的比率。在存货平均水平一定的条件下，存货周转率越高，表明随着企业的销货成本增多，产品销售的数量增长，企业的销售和出口能力加强。应收账款周转率是一定时期内赊销收入净额与应收账款平均余额的比率。在一定时期内应收账款周转的次数越多，表明应收账款回收速度越快，企业管理工作的效率越高，短期债务的偿还能力越强，更有能力组织下一轮的生产与出口。固定资产周转率是指企业年销售收入净额与固定资产平均净值的比率。固定资产周转率高，表明企业固定资产利用充分，同时也能表明企业固定资产投资得当，固定资产结构合理，能够充分发挥效率。各指标从不同侧面体现企业资产的运营效率，并对企业出口"自选择效应"产生不同的影响。

本书运用存货周转率、应收账款周转率和固定资产周转率三个指标，以相应的中位数为临界点，将2006—2016年上市公司制造业全部企业划分为营运能力强的企业和营运能力弱的企业，分别代入式（2-16），实证检验营运能力差异对企业出口自选择行为的影响。

（一）存货周转率差异与企业出口自选择行为

检验存货周转率差异对上市公司制造业企业出口"自选择效应"的影响时，在面板模型参数估计方法的选择上，高存货周转率企业和低存货周转率企业的"自选择效应"方程中，F检验的P值均为0.00，拒绝联合回归模型的假设，Hausman检验的P值分别为0.09和0.06，因此，拒绝随机效应模型的假设，本节采用固定效应模型进行估计，高存货周转率企业和低存货周转率企业"自选择效应"方程的检验结果分别如式（2-28）和式（2-29）所示。

$$\ln \text{TFP}_{i,t-3} = -2.14 + 0.59\,\text{Export}_{i,t} + 0.11\ln y_{i,t-3} - 0.15\ln \text{rd}_{i,t-3} + 0.09(\ln \text{rd}_{i,t-3})^2$$
$$\quad(-4.94)\quad(6.00)\qquad\quad(4.34)\qquad\quad(-2.34)\qquad\qquad(2.77)$$
$$+0.01\,\text{prfrt}_{i,t-3} - 0.18\,\text{size}1_{i,t-3} + 0.11\,\text{size}2_{i,t-3} + 0.45\,\text{area}1_{i,t-3}$$
$$\quad(10.24)\qquad\qquad(-3.42)\qquad\qquad(1.68)\qquad\qquad(4.86)$$
$$-0.97\,\text{area}2_{i,t-3} + 0.20\,\text{nature}1_{i,t-3} + 0.12\,\text{nature}2_{i,t-3}$$
$$\quad(-5.99)\qquad\qquad(2.84)\qquad\qquad(4.08)$$

$$（2\text{-}28）$$

$$\ln \text{TFP}_{i,t-3} = -2.36 + 0.18\,\text{Export}_{i,t} + 0.20\ln y_{i,t-3} - 0.04\ln \text{rd}_{i,t-3} + 0.009(\ln \text{rd}_{i,t-3})^2$$
$$\quad(-4.06)\quad(2.06)\qquad\quad(5.66)\qquad\quad(-0.44)\qquad\qquad(0.37)$$
$$+0.006\,\text{prfrt}_{i,t-3} - 0.66\,\text{size}1_{i,t-3} - 0.45\,\text{size}2_{i,t-3} - 3.44\,\text{area}1_{i,t-3}$$
$$\quad(8.60)\qquad\qquad(-8.75)\qquad\qquad(-6.80)\qquad\qquad(-5.48)$$
$$-3.60\,\text{area}2_{i,t-3} + 0.13\,\text{nature}1_{i,t-3} + 0.14\,\text{nature}2_{i,t-3}$$
$$\quad(-5.74)\qquad\qquad(1.96)\qquad\qquad(2.67)$$

$$（2\text{-}29）$$

式（2-28）和式（2-29）的拟合优度分别为 0.9728 和 0.9810，除式（2-29）中的 $\ln \text{rd}_{i,t-3}$、$(\ln \text{rd}_{i,t-3})^2$ 变量外，式（2-28）和式（2-29）中所有变量 t 值的绝对值均显著大于 1.65，模型总体拟合效果良好。

从出口变量的结果来看，我国上市公司制造业高存货周转率企业和低存货周转率企业的出口"自选择效应"方程中，出口生产率溢价系数均显著为正，且前者的出口生产率溢价系数大于后者，说明 2006—2016 年，我国上市公司制造业高存货周转率企业和低存货周转率企业的出口均遵循"自选择效应"机制，高存货周转率企业的出口自选择效应更强。从总体上来说，2006—2016 年，在其他变量保持不变的情况下，上市公司制造业高存货周转率企业和低存货周转率企业中，出口企业在出口前三年与同期的非出口企业相比，生产率水平分别高 59% 和 18%，高存货周转率企业的出口"自选择效应"比低存货周转率企业高 227.78%。

从产出变量的结果来看，上市公司制造业高存货周转率企业和低存货周转率企业的产出系数均为正，说明 2006—2016 年，上市公司制造业高存货周转率企业和低存货周转率企业的生产中均存在规模经济效应。2006—2016 年，在其他变量保持不变的情况下，高存货周转率企业和低存货周转率企业产出水平每提高 1%，生产率水平分别提升 0.11% 和 0.20%，低存货周转率的企业生产和销售规模相对较低，与最优生产规模的偏离程度较大，规模经济效应对企业生产率增长的促进作用是高存货周转率企业的 1.82 倍。

从研发投资变量的结果来看，2006—2016 年，上市公司制造业高存货周转率企业和低存货周转率企业中，短期内研发投资的"成本效应"均占优，高存货周转率企业和低存货周转率企业研发投资每增加 1%，分别使得企业的生产率水平降低 0.15% 和 0.04%，长期内研发投资的"创新效应"均占优，高存货周转率企业和低存货周转率企业研发投资每增加 1%，分别使得未来生产率水平提升 0.09% 和 0.009%。

从利润率变量的结果来看，2006—2016 年，上市公司制造业高存货周转率企业和低存货周转率企业中，利润率提高对企业生产率水平提升均有正向影响。2006—2016 年，上市公司制造业高存货周转率企业和低存货周转率企业中，利润率每提升 1%，分别使得企业生产率水平提升 1% 和 0.60%，高存货周转率企业利润积累对企业生产率增长的带动作用是低存货周转率企业的 1.67 倍。

（二）应收账款周转率差异与企业出口自选择行为

检验应收账款周转率差异对上市公司制造业企业出口"自选择效应"的影响时，在面板模型参数估计方法的选择上，高应收账款周转率企业和低应收账款周转率企业的"自选择效应"方程中，F 检验的 P 值均为 0.00，拒绝联合回归模型的假设，Hausman 检验的 P 值分别为 0.03 和 0.00，因此，高应收账款周转率企业和低应收账款周转率企业的"自选择效应"方程均采用固定效应模型进行估计，其检验结果分别如式（2-30）和式（2-31）所示。

$$\ln \text{TFP}_{i,t-3} = -1.42 + 0.62\,\text{Export}_{i,t} + 0.11\ln y_{i,t-3} - 0.13\ln \text{rd}_{i,t-3} + 0.03(\ln \text{rd}_{i,t-3})^2$$
$$\quad (-3.65) \qquad (7.86) \qquad (4.28) \qquad (-2.56) \qquad (2.25)$$
$$+ 0.01\,\text{prfrt}_{i,t-3} - 0.87\,\text{ize}\,1_{i,t-3} - 0.62\,\text{size}\,2_{i,t-3} + 0.39\,\text{area}\,1_{i,t-3}$$
$$\quad (8.89) \qquad (-5.68) \qquad (-4.26) \qquad (2.19)$$
$$+ 0.51\,\text{area}\,2_{i,t-3} - 0.17\,\text{nature}\,1_{i,t-3} - 0.34\,\text{nature}\,2_{i,t-3}$$
$$\quad (6.27) \qquad (-1.73) \qquad (-3.33)$$

$$（2-30）$$

$$\ln \text{TFP}_{i,t-3} = -1.24 + 0.29\,\text{Export}_{i,t} + 0.21\ln y_{i,t-3} - 0.31\ln \text{rd}_{i,t-3} + 0.17(\ln \text{rd}_{i,t-3})^2$$
$$\quad (-1.70) \quad (2.86) \qquad (8.51) \qquad (-2.34) \qquad (2.72)$$
$$+ 0.006\,\text{prfrt}_{i,t-3} - 0.14\,\text{ize}\,1_{i,t-3} - 0.03\,\text{size}\,2_{i,t-3} - 4.25\,\text{area}\,1_{i,t-3}$$
$$\quad (5.52) \qquad (-2.48) \qquad (-0.56) \qquad (-9.55)$$
$$- 3.80\,\text{area}\,2_{i,t-3} + 0.33\,\text{nature}\,1_{i,t-3} + 0.39\,\text{nature}\,2_{i,t-3}$$
$$\quad (-8.34) \qquad (10.07) \qquad (5.09)$$

$$（2-31）$$

式（2-30）和式（2-31）的拟合优度分别为 0.9440 和 0.9892，除式（2-31）中的 $\text{size}_{i,t-3}^2$ 变量外，式（2-30）和式（2-31）中所有变量 t 值的绝对值均显著大于 1.65，模型总体拟合效果良好。

从出口变量的结果来看，我国上市公司制造业高应收账款周转率企业和低应收账款周转率企业的出口"自选择效应"方程中，出口生产率溢价系数均显著为正，且前者的出口生产率溢价系数大于后者，说明2006—2016 年，我国上市公司制造业高应收账款周转率企业和低应收账款周转率企业的出口均遵循"自选择效应"机制，高应收账款周转率企业的出口自选择效应更强。从总体上来说，2006—2016 年，在其他变量保持不变的情况下，上市公司制造业高应收账款周转率企业和低应收账款周转率企业中，出口企业在出口前三年与同期的非出口企业相比，生产率水平分别高 62% 和 29%，高应收账款周转率企业的出口"自选择效应"比低存货周转率企业高 113.79%。

从产出变量的结果来看，上市公司制造业高应收账款周转率企业和低应收账款周转率企业的产出系数均为正，说明 2006—2016 年，上市公司制造业高应收账款周转率企业和低应收账款周转率企业的生产中均存在规模经济效应。2006—2016 年，在其他变量保持不变的情况下，高应收账款周转率企业和低应收账款周转率企业产出水平每提高 1%，生产率水平分别提升 0.11% 和 0.21%，低应收账款周转率的企业货款回收速度慢、短期融资能力差，生产和销售规模扩张缓慢，与最优生产规模的偏离程度较大，规模经济效应对企业生产率增长的促进作用是高应收账款周转率企业的 1.91 倍。

从研发投资变量的结果来看，2006—2016 年，上市公司制造业高应收账款周转率企业和低应收账款周转率企业中，短期内研发投资的"成本效应"均占优，高应收账款周转率企业和低应收账款周转率企业研发投资每增加 1%，分别使得企业的生产率水平降低 0.13% 和 0.31%，长期内研发投资的"创新效应"均占优，高应收账款周转率企业和低应收账款周转率企业研发投资每增加 1%，分别使得未来生产率水平提升 0.03% 和 0.17%。

从利润率变量的结果来看，2006—2016 年，上市公司制造业高应收账款周转率企业和低应收账款周转率企业中，利润率提高对企业生产率水平提升均有正向影响。2006—2016 年，上市公司制造业高应收账款周转率企业和低应收账款周转率企业中，利润率每提升 1%，分别使得企业生产率水平提升 1% 和 0.60%，高应收账款周转率企业利润积累对企业生产率增长的带动作用是低应收账款周转率企业的 1.67 倍。

（三）固定资产周转率差异与企业出口自选择行为

检验固定资产周转率差异对上市公司制造业企业出口"自选择效应"的影响时，在面板模型参数估计方法的选择上，高固定资产周转率企业和低固定资产周转率企业的"自选择效应"方程中，F 检验的 P 值均为 0.00，拒绝联合回归模型的假设，Hausman 检验的 P 值分别为 0.08 和 0.09，因此，拒绝随机效应模型的假设，本节采用固定效应模型进行估计，高固定资产周转率企业和低固定资产周转率企业"自选择效应"方程的检验结果分别如式（2-32）和式（2-33）所示。

$$\ln \text{TFP}_{i,t-3} = -1.72 + 0.30\,\text{Export}_{i,t} + 0.10\ln y_{i,t-3} - 0.03\ln \text{rd}_{i,t-3} + 0.02(\ln \text{rd}_{i,t-3})^2$$
$$(-5.15)\quad (5.26)\qquad\quad (5.06)\qquad\quad (-0.71)\qquad\quad (0.97)$$
$$+\,0.008\,\text{prfrt}_{i,t-3} - 0.60\,\text{size}1_{i,t-3} - 0.46\,\text{size}2_{i,t-3} - 0.13\,\text{area}1_{i,t-3}$$
$$(9.21)\qquad\qquad (-13.62)\qquad\quad (-12.41)\qquad\quad (-1.34)$$
$$-\,0.05\,\text{area}2_{i,t-3} + 0.10\,\text{nature}1_{i,t-3} + 0.16\,\text{nature}2_{i,t-3}$$
$$(-0.71)\qquad\qquad (3.39)\qquad\qquad (3.29)$$

$$（2\text{-}32）$$

$$\ln \text{TFP}_{i,t-3} = 0.25 + 0.27\,\text{Export}_{it} + 0.06\ln y_{i,t-3} - 0.20\ln \text{rd}_{i,t-3} + 0.05(\ln \text{rd}_{i,t-3})^2$$
$$(1.35)\quad (1.77)\qquad\quad (2.38)\qquad\quad (-2.76)\qquad\quad (2.74)$$
$$+\,0.009\,\text{prfrt}_{i,t-3} - 0.26\,\text{size}1_{i,t-3} - 0.02\,\text{size}2_{i,t-3} - 0.44\,\text{area}1_{i,t-3}$$
$$(5.44)\qquad\qquad (-3.55)\qquad\quad (-0.17)\qquad\quad (-1.48)$$
$$-\,0.56\,\text{area}2_{i,t-3} + 0.19\,\text{nature}1_{i,t-3} + 0.04\,\text{nature}2_{i,t-3}$$
$$(-2.23)\qquad\qquad (0.95)\qquad\qquad (1.36)$$

$$（2\text{-}33）$$

式（2-32）和式（2-33）的拟合优度分别为 0.9794 和 0.9162，除式（2-32）中的研发投资和地区变量以及式（2-33）中的地区和所有制变量外，式（2-32）和式（2-33）中所有变量 t 值的绝对值均显著大于 1.65，模型总体拟合效果良好。

从出口变量的结果来看，我国上市公司制造业高固定资产周转率企业和低固定资产周转率企业的出口"自选择效应"方程中，出口生产率溢价系数均显著为正，且前者的出口生产率溢价系数大于后者，说明 2006—2016 年，我国上市公司制造业高固定资产周转率企业和低固定资产周转率企业的出口均遵循"自选择效应"机制，高固定资产周转率企业的出口自选择效应更强。从总体上来说，2006—2016 年，在其他变量保持不变的情况下，上市公司制造业高固定资产周转率企业和低固定资产周转率企业中，出口企业在出口前三年与同期的非出口企业相比，生产率水平分别高 30% 和 27%，高固定资产周转率企业的出口"自选择效应"比低固定资产周转率企业高 11.11%。

从产出变量的结果来看，上市公司制造业高固定资产周转率企业和低固定资产周转率企业的产出系数均为正，说明 2006—2016 年，上市公司制造业高固定资产周转率企业和低固定资产周转率企业的生产中均存在规模经济效应。2006—2016 年，在其他变量保持不变的情况下，高固定资产周转率企业和低固定资产周转率企业产出水平每提高 1%，生产率水平分别提升 0.10% 和 0.06%，高固定资产周转率意味着高固定资产使用效率和高产出，企业获得的规模经济效应更大，产出规模对生产率增长的促进作用是低固定资产周转率企业的 1.67 倍。

从研发投资变量的结果来看，2006—2016 年，上市公司制造业高固定资产周转率企业和低固定资产周转率企业中，短期内研发投资的"成本效应"均占优，高固定资产周转率企业和低固定资产周转率企业研发投资每增加 1%，分别使得企业的生产率水平降低 0.03% 和 0.20%，长期内研发投资的"创新效应"均占优，高固定资产周转率企业和低固定资产周转率企业研发投资每增加 1%，分别使得未来生产率水平提升 0.02% 和 0.05%。

从利润率变量的结果来看，2006—2016 年，上市公司制造业高固定资产周转率企业和低固定资产周转率企业中，利润率提高对企业生产率水平提升均有正向影响。2006—2016 年，上市公司制造业高固定资产周转率企业和低固定资产周转率企业中，利润率每提升 1%，分别使得企业生产率水平提升 0.80% 和 0.90%，高固定资产周转率企业利润积累对企业生产率增长的带动作用是低固定资产周转率企业的 88.89%。

从式（2-28）—式（2-33）的分析中可以得出结论：（1）与异质性企业贸易理论的假设相符，2006—2016 年，我国上市公司制造业企业中，无论是营运能力高的企业，还是营运能力低的企业，企业出口均能够遵循"自选择效应"机制，且相对来说营运能力高的企业出口"自选择效应"更强。（2）产出规模与企业生产率水平成正相关。提升存货周转率能够保证生产不间断地进行和产品有秩序的销售，应收账款周转率的高低体现了企业管理工作的效率和短期债务的偿还能力，两者均对产出规模和产出效率具有间接影响；固定资产周转率的高低体现了资本利用效率，对产出规模和产出效率具有直接影响，固定资产周转率高的企业规模经济效应更加显著，产出规模对企业生产率增长的促进作用更强。（3）不同营运能力的企业中，研发投资与生产率水平之间均呈倒"U"型关系。短期内研发投资的"成本效应"占优，研发投资增加降低了企业的生产率水平，长期内研发投资的"创新效应"占优，研发投资增加具有促进企业生产率水平提升的作用。总体上来说，上市公司制造业企业研发投资的"成本效应"大于"创新效应"，营运能力高的企业研发投资的"成本效应"和"创新效应"之间的差距相对较小。（4）无论是营运能力高的企业，还是营运能力低的企业，利润率与企业生产率水平均成正相关。总体上来说，营运能力高的企业相对于营运能力低的企业，利润积累对企业生产率提升的促进作用更大。

五、内源性融资能力异质性与企业出口自选择行为

融资能力指一个企业可能融通资金的水平，是持续获取长期优质资本的能力，也是企业快速发展的关键因素。对于异质性企业来说，生产率固然重要，但可能受制于融资瓶颈。一方面，在国际市场处于周期波动时，通常也伴随着金融市场不稳定，出口面临着更严峻的信贷约束。当融资能力过低时，高生产率企业也可能遭受市场淘汰。优胜劣汰机制将促使高生产率且具备良好融资能力的企业更容易获得出口竞争力（朱英杰，2012）。另一方面，信贷约束使企业通过研发活动提高生产率的愿望破灭，因为研发项目可能因为高风险、无形性，难以获得银行融资，企业资源难以有效配置，使生产率有所降低（林燕丽，2017）。因而，融资能力强的企业财务状况良好，更有能力跨越出口门槛生产率水平，进入国际市场，融资能力高低是决定出口"自选择效应"能否有效发挥的重要因素。

内源融资是指公司经营活动结果产生的资金，即公司内部融通的资金，是企业不断将自己的储蓄转化为投资的过程。内源融资对企业的资本形成具有原始性、自主性、低成本和抗风险的特点，是企业生存与发展不可或缺的重要组成部分。事实上，在发达的市场经济国家，内源融资是企业首选的融资方式。本书主要通过清偿比率和股东权益比率两个指标来体现企业的内源性融资能力。清偿比率即企业所有者权益与总负债的比值。该数值越高，表明企业偿还外债的能力越强。股东权益比率是股东权益与资产总额的比率。该数值越大，表明企业的财务风险越小，受信贷约束的可能性越小。

本书以清偿比率和股东权益比率的中位数为临界点，将2006—2016年上市公司制造业全部企业划分为内源性融资能力强的企业和内源性融资能力弱的企业，分别代入式（2-16），实证检验内源性融资能力差异对企业出口自选择行为的影响。

（一）清偿比率差异与企业出口自选择行为

检验清偿比率异质对上市公司制造业企业出口"自选择效应"的影响时，在面板模型参数估计方法的选择上，高清偿比率企业和低清偿比率企业的"自选择效应"方程中，F检验的P值均为0.00，拒绝联合回归模型的假设，Hausman检验的P值分别为0.27和0.14，因此，接受随机效应模型的假设，本节采用随机效应模型进行估计，高清偿比率企业和低清偿比率企业"自选择效应"方程的检验结果分别如式（2-34）和式（2-35）所示。

$$
\begin{aligned}
\ln \text{TFP}_{i,t-3} = &-1.23 + 0.42\,\text{Export}_{i,t} + 0.05\ln y_{i,t-3} - 0.20\ln \text{rd}_{i,t-3} + 0.06(\ln \text{rd}_{i,t-3})^2 \\
&(-3.16)\quad (8.18)\qquad\quad (3.40)\qquad\quad (-2.60)\qquad\quad (1.24) \\
&+0.009\,\text{prfrt}_{i,t-3} - 1.12\,\text{size1}_{i,t-3} - 0.96\,\text{size2}_{i,t-3} - 0.33\,\text{area1}_{i,t-3} \\
&\quad (6.58)\qquad\qquad (-7.80)\qquad\qquad (-9.28)\qquad\qquad (-1.17) \\
&-0.60\,\text{area2}_{i,t-3} + 0.19\,\text{nature1}_{i,t-3} + 0.20\,\text{nature2}_{i,t-3} \\
&\quad (-2.31)\qquad\quad (2.29)\qquad\qquad (3.25)
\end{aligned}
$$

$$(2\text{-}34)$$

$$\ln \text{TFP}_{i,t-3} = -1.33 + 0.37\,\text{Export}_{i,t} + 0.11\ln y_{i,t-3} - 0.03\ln \text{rd}_{i,t-3} + 0.03(\ln \text{rd}_{i,t-3})^2$$
$$\quad (-3.02)\quad\ \ (4.72)\qquad\qquad (3.03)\qquad\qquad (-0.45)\qquad\qquad (1.33)$$
$$+ 0.007\,\text{prfrt}_{i,t-3} - 0.65\,\text{size}1_{i,t-3} - 0.46\,\text{size}2_{i,t-3} + 0.13\,\text{area}1_{i,t-3}$$
$$\quad (6.01)\qquad\qquad (-11.27)\qquad\qquad (-11.02)\qquad\qquad (1.44)$$
$$- 0.34\,\text{area}2_{i,t-3} + 0.15\,\text{nature}1_{i,t-3} + 0.20\,\text{nature}2_{i,t-3}$$
$$\quad (-3.90)\qquad\qquad (5.84)\qquad\qquad\quad (3.94)$$

$$（2\text{-}35）$$

式（2-34）和式（2-35）的拟合优度分别为 0.9848 和 0.9598，除式（2-34）中的（$\ln \text{rd}_{i,t-3}$）^{2}、$\text{area}1_{i,t-3}$ 变量以及式（2-35）中的 $\ln \text{rd}_{i,t-3}$、（$\text{Cn rd}_{i,t-3}$）^{2}、$\text{area}1_{i,t-3}$ 变量外，式（2-34）和式（2-35）中所有变量 t 值的绝对值均显著大于 1.65，模型总体拟合效果良好。

从出口变量的结果来看，我国上市公司制造业高清偿比率企业和低清偿比率企业的出口"自选择效应"方程中，出口生产率溢价系数均显著为正，且前者的出口生产率溢价系数大于后者，说明 2006—2016 年，我国上市公司制造业高清偿比率企业和低清偿比率企业的出口均遵循"自选择效应"机制，高清偿比率企业的出口自选择效应更强。从总体上来说，2006—2016 年，在其他变量保持不变的情况下，上市公司制造业高清偿比率企业和低清偿比率企业中，出口企业在出口前三年与同期的非出口企业相比，生产率水平分别高 42% 和 37%，高清偿比率企业的出口"自选择效应"比低清偿比率企业高 13.51%。

从产出变量的结果来看，上市公司制造业高清偿比率企业和低清偿比率企业的产出系数均为正，说明 2006—2016 年，上市公司制造业高清偿比率企业和低清偿比率企业的生产中均存在规模经济效应。2006—2016 年，在其他变量保持不变的情况下，高清偿比率企业和低清偿比率企业产出水平每提高 1%，生产率水平分别提升 0.05% 和 0.11%。

从研发投资变量的结果来看，2006—2016 年，上市公司制造业高清偿比率企业和低清偿比率企业中，短期内研发投资的"成本效应"均占优，高清偿比率企业和低清偿比率企业研发投资每增加 1%，分别使得企业的生产率水平降低 0.20% 和 0.03%，长期内研发投资的"创新效应"均占优，高清偿比率企业和低清偿比率企业研发投资每增加 1%，分别使得未来生产率水平提升 0.06% 和 0.03%。

从利润率变量的结果来看，2006—2016 年，上市公司制造业高清偿比率企业和低清偿比率企业中，利润率提高对企业生产率水平提升均有正向影响。2006—2016 年，上市公司制造业高清偿比率企业和低清偿比率企业中，利润率每提升 1%，分别使得企业生产率水平提升 0.90% 和 0.70%，高清偿比率企业利润积累对企业生产率增长的带动作用是低清偿比率企业的 1.29 倍。

（二）股东权益比率差异与企业出口自选择行为

检验股东权益比率异质对上市公司制造业企业出口"自选择效应"的影响时，在面板模型参数估计方法的选择上，高股东权益比率企业和低股东权益比率企业的"自选择效应"方程中，F 检验的 P 值均为 0.00，拒绝联合回归模型的假设，Hausman 检验的 P 值分别为 0.38 和 0.17，因此，接受随机效应模型的假设，本节采用随机效应模型进行估计，高股东权益比率企业和低股东权益比率企业"自选择效应"方程的检验结果分别如式（2-36）和式（2-37）所示。

$$
\begin{aligned}
\ln \mathrm{TFP}_{i,t-3} = & -1.93 + 0.41\,\mathrm{Export}_{i,t} + 0.12\ln y_{i,t-3} - 0.07\ln \mathrm{rd}_{i,t-3} + 0.06(\ln \mathrm{rd}_{i,t-3})^2 \\
& (-4.49) \quad\ (4.45) \qquad (2.65) \qquad\quad (-0.73) \qquad\qquad (1.63) \\
& + 0.009\,\mathrm{prfrt}_{i,t-3} - 0.83\,\mathrm{size}\,1_{i,t-3} - 0.62\,\mathrm{size}\,2_{i,t-3} - 0.17\,\mathrm{area}\,1_{i,t-3} \\
& \ \ (8.48) \qquad\qquad (-9.43) \qquad\quad (-7.73) \qquad\qquad (1.15) \\
& - 0.36\,\mathrm{area}\,2_{i,t-3} + 0.16\,\mathrm{nature}\,1_{i,t-3} + 0.21\,\mathrm{nature}\,2_{i,t-3} \\
& \ \ (-3.50) \qquad\quad (5.49) \qquad\qquad (2.37)
\end{aligned}
$$

$$（2-36）$$

$$
\begin{aligned}
\ln \mathrm{TFP}_{i,t-3} = & -1.17 + 0.09\,\mathrm{Export}_{i,t} + 0.05\ln y_{i,t-3} - 0.21\ln \mathrm{rd}_{i,t-3} + 0.08(\ln \mathrm{rd}_{i,t-3})^2 \\
& (-2.80) \quad\ (1.25) \qquad (3.33) \qquad\quad (-2.98) \qquad\qquad (1.79) \\
& + 0.008\,\mathrm{prfrt}_{i,t-3} - 0.43\,\mathrm{size}\,1_{i,t-3} - 0.35\,\mathrm{size}\,2_{i,t-3} - 0.19\,\mathrm{area}\,1_{i,t-3} \\
& \ \ (6.32) \qquad\qquad (-2.81) \qquad\quad (-2.55) \qquad\qquad (-0.71) \\
& - 0.76\,\mathrm{area}\,2_{i,t-3} + 0.13\,\mathrm{nature}\,1_{i,t-3} - 0.23\,\mathrm{nature}\,2_{i,t-3} \\
& \ \ (-3.19) \qquad\quad (7.28) \qquad\qquad (-3.53)
\end{aligned}
$$

$$（2-37）$$

式（2-36）和式（2-37）的拟合优度分别为0.9617和0.9904，除式（2-36）中的 ln rd$_{i,t-3}$、（ln rd$_{i,t-3}$）^{2}、area1$_{i,t-3}$ 变量以及式（2-37）中的 Export$_{i,t}$、area1$_{i,t-3}$ 变量外，式（2-36）和式（2-37）中所有变量 t 值的绝对值均显著大于1.65，模型总体拟合效果良好。

从出口变量的结果来看，我国上市公司制造业高股东权益比率企业和低股东权益比率企业的出口"自选择效应"方程中，出口生产率溢价系数均显著为正，且前者的出口生产率溢价系数大于后者，说明2006—2016年，我国上市公司制造业高股东权益比率企业和低股东权益比率企业的出口均遵循"自选择效应"机制，高股东权益比率企业的出口自选择效应更强。从总体上来说，2006—2016年，在其他变量保持不变的情况下，上市公司制造业高股东权益比率企业和低股东权益比率企业中，出口企业在出口前三年与同期的非出口企业相比，生产率水平分别高41%和9%，高股东权益比率企业的出口"自选择效应"比低股东权益比率企业高355.56%。

从产出变量的结果来看，上市公司制造业高股东权益比率企业和低股东权益比率企业的产出系数均为正，说明2006—2016年，上市公司制造业高股东权益比率企业和低股东权益比率企业的生产中均存在规模经济效应。2006—2016年，在其他变量保持不变的情况下，高股东权益比率企业和低股东权益比率企业产出水平每提高1%，生产率水平分别提升0.12%和0.05%。

从研发投资变量的结果来看，2006—2016年，上市公司制造业高股东权益比率企业和低股东权益比率企业中，短期内研发投资的"成本效应"均占优，高股东权益比率企业和低股东权益比率企业研发投资每增加1%，分别使得企业的生产率水平降低0.07%和0.21%，长期内研发投资的"创新效应"均占优，高股东权益比率企业和低股东权益比率企业研发投资每增加1%，分别使得未来生产率水平提升0.06%和0.08%。

从利润率变量的结果来看，2006—2016年，上市公司制造业高股东权益比率企业和低股东权益比率企业中，利润率提高对企业生产率水平提升均有正向影响。2006—2016 年，上市公司制造业高股东权益比率企业和低股东权益比率企业中，利润率每提升 1%，分别使得企业生产率水平提升 0.90% 和 0.80%，高股东权益比率企业利润积累对企业生产率增长的带动作用是低股东权益比率企业的 1.13 倍。

从式（34）—式（37）的分析中可以得出结论：（1）与异质性企业贸易理论的假设相符，2006—2016 年，我国上市公司制造业企业中，无论是内源性融资能力高的企业，还是内源性融资能力低的企业，企业出口均能够遵循"自选择效应"机制，且相对来说内源性融资能力高的企业出口"自选择效应"更强。（2）产出规模与企业生产率水平成正相关，低清偿比率企业和高股东权益比率企业的规模经济效应更加显著。（3）不同内源性融资能力的企业中，研发投资与生产率水平之间均呈倒 U 型关系。短期内研发投资的"成本效应"占优，研发投资增加降低了企业的生产率水平，长期内研发投资的"创新效应"占优，研发投资增加具有促进企业生产率水平提升的作用。总体上来说，上市公司制造业企业研发投资的"成本效应"大于"创新效应"，低清偿比率企业和高股东权益比率企业研发投资的回报相对较大。（4）无论企业内源性融资能力差异如何，利润率与企业生产率水平均成正相关。总体上来说，内源性融资能力强的企业，利润积累对企业生产率提升的促进作用更大。

第五节　竞争能力异质性与出口学习效应

为了检验中国上市公司制造业企业是否存在"出口学习效应"，需要考察出口企业在进入国际市场之后是否比非出口企业具有更高的生产率水平。为此，本书将利用式（2-38）和式（2-39）分别检验企业出口决策和出口密度对生产率的决定作用。

$$\Delta \ln \text{TFP}_{i,t} = \alpha + \beta \, \text{Export}_{i,t} + \gamma_1 \ln \text{costr}_{i,t} + \gamma_2 \ln \text{rd}_{i,t-1} + \gamma_3 \ln \text{rd}_{i,t}$$
$$+ \eta \, \text{Control}_{i,t} + \varepsilon_{i,t}$$

$$（2\text{-}38）$$

$$\Delta \ln \text{TFP}_{i,t} = \alpha + \beta \ln \text{exden}_{i,t} + \gamma_1 \ln \text{costr}_{i,t} + \gamma_2 \ln \text{rd}_{i,t-1} + \gamma_3 \ln \text{rd}_{i,t}$$
$$+ \eta \, \text{Control}_{i,t} + \varepsilon_{i,t}$$

$$（2\text{-}39）$$

式（2-38）和式（2-39）中，$\Delta \ln \text{TFP}_{i,t} = (\ln \text{TFP}_{i,t} - \ln \text{TFP}_{i,0})/T$，代表企业 i 在时期 t 与基期相比对数全要素生产率的年均增加值。$\text{Export}_{i,t}$ 为出口虚拟变量，当企业 i 在基期不出口，在 t 期仍然不出口时，$\text{Export}_{i,t}=0$；当企业 i 在基期不出口，在 t 期开始出口时，$\text{Export}_{i,t}=1$。$\ln \text{exden}_{i,t}$ 为企业 i 在时期 t 的出口密度的对数值。costr= 总成本 / 总营业收入，$\ln \text{costr}_{i,t}$ 为企业 i 在时期 t 成本率的对数值。rd= 研发支出 / 总营业收入，$\ln \text{rd}_{i,t-1}$、$\ln \text{rd}_{i,t}$ 分别为企业 i 在时期 $t-1$ 和时期 t 研发支出比率的对数值。Control 为控制标量，包括两个企业规模 size、两个企业所有制 nature 和两个地区 area 虚拟变量。所有控制变量的分类标准与式（2-11）一致。

根据理论预期：① β 为出口生产率增长率溢价系数。当 $\beta > 0$ 时，出口能够提升企业的生产率增长率，存在"出口学习效应"。当 $\beta < 0$ 时，出口不能够改善企业的生产率增长率，存在"出口学习悖论"。②成本率增加会降低生产率的增长率，因此，$\gamma_1 < 0$。③研发投资对企业生产率水平具有双重影响。一方面，研发投资需要高额的成本投入，抑制了企业当前生产率水平的提升；另一方面，研发投资有利于提高企业的创新能力，是企业未来生产率水平提升的主要渠道。因此，$\gamma_2 > 0$，$\gamma_3 < 0$。

一、企业总体出口学习效应分析

本书以 2006—2016 年我国上市公司制造业企业的数据为样本，来检验我国制造业企业的出口中是否存在"出口学习效应"。以 2006 年为基期，如果 2006 年不出口，以后各年份仍然不出口，则为非出口企业。如果 2006 年不出口，从第 t 期开始出口则为新出口企业。在其他条件都相同的情况下，如果新出口企业对企业生产率增长率的影响大于非出口企业，则企业出口中存在"出口学习效应"。

检验上市公司制造业企业总体的出口中是否存在"出口学习效应"时，在面板模型参数估计方法的选择上，制造业企业总体"出口学习效应"方程中，F 检验的 P 值均为 0.00，拒绝联合回归模型的假设，Hausman 检验的 P 值均为 0.06，因此，拒绝随机效应模型的假设，本节采用固定效应模型进行估计，制造业企业总体"出口学习效应"方程的检验结果分别如式（2-40）和式（2-41）所示。

$$\Delta \ln \mathrm{TFP}_{i,t} = 7.46 + 0.002\, \mathrm{Export}_{i,t} - 0.17 \ln \mathrm{costr}_{i,t} + 0.004 \ln \mathrm{rd}_{i,t-1} - 0.01 \ln \mathrm{rd}_{i,t}$$
$$\quad (1.28) \qquad (2.34) \qquad\quad (-11.44) \qquad\quad (2.06) \qquad\quad (-3.10)$$
$$\quad -0.05\, \mathrm{size}\,1_{i,t} - 0.04\, \mathrm{size}\,2_{i,t} + 0.14\, \mathrm{area}\,1_{i,t} + 0.14\, \mathrm{area}\,2_{i,t}$$
$$\qquad (-2.97) \qquad\quad (-2.43) \qquad\quad (4.35) \qquad\quad (6.79)$$
$$\quad -0.02\, \mathrm{nature}\,1_{i,t} - 0.02\, \mathrm{nature}\,2_{i,t}$$
$$\qquad (-3.67) \qquad\quad (-2.37)$$

$$（2\text{-}40）$$

$$\Delta \ln \mathrm{TFP}_{i,t} = 7.27 + 0.01 \ln \mathrm{exden}_{i,t} - 0.16 \ln \mathrm{costr}_{i,t} + 0.004 \ln \mathrm{rd}_{i,t-1} - 0.01 \ln \mathrm{rd}_{i,t}$$
$$\quad (1.24) \qquad (2.20) \qquad\quad (-11.10) \qquad\quad (2.06) \qquad\quad (-3.05)$$
$$\quad -0.05\, \mathrm{size}\,1_{i,t} - 0.04\, \mathrm{size}\,2_{i,t} + 0.14\, \mathrm{area}\,1_{i,t} + 0.15\, \mathrm{area}\,2_{i,t}$$
$$\qquad (-3.02) \qquad\quad (-2.47) \qquad\quad (4.45) \qquad\quad (7.28)$$
$$\quad -0.02\, \mathrm{nature}\,1_{i,t} - 0.02\, \mathrm{nature}\,2_{i,t}$$
$$\qquad (-3.72) \qquad\quad (-2.39)$$

$$（2\text{-}41）$$

式（2-40）和式（2-41）的拟合优度分别为 0.9058 和 0.9064，式（2-40）和式（2-41）中所有变量 t 值的绝对值均显著大于 1.65，模型总体拟合效果良好。

从式（2-40）和式（2-41）中可以看出，出口生产率增长率溢价系数显著为正，说明 2002—2016 年，我国上市公司制造业企业的出口中获得了"出口学习效应"。式（2-40）中，在其他条件不变的情况下，出口企业相对于非出口企业生产率增长率高 0.20%。式（2-41）中，在其他条件不变的情况下，制造业企业出口密度每增加 1%，生产率的增长率提升 0.01%。

与理论预期相同，成本对企业生产率增长具有制约作用。式（2-40）和式（2-41）中，成本率每提升 1%，生产率的增长率分别下降 0.17% 和 0.16%。研发投入对企业生产率增长率的影响是双重的。当期研发投入的"成本效应"占优，前期研发投入的"创新效应"占优。当期研发投入每提升 1%，生产率的增长率下降 0.01%；前期研发投入每提升 1%，当期生产率增长率提升 0.004%。

式（2-40）和式（2-41）验证了梅里兹（Melitz，2003）、伯纳德等（Bernard et al.，2003）、施迈泽（Schmeiser，2012）、库姆斯等（Combes et al.，2012）的假设，2006—2016 年，我国上市公司制造业企业通过出口不断吸取创新理念，技术和竞争力有所提升，产生了"出口学习效应"，但相对于发达国家来说，我国企业出口中获得的"出口学习效应"十分微弱，制造业企业出口密度每增加 1%，生产率的增长率仅提升 0.01%。检验"出口学习效应"是否因企业的成长能力、营运能力、要素密集度、融资能力等竞争能力差异而异，有利于从异质性企业贸易理论的角度找出我国企业出口产品长期处于产品价值链末端的本质原因，探索我国外贸转型升级的难点与突破点。

二、要素密集度异质性与出口学习效应

同一产业内不同企业间的要素密集度差异既体现了企业所处部门是否为该国的比较优势部门，又体现了企业在该部门内是否具有竞争优势，两者对"出口学习效应"产生不同的影响。一方面，处于本国比较优势部门内的企业，通常具有出口规模高、出口密度大的特点，企业进入国际市场以后能够接触到更多的竞争者和进口商，获得更多的通过出口市场学习先进技术和知识的机会，以出口促进生产率水平提升的渠道更为广泛。另一方面，某一产业内具有竞争优势的企业，如资本密集度高的

企业和熟练劳动力密集度高的企业，能够敏锐的感知新产品和国外市场需求的变化，对出口市场获得的新技术和新知识的吸收能力更强，通过出口获得生产率溢出的效率更高。因此，一般来说，处于本国比较优势部门的高资本密集度企业和高熟练劳动力密集度企业获得的"出口学习效应"最高，处于本国比较劣势部门的高资本密集度企业、高熟练劳动力密集度企业以及本国比较优势部门的低资本密集度企业和低熟练劳动力密集度企业获得的"出口学习效应"是两种相反力量综合作用的结果。

（一）资本密集度差异与出口学习效应

本书以资本密集度的中位数为临界点，将2006—2016年上市公司制造业全部企业划分为高资本密集度企业和低资本密集度企业，分别代入式（2-38）和式（2-39），实证检验资本密集度差异对"出口学习效应"的影响。

检验高资本密集度企业出口中是否存在"出口学习效应"时，在面板模型参数估计方法的选择上，式（2-38）和式（2-39）F检验的 P 值均为0.00，拒绝联合回归模型的假设，Hausman 检验的 P 值分别为0.08和0.07，因此，拒绝原假设，采用固定效应模型进行估计，高资本密集度企业"出口学习效应"方程的检验结果分别如式（2-42）和式（2-43）所示。

$$\Delta \ln \text{TFP}_{i,t} = 1.32 + 0.016\,\text{Export}_{i,t} - 0.14\ln\text{costr}_{i,t} + 0.008\ln\text{rd}_{i,t-1} - 0.02\ln\text{rd}_{i,t}$$
$$(1.13) \quad (2.38) \quad\quad (-5.74) \quad\quad (2.00) \quad\quad (-2.76)$$
$$-0.06\,\text{size}1_{i,t} - 0.05\,\text{size}2_{i,t} + 0.25\,\text{area}1_{i,t} + 0.12\,\text{area}2_{i,t}$$
$$(-6.15) \quad\quad (-11.32) \quad\quad (10.02) \quad\quad (4.38)$$
$$-0.02\,\text{nature}1_{i,t} - 0.05\,\text{nature}2_{i,t}$$
$$(-1.87) \quad\quad (-3.75)$$

$$(2\text{-}42)$$

$$\Delta \ln \text{TFP}_{i,t} = 1.85 + 0.002\ln\text{exden}_{i,t} - 0.14\ln\text{costr}_{i,t} + 0.008\ln\text{rd}_{i,t-1} - 0.02\ln\text{rd}_{i,t}$$
$$(1.18) \quad (2.40) \quad\quad (-5.80) \quad (1.98) \quad\quad (-2.78)$$
$$-0.06\,\text{size}1_{i,t} - 0.05\,\text{size}2_{i,t} + 0.25\,\text{area}1_{i,t} + 0.12\,\text{area}2_{i,t}$$
$$(-6.16) \quad\quad (-11.38) \quad\quad (10.03) \quad\quad (4.32)$$
$$-0.02\,\text{nature}1_{i,t} - 0.05\,\text{nature}2_{i,t}$$
$$(-1.92) \quad\quad (-3.84)$$

$$(2\text{-}43)$$

式（2-42）和式（2-43）的拟合优度分别为 0.9275 和 0.9281，所有变量 t 值的绝对值均显著大于 1.65，模型总体拟合效果良好。

检验低资本密集度企业出口中是否存在"出口学习效应"时，在面板模型参数估计方法的选择上，式（2-38）和式（2-39）F 检验的 P 值均为 0.00，拒绝联合回归模型的假设，Hausman 检验的 P 值分别为 0.03 和 0.04，因此，拒绝原假设，采用固定效应模型进行估计，低资本密集度企业"出口学习效应"方程的检验结果分别如式（2-44）和式（2-45）所示。

$$\Delta\ln\text{TFP}_{i,t} = 12.95 + 0.02\,\text{Export}_{i,t} - 0.18\ln\text{costr}_{i,t} + 0.004\ln\text{rd}_{i,t-1} - 0.009\ln\text{rd}_{i,t}$$
$$\quad\quad (1.75)\quad\quad (2.36)\quad\quad\quad (-7.40)\quad\quad\quad\quad (1.59)\quad\quad\quad (-1.75)$$
$$\quad - 0.06\,\text{size}1_{i,t} - 0.06\,\text{size}2_{i,t} + 0.84\,\text{area}1_{i,t} + 0.86\,\text{area}2_{i,t}$$
$$\quad\quad (-2.75)\quad\quad\quad (-2.69)\quad\quad\quad (7.73)\quad\quad\quad (7.71)$$
$$\quad - 0.02\,\text{nature}1_{i,t} - 0.002\,\text{nature}2_{i,t}$$
$$\quad\quad (-3.87)\quad\quad\quad\quad (-0.32)$$

$$（2\text{-}44）$$

$$\Delta\ln\text{TFP}_{i,t} = 13.00 + 0.002\ln\text{exden}_{i,t} - 0.18\ln\text{costr}_{i,t} + 0.007\ln\text{rd}_{i,t-1} - 0.01\ln\text{rd}_{i,t}$$
$$\quad\quad (1.76)\quad\quad\quad (1.85)\quad\quad\quad (-7.40)\quad\quad\quad\quad (2.13)\quad\quad\quad (-2.02)$$
$$\quad - 0.10\,\text{size}1_{i,t} - 0.10\,\text{size}2_{i,t} + 1.01\,\text{area}1_{i,t} + 1.01\,\text{area}2_{i,t}$$
$$\quad\quad (-1.51)\quad\quad\quad (-1.53)\quad\quad\quad (7.43)\quad\quad\quad (6.59)$$
$$\quad - 0.02\,\text{nature}1_{i,t} - 0.0003\,\text{nature}2_{i,t}$$
$$\quad\quad (-3.32)\quad\quad\quad\quad (-0.03)$$

$$（2\text{-}45）$$

式（2-44）和式（2-45）的拟合优度分别为 0.8872 和 0.9205，除式（2-44）中的 $\ln\text{rd}_{i,t-1}$、$\text{nature}2_{i,t}$ 变量和式（2-45）中的 $\text{nature}2_{i,t}$ 变量外，式（2-44）和式（2-45）中所有变量 t 值的绝对值均显著大于 1.65，模型总体拟合效果良好。

从式（2-42）—式（2-45）可以看出，2006—2016 年，我国上市公司制造业高资本密集度企业和低资本密集度企业的出口生产率增长率溢价系数均显著为正，且高资本密集度企业的出口生产率增长率溢价系数小于低资本密集度企业，说明我国不同资本密集度企业的出口中均存在"出口学习效应"，但由于我国在劳动力密集型产品的生产上具有比较优势，低资本密集度企业因出口规模优势获得的生产率提升超过了高资本密集度企业因吸收能力优势获得的技术溢出，低资本密集度企业能够获得更高的"出口学习效应"。在式（2-42）和式（2-43）中，在其他条件不变的情况下，上市公司制造业高资本密集度企业中，出口企业与非出口企业相比，生产率增长率高 1.60%，企业出口密度每增加 1%，生产率的增长率提高 0.002%。在式（2-44）和式（2-45）中，在其他条件不变的情况下，上市公司制造业低资本密集度企业中，出口企业与非出口企业相比，生产率增长率高 2%，企业出口密度每增加 1%，生产率的增长率提高 0.002%。

从成本变量的结果可以看出，生产成本对上市公司制造业高资本密集度企业和低资本密集度企业的生产率增长均具有负向阻碍作用。在式（2-42）和式（2-43）中，上市公司制造业高资本密集度企业成本率每增加 1%，生产率增长率均下降 0.14%。在式（2-44）和式（2-45）中，上市公司制造业低资本密集度企业成本率每增加 1%，生产率增长率均下降 0.18%。

从研发投入变量的结果可以看出，上市公司制造业高资本密集度企业和低资本密集度企业当期研发投入对生产率增长的"成本效应"占优，前期研发投入对生产率增长的"创新效应"占优，且总体上来说高资本密集度企业研发投入的回报率更高。在式（2-42）和式（2-44）中，上市公司制造业高资本密集度企业当期研发投入每增加 1%，生产率增长率降低 0.02%，当期研发投入对生产率增长的阻碍作用是低资本密集度企业的 2.22 倍；高资本密集度企业前期研发投入每增加 1%，生产率增长率提高 0.008%，前期研发投入对生产率增长的促进作用是低资本密集度企业的 2 倍。在式（2-43）和式（2-45）中，上市公司制造业高资本密集度企业当期研发投入每增加 1%，生产率增长率降低 0.02%，当期研发投入对生产率增长的阻碍作用是低资本密集度企业的 2 倍；高资本密集度企业前期研发投入每增加 1%，生产率增长率提高 0.008%，前期研发投入对生产率增长的促进作用是低资本密集度企业的 1.14 倍。

（二）熟练劳动力密集度差异与出口学习效应

本书以熟练劳动力密集的中位数为临界点，将 2006—2016 年上市公司制造业全部企业划分为高熟练劳动力密集企业和低熟练劳动力密集企业，分别代入式（2-38）和式（2-39），实证检验熟练劳动力密集差异对"出口学习效应"的影响。

检验高熟练劳动力密集度企业出口中是否存在"出口学习效应"时，在面板模型参数估计方法的选择上，式（2-38）和式（2-39）F 检验的 P 值均为 0.00，拒绝联合回归模型的假设，Hausman 检验的 P 值分别为 0.07 和 0.08，因此，拒绝原假设，采用固定效应模型进行估计，高熟练劳动力密集度企业"出口学习效应"方程的检验结果分别如式（2-46）和式（2-47）所示。

$$\Delta \ln \mathrm{TFP}_{i,t} = 1.88 + 0.02\,\mathrm{Export}_{i,t} - 0.13\,\ln \mathrm{costr}_{i,t} + 0.005\,\ln \mathrm{rd}_{i,t-1} - 0.02\,\ln \mathrm{rd}_{i,t}$$
$$(1.25)\quad (2.13)\qquad\quad (-4.24)\qquad\qquad (1.06)\qquad\qquad (-3.57)$$
$$+\,0.25\,\mathrm{size}\,1_{i,t} + 0.25\,\mathrm{size}\,2_{i,t} + 0.30\,\mathrm{area}\,1_{i,t} + 0.24\,\mathrm{area}\,2_{i,t}$$
$$(3.77)\qquad\qquad (3.87)\qquad\qquad (4.01)\qquad\qquad (3.58)$$
$$+\,0.01\,\mathrm{nature}\,1_{i,t} - 0.0008\,\mathrm{nature}\,2_{i,t}$$
$$(1.94)\qquad\qquad (-0.08)$$

$$（2\text{-}46）$$

$$\Delta \ln \mathrm{TFP}_{i,t} = 2.10 + 0.002\,\ln \mathrm{exden}_{i,t} - 0.15\,\ln \mathrm{costr}_{i,t} + 0.004\,\ln \mathrm{rd}_{i,t-1} - 0.02\,\ln \mathrm{rd}_{i,t}$$
$$(1.28)\qquad (1.90)\qquad\quad (-5.39)\qquad\qquad (0.98)\qquad\qquad (-3.65)$$
$$+\,0.29\,\mathrm{size}\,1_{i,t} + 0.29\,\mathrm{size}\,2_{i,t} + 0.36\,\mathrm{area}\,1_{i,t} + 0.28\,\mathrm{area}\,2_{i,t}$$
$$(5.11)\qquad\qquad (5.17)\qquad\qquad (5.46)\qquad\qquad (4.76)$$
$$+\,0.01\,\mathrm{nature}\,1_{i,t} - 0.002\,\mathrm{nature}\,2_{i,t}$$
$$(1.68)\qquad\qquad (-0.19)$$

$$（2\text{-}47）$$

式（2-46）和式（2-47）的拟合优度分别为 0.9136 和 0.9208，除

$\ln rd_{i,t-1}$ 和 $nature2_{i,t}$ 变量外，式（2-46）和式（2-47）中所有变量 t 值的绝对值均显著大于 1.65，模型总体拟合效果良好。

检验低熟练劳动力密集度企业出口中是否存在"出口学习效应"时，在面板模型参数估计方法的选择上，式（2-38）和式（2-39）F 检验的 p 值均为 0.00，拒绝联合回归模型的假设，Hausman 检验的 p 值分别为 0.06 和 0.05，因此，拒绝原假设，采用固定效应模型进行估计，低熟练劳动力密集度企业"出口学习效应"方程的检验结果分别如式（2-48）和式（2-49）所示。

$$\Delta\ln TFP_{i,t} = 21.48 - 0.04\,Export_{i,t} - 0.17\ln costr_{i,t} + 0.01\ln rd_{i,t-1} - 0.005\ln rd_{i,t}$$
$$\quad(2.24)\quad(-4.47)\quad\quad(-7.47)\quad\quad(4.17)\quad\quad(-2.07)$$
$$+0.41\,size1_{i,t} - 0.04\,size2_{i,t} + 0.45\,area1_{i,t} + 0.04\,area2_{i,t}$$
$$\quad(7.89)\quad\quad(-2.01)\quad\quad(8.98)\quad\quad(3.18)$$
$$-0.02\,nature1_{i,t} - 0.05\,nature2_{i,t}$$
$$\quad(-3.14)\quad\quad(-7.50)$$

$$(2-48)$$

$$\Delta\ln TFP_{i,t} = 21.37 - 0.0006\ln exden_{i,t} - 0.22\ln costr_{i,t} + 0.009\ln rd_{i,t-1} - 0.002\ln rd_{i,t}$$
$$\quad(2.22)\quad\quad(-0.71)\quad\quad(-10.76)\quad\quad(3.71)\quad\quad(-0.71)$$
$$+0.26\,size1_{i,t} - 0.04\,size2_{i,t} + 0.52\,area1_{i,t} + 0.64\,area2_{i,t}$$
$$\quad(8.79)\quad\quad(-2.06)\quad\quad(10.98)\quad\quad(10.52)$$
$$+0.22\,nature1_{i,t} - 0.04\,nature2_{i,t}$$
$$\quad(9.18)\quad\quad(-4.14)$$

$$(2-49)$$

式（2-48）和式（2-49）的拟合优度分别为 0.9338 和 0.9261，除式（2-49）中的 $\ln rd_{i,t}$ 变量外，式（2-48）和式（2-49）中所有变量 t 值的绝对值均显著大于 1.65，模型总体拟合效果良好。

从式（2-46）—式（2-49）可以看出，2006—2016 年，我国上市公司制造业高熟练劳动力密集度企业的出口生产率增长率溢价系数显著为正，低熟练劳动力密集度企业的出口生产率增长率溢价系数显著为负，这是因为我国的低熟练劳动力密集度企业多为加工贸易企业，这类企业在国际生产中只扮演代工角色，出口目的地的经济发展水平能否带来技术溢出效应对其并不重要，高熟练劳动力密集度企业多为一般贸易企业，出口潜力大、企业吸收能力强，有利于通过出口实现生产率增长，因此，高熟练劳动力密集度企业的出口中获得了"出口学习效应"，低熟练劳动力密集度企业的出口反而降低了生产率水平。在式（2-46）和式（2-47）中，在其他条件不变的情况下，上市公司制造业高熟练劳动力密集度企业中，出口企业与非出口企业相比，生产率增长率高 2%，企业出口密度每增加 1%，生产率的增长率提高 0.002%。在式（2-48）和式（2-49）中，在其他条件不变的情况下，上市公司制造业低熟练劳动力密集度企业中，出口企业与非出口企业相比，生产率增长率低 4%，企业出口密度每增加 1%，生产率的增长率降低 0.0006%。

从成本变量的结果可以看出，生产成本对上市公司制造业高熟练劳动力密集度企业和低熟练劳动力密集度企业的生产率增长均具有负向阻碍作用。在式（2-46）和式（2-47）中，上市公司制造业高熟练劳动力密集度企业成本率每增加 1%，生产率增长率分别下降 0.13% 和 0.15%。在式（2-48）和式（2-49）中，上市公司制造业低熟练劳动力密集度企业成本率每增加 1%，生产率增长率分别下降 0.17% 和 0.22%。

从研发投入变量的结果可以看出，上市公司制造业高熟练劳动力密集度企业和低熟练劳动力密集度企业当期研发投入对生产率增长的"成本效应"占优，前期研发投入对生产率增长的"创新效应"占优，且总体上来说低熟练劳动力密集度企业研发投入的回报率更高。在式（2-46）和式（2-48）中，上市公司制造业高熟练劳动力密集度企业当期研发投入每增加 1%，生产率增长率降低 0.02%，当期研发投入对生产率增长的阻碍作用是低熟练劳动力密集度企业的 4 倍；高熟练劳动力密集度企业前期研发投入每增加 1%，生产率增长率提高 0.005%，前期研发投入对生产率增长的促进作用是低熟练劳动力密集度企业的 50%。在式（2-47）和式（2-49）中，上市公司制造业高熟练劳动力密集度企业当期研发投入每增加 1%，生产率增长率降低 0.02%，当期研发投入对生产率增长的阻碍作用是低熟练劳动力密集度企业的 10 倍；高熟练劳动力密集度企业前期研发投入每增加 1%，生产率增长率提高 0.004%，前期研发投入对生产率增长的促进作用是低熟练劳动力密集度企业的 44.44%。

从式（2-42）—式（2-49）的分析中可以得出结论：（1）当以资本和劳动力的要素投入比例划分企业的要素密集度时，2006—2016 年，我国上市公司制造业企业中，不同资本密集度企业的出口中均存在"出口学习效应"，其中，具有比较优势的低资本密集度企业获得的"出口学习效应"更高；当以熟练劳动力和非熟练劳动力的投入比例划分企业的要素密集度时，2006—2016 年，我国上市公司制造业企业中，高熟练劳动力密集度企业的出口中获得了"出口学习效应"，低熟练劳动力密集度企业的出口反而降低了生产率水平。（2）成本始终是阻碍企业生产率增长率水平提升的重要因素。（3）不同成长能力的企业中，研发投资与生产率增长率水平之间均呈倒"U"型关系。当期研发投资的"成本效应"占优，前期研发投资的"创新效应"占优，总体上来说，研发投资的"成本效应"大于"创新效应"，"出口学习效应"低的高资本密集度企业和低熟练劳动力密集度企业研发投资的回报率相对较大。

三、成长能力异质性与出口学习效应分析

企业进入国际市场后获得的"出口学习效应"因成长能力不同而异。朝阳产业或者新兴产业成长能力相对较强，大多数产品处于产品生命周期的创新阶段和成长阶段，技术水平相对领先，国际市场上同类产品的竞争者少，因出口而获得的生产率提升程度较弱；与此相反，夕阳产业成长能力较弱，多数产品处于产品生命周期的成熟阶段，企业进入国际市场后，更加激烈的竞争会激发企业学习吸收先进技术和管理方法的意愿以及提高努力程度，而且出口企业在与国际市场上的购买者和竞争者的接触过程中也更容易学习到先进技术和管理方法，推动生产率水平提

升（吕大国，2016）。因此，根据异质性企业贸易理论，短期内成长能力强的企业获得的"出口学习效应"小于成长能力弱的企业。

本书运用三年利润平均增长率、营业收入增长率和总资产增长率三个指标，以相应的中位数为临界点，将 2006—2016 年上市公司制造业全部企业划分为成长能力强的企业和成长能力弱的企业，分别代入式（2-38）和式（2-39），实证检验成长能力差异对企业"出口学习效应"的影响。

（一）利润增长率差异与出口学习效应

检验高利润增长率企业出口中是否存在"出口学习效应"时，在面板模型参数估计方法的选择上，式（2-38）和式（2-39）F 检验的 P 值均为 0.00，拒绝联合回归模型的假设，Hausman 检验的 P 值均为 0.00，因此，拒绝随机效应模型的假设，采用固定效应模型进行估计，高利润增长率企业"出口学习效应"方程的检验结果分别如式（2-50）和式（2-51）所示。

$$\Delta \ln \text{TFP}_{i,t} = -1.70 - 0.02 \, \text{Export}_{i,t} - 0.15 \ln \text{costr}_{i,t} + 0.005 \ln \text{rd}_{i,t-1} - 0.05 \ln \text{rd}_{i,t}$$
$$(-1.72) \quad (-1.70) \qquad (-1.80) \qquad (0.71) \qquad (-3.41)$$
$$-0.22 \, \text{size} 1_{i,t} - 0.22 \, \text{size} 2_{i,t} + 0.43 \, \text{area} 1_{i,t} + 0.69 \, \text{area} 2_{i,t}$$
$$(-16.61) \qquad (-42.80) \qquad (2.47) \qquad (4.07)$$
$$+0.53 \, \text{nature} 1_{i,t} + 0.31 \, \text{nature} 2_{i,t}$$
$$(2.74) \qquad (2.09)$$

$$(2-50)$$

$$\Delta \ln \text{TFP}_{i,t} = -1.09 - 0.003 \ln \text{exden}_{i,t} - 0.14 \ln \text{costr}_{i,t} + 0.02 \ln \text{rd}_{i,t-1} - 0.04 \ln \text{rd}_{i,t}$$
$$(-1.08) \quad (-2.22) \qquad (-0.60) \qquad (2.09) \qquad (-2.84)$$
$$-0.23 \, \text{size} 1_{i,t} - 0.23 \, \text{ize} 2_{i,t} + 0.07 \, \text{area} 1_{i,t} - 0.16 \, \text{area} 2_{i,t}$$
$$(-16.96) \qquad (-37.04) \qquad (2.78) \qquad (-3.05)$$
$$+0.17 \, \text{nature} 1_{i,t} + 0.11 \, \text{nature} 2_{i,t}$$
$$(14.19) \qquad (4.28)$$

$$(2-51)$$

式（2-50）和式（2-51）的拟合优度分别为 0.9554 和 0.9491，除式（2-50）中的 $\ln \text{rd}_{i,t-1}$ 变量和式（2-51）中的 $\ln \text{costr}_{i,t}$ 变量外，式（2-50）

和式（2-51）中所有变量 t 值的绝对值均显著大于 1.65，模型总体拟合效果良好。

检验低利润增长率企业出口中是否存在"出口学习效应"时，在面板模型参数估计方法的选择上，式（2-38）和式（2-39）F 检验的 P 值均为 0.00，拒绝联合回归模型的假设，Hausman 检验的 P 值分别为 0.09 和 0.03，因此，拒绝随机效应模型的假设，采用固定效应模型进行估计，低利润增长率企业"出口学习效应"方程的检验结果分别如式（2-52）和式（2-53）所示。

$$\Delta \ln \text{TFP}_{i,t} = 10.61 + 0.04 \text{ Export}_{i,t} - 0.12 \ln \text{costr}_{i,t} + 0.01 \ln \text{rd}_{i,t-1} - 0.02 \ln \text{rd}_{i,t}$$
$$\quad (1.22) \quad (1.88) \qquad (-4.19) \qquad (2.79) \qquad (-3.94)$$
$$\quad + 0.02 \text{ size } 1_{i,t} + 0.03 \text{ size } 2_{i,t} + 0.05 \text{ area } 1_{i,t} - 0.10 \text{ area } 2_{i,t}$$
$$\quad (2.04) \qquad (3.52) \qquad (3.23) \qquad (-4.03)$$
$$\quad - 0.02 \text{ nature } 1_{i,t} + 0.02 \text{ nature } 2_{i,t}$$
$$\quad (-1.80) \qquad (4.62)$$

$$(2-52)$$

$$\Delta \ln \text{TFP}_{i,t} = 11.41 + 0.004 \ln \text{exden}_{i,t} - 0.14 \ln \text{costr}_{i,t} + 0.02 \ln \text{rd}_{i,t-1} - 0.03 \ln \text{rd}_{i,t}$$
$$\quad (1.26) \qquad (2.05) \qquad (-5.60) \qquad (3.76) \qquad (-3.05)$$
$$\quad - 0.02 \text{ size } 1_{i,t} - 0.02 \text{ size } 2_{i,t} + 0.69 \text{ area } 1_{i,t} + 0.72 \text{ area } 2_{i,t}$$
$$\quad (-2.00) \qquad (-1.89) \qquad (5.49) \qquad (5.53)$$
$$\quad - 0.01 \text{ nature } 1_{i,t} + 0.008 \text{ nature } 2_{i,t}$$
$$\quad (-0.99) \qquad (1.25)$$

$$(2-53)$$

式（2-52）和式（2-53）的拟合优度分别为 0.9676 和 0.9763，除式（2-53）中的 nature1$_{i,t}$ 和 nature2$_{i,t}$ 变量外，式（2-52）和式（2-53）中所有变量 t 值的绝对值均显著大于 1.65，模型总体拟合效果良好。

从式（2-50）—式（2-53）可以看出，2006—2016 年，我国上市公司制造业高利润增长率企业的出口生产率增长率溢价系数显著为负，低利润增长率企业的出口生产率增长率溢价系数显著为正，说明我国高利润增长率企业的出口反而降低了生产率水平，低利润增长率企业的出口中存在"出口学习效应"。在式（2-50）和式（2-51）中，在其他条件不变的情况下，上市公司制造业高利润增长率企业中，出口企业与非出口企业相比，生产率增长率低 2%，企业出口密度每增加 1%，生产率的增长率降低 0.003%。在式（2-52）和式（2-53）中，在其他条件不变的情况下，上市公司制造业低利润增长率企业中，出口企业与非出口企业相比，生产率增长率高 4%，企业出口密度每增加 1%，生产率的增长率提高 0.004%。

从成本变量的结果可以看出，生产成本对上市公司制造业高利润增长率企业生产率增长的负向阻碍大于低利润增长率企业。在式（2-50）和式（2-52）中，上市公司制造业高利润增长率企业成本率每增加 1%，生产率的增长率下降 0.15%，生产成本对生产率增长的阻碍作用是低利润增长率企业的 1.25 倍。在式（2-51）和式（2-53）中，上市公司制造业高利润增长率企业和低利润增长率企业成本率每增加 1%，生产率的增长率均下降 0.14%。

从研发投入变量的结果可以看出，当期研发投入对上市公司制造业高利润增长率企业生产率增长的负向阻碍作用大于低利润增长率企业，前期研发投入对高利润增长率企业生产率增长的正向促进作用大于低利润增长率企业。因此，低利润增长率企业研发投入的回报率更高。在式（2-50）和式（2-52）中，上市公司制造业高利润增长率企业当期研发投入每增加 1%，生产率增长率降低 0.05%，当期研发投入对生产率增长的阻碍作用是低利润增长率企业的 2.50 倍；高利润增长率企业前期研发投入每增加 1%，生产率增长率提高 0.005%，前期研发投入对生产率增长的促进作用是低利润增长率企业的 50%。在式（2-51）和式（2-53）中，上市公司制造业高利润增长率企业当期研发投入每增加 1%，生产率增长率降低 0.04%，当期研发投入对生产率增长的阻碍作用是低利润增长率企业的 1.33 倍；高利润增长率企业和低利润增长率企业前期研发投入每增加 1%，生产率增长率均提高 0.02%。

（二）营业收入增长率差异与出口学习效应

检验高营业收入增长率企业出口中是否存在"出口学习效应"时，在面板模型参数估计方法的选择上，式（2-38）和式（2-39）F检验的P值均为0.00，拒绝联合回归模型的假设，Hausman检验的P值分别为0.09和0.07，因此，拒绝原假设，采用固定效应模型进行估计，高营业收入增长率企业"出口学习效应"方程的检验结果分别式（2-54）和式（2-55）所示。

$$\Delta \ln TFP_{i,t} = 17.96 - 0.001\,Export_{i,t} - 0.18\ln costr_{i,t} + 0.0004\ln rd_{i,t-1} - 0.002\ln rd_{i,t}$$
$$(1.78) \quad\quad (-0.22) \quad\quad\quad (-5.75) \quad\quad\quad (0.21) \quad\quad\quad (-1.19)$$
$$-0.09\,size1_{i,t} - 0.06\,size2_{i,t} - 0.05\,area1_{i,t} + 0.27\,area2_{i,t}$$
$$(-7.05) \quad\quad\quad (-6.94) \quad\quad\quad (-3.00) \quad\quad\quad (21.97)$$
$$-0.007\,nature1_{i,t} + 0.01\,nature2_{i,t}$$
$$(-0.88) \quad\quad\quad (1.53)$$

$$(2-54)$$

$$\Delta \ln TFP_{i,t} = 15.11 - 0.0003\ln exden_{i,t} - 0.14\ln costr_{i,t} + 0.0005\ln rd_{i,t-1} - 0.0002\ln rd_{i,t}$$
$$(1.80) \quad\quad (-0.47) \quad\quad\quad\quad (-3.64) \quad\quad\quad\quad (1.78) \quad\quad\quad\quad (-0.08)$$
$$-0.11\,size1_{i,t} - 0.08\,size2_{i,t} - 0.07\,area1_{i,t} + 0.27\,area2_{i,t}$$
$$(-6.79) \quad\quad\quad (-6.14) \quad\quad\quad (-3.93) \quad\quad\quad (19.65)$$
$$-0.004\,nature1_{i,t} + 0.02\,nature2_{i,t}$$
$$(-0.41) \quad\quad\quad (1.65)$$

$$(2-55)$$

式（2-54）和式（2-55）的拟合优度分别为0.9522和0.9539，式（2-54）和式（2-55）中大部分变量t值的绝对值均显著大于1.65，模型总体拟合效果良好。

检验低营业收入增长率企业出口中是否存在"出口学习效应"时，在面板模型参数估计方法的选择上，式（2-38）和式（2-39）F检验的P值均为0.00，拒绝联合回归模型的假设，Hausman检验的P值均为0.00，拒绝随机效应模型的假设，因此，低营业收入增长率企业"出口学习效应"方程的检验结果分别如式（2-56）和式（2-57）所示。

$$\Delta \ln \mathrm{TFP}_{i,t} = 7.\,18 + 0.\,08\,\mathrm{Export}_{i,t} - 0.\,11\ln \mathrm{costr}_{i,t} + 0.\,0004\ln \mathrm{rd}_{i,t-1} - 0.\,03\ln \mathrm{rd}_{i,t}$$
$$(1.\,51)\qquad (4.\,38)\qquad\quad (-4.\,09)\qquad\qquad (0.\,08)\qquad\qquad (-3.\,97)$$
$$+ 0.\,17\,\mathrm{size}1_{i,t} + 0.\,16\,\mathrm{size}2_{i,t} + 0.\,34\,\mathrm{area}1_{i,t} + 0.\,19\,\mathrm{area}2_{i,t}$$
$$(2.\,23)\qquad\qquad (1.\,96)\qquad\qquad (7.\,04)\qquad\qquad (4.\,29)$$
$$+ 0.\,01\,\mathrm{nature}1_{i,t} + 0.\,03\,\mathrm{nature}2_{i,t}$$
$$(0.\,81)\qquad\qquad (4.\,39)$$

$$(2\text{-}56)$$

$$\Delta \ln \mathrm{TFP}_{i,t} = 9.\,78 + 0.\,003\ln \mathrm{exden}_{i,t} - 0.\,22\ln \mathrm{costr}_{i,t} + 0.\,0005\ln \mathrm{rd}_{i,t-1} - 0.\,001\ln \mathrm{rd}_{i,t}$$
$$(1.\,79)\quad (3.\,86)\qquad\quad (-8.\,71)\qquad\qquad (0.\,16)\qquad\qquad (-0.\,52)$$
$$- 0.\,04\,\mathrm{size}1_{i,t} - 0.\,04\,\mathrm{size}2_{i,t} - 0.\,06\,\mathrm{area}1_{i,t} + 0.\,08\,\mathrm{area}2_{i,t}$$
$$(-2.\,08)\qquad\quad (-2.\,47)\qquad\quad (-4.\,38)\qquad\qquad (7.\,07)$$
$$- 0.\,03\,\mathrm{nature}1_{i,t} - 0.\,17\,\mathrm{nature}2_{i,t}$$
$$(-6.\,89)\qquad\qquad (-7.\,25)$$

$$(2\text{-}57)$$

式（2-56）和式（2-57）的拟合优度分别为 0.9204 和 0.9828，除式（2-56）中的 $\ln \mathrm{rd}_{i,t-1}$、$\mathrm{nature}1_{i,t}$ 变量和式（2-57）中的 $\ln \mathrm{rd}_{i,t-1}$、$\ln \mathrm{rd}_{i,t}$ 变量外，式（2-56）和式（2-57）中所有变量 t 值的绝对值均显著大于 1.65，模型总体拟合效果良好。

从式（2-54）—式（2-57）可以看出，2006—2016 年，我国上市公司制造业高营业收入增长率企业的出口生产率增长率溢价系数显著为负，低营业收入增长率企业的出口生产率增长率溢价系数显著为正，说明我国高营业收入增长率企业的出口反而降低了生产率水平，低营业收入增长率企业的出口中存在"出口学习效应"。在式（2-54）和式（2-55）中，在其他条件不变的情况下，上市公司制造业高营业收入增长率企业中，出口企业与非出口企业相比，生产率增长率低 0.1%，企业出口密度每增加 1%，生产率的增长率降低 0.0003%。在式（2-56）和式（2-57）中，在其他条件不变的情况下，上市公司制造业低营业收入增长率企业中，出口企业与非出口企业相比，生产率增长率高 8%，企业出口密度每增加 1%，生产率的增长率提高 0.003%。

从成本变量的结果可以看出，生产成本对上市公司制造业高营业收入增长率企业和低营业收入增长率企业的生产率增长均具有负向阻碍作用。在式（2-54）和式（2-55）中，上市公司制造业高营业收入增长率企业成本率每增加1%，生产率增长率分别下降0.18%和0.14%。在式（2-56）和式（2-57）中，上市公司制造业低营业收入增长率企业成本率每增加1%，生产率增长率分别下降0.11%和0.22%。

从研发投入变量的结果可以看出，当期研发投入对上市公司制造业低营业收入增长率企业生产率增长的负向阻碍作用大于高营业收入增长率企业，前期研发投入对高营业收入增长率企业和低营业收入增长率企业生产率增长的正向促进作用相同。因此，高营业收入增长率企业研发投入的回报率更高。在式（2-54）和式（2-56）中，上市公司制造业高营业收入增长率企业当期研发投入每增加1%，生产率增长率降低0.002%，当期研发投入对生产率增长的阻碍作用是低营业收入增长率企业的6.67%；高营业收入增长率企业和低营业收入增长率企业前期研发投入每增加1%，生产率增长率均提高0.0004%。在式（2-55）和式（2-57）中，上市公司制造业高营业收入增长率企业当期研发投入每增加1%，生产率增长率降低0.0002%，当期研发投入对生产率增长的阻碍作用是低营业收入增长率企业的20%；高营业收入增长率企业和低营业收入增长率企业前期研发投入每增加1%，生产率增长率均提高0.0005%。

（三）总资产增长率差异与出口学习效应

检验高总资产增长率企业出口中是否存在"出口学习效应"时，在面板模型参数估计方法的选择上，式（2-38）和式（2-39）F检验的P值均为0.00，拒绝联合回归模型的假设，Hausman检验的P值均为0.00，因此，拒绝原假设，采用固定效应模型进行估计，高总资产增长率企业"出口学习效应"方程的检验结果分别如式（2-58）和式（2-59）所示。

$$\Delta \ln \mathrm{TFP}_{i,t} = 14.55 - 0.04\,\mathrm{Export}_{i,t} - 0.15\ln \mathrm{costr}_{i,t} + 0.003\ln \mathrm{rd}_{i,t-1} - 0.0003\ln \mathrm{rd}_{i,t}$$
$$(2.05)\qquad (-1.80)\qquad (-9.94)\qquad\qquad (1.15)\qquad\qquad (-0.19)$$
$$-0.08\,\mathrm{size}1_{i,t} - 0.06\,\mathrm{size}2_{i,t} + 0.12\,\mathrm{area}1_{i,t} + 0.57\,\mathrm{area}2_{i,t}$$
$$(-5.12)\qquad\quad (-5.08)\qquad\quad (5.62)\qquad\quad (20.25)$$
$$-0.02\,\mathrm{nature}1_{i,t} + 0.02\,\mathrm{nature}2_{i,t}$$
$$(-4.14)\qquad\qquad (6.32)$$

$$(2-58)$$

$$\Delta \ln \mathrm{TFP}_{i,t} = 14.39 - 0.02\ln \mathrm{exden}_{i,t} - 0.16\ln \mathrm{costr}_{i,t} + 0.003\ln \mathrm{rd}_{i,t-1} - 0.001\ln \mathrm{rd}_{i,t}$$
$$(2.03)\qquad (-1.17)\qquad\quad (-10.95)\qquad\qquad (1.37)\qquad\qquad (-0.57)$$
$$-0.08\,\mathrm{size}1_{i,t} - 0.05\,\mathrm{size}2_{i,t} + 0.10\,\mathrm{area}1_{i,t} + 0.22\,\mathrm{area}2_{i,t}$$
$$(-4.81)\qquad\quad (-4.58)\qquad\quad (4.41)\qquad\quad (10.05)$$
$$-0.02\,\mathrm{nature}1_{i,t} + 0.02\,\mathrm{nature}2_{i,t}$$
$$(-4.08)\qquad\qquad (6.36)$$

$$(2-59)$$

式（2-58）和式（2-59）的拟合优度分别为 0.9826 和 0.9793，除式（2-58）和式（2-59）中的 $\ln \mathrm{rd}_{i,t-1}$、$\ln \mathrm{rd}_{i,t}$ 变量外，式（2-58）和式（2-59）中所有变量 t 值的绝对值均显著大于 1.65，模型总体拟合效果良好。

检验高总资产增长率企业出口中是否存在"出口学习效应"时，在面板模型参数估计方法的选择上，式（2-38）和式（2-39）F 检验的 P 值均为 0.00，拒绝联合回归模型的假设，Hausman 检验的 P 值均为 0.09，因此，拒绝原假设，采用固定效应模型进行估计，高总资产增长率企业"出口学习效应"方程的检验结果分别如式（2-60）和式（2-61）所示。

$$\Delta \ln \mathrm{TFP}_{i,t} = 8.10 + 0.02\,\mathrm{Export}_{i,t} - 0.17\ln \mathrm{costr}_{i,t} + 0.0003\ln \mathrm{rd}_{i,t-1} - 0.004\ln \mathrm{rd}_{i,t}$$
$$(1.79)\qquad (3.27)\qquad\quad (-5.60)\qquad\qquad (0.12)\qquad\qquad (-1.57)$$
$$+0.05\,\mathrm{size}1_{i,t} + 0.05\,\mathrm{size}2_{i,t} + 0.43\,\mathrm{area}1_{i,t} + 0.38\,\mathrm{area}2_{i,t}$$
$$(4.42)\qquad\quad (17.42)\qquad\quad (6.29)\qquad\quad (5.61)$$
$$+0.33\,\mathrm{nature}1_{i,t} - 0.02\,\mathrm{nature}2_{i,t}$$
$$(4.90)\qquad\qquad (-2.24)$$

$$(2-60)$$

$$\Delta\ln \text{TFP}_{i,t} = 8.91 + 0.002 \ln \text{exden}_{i,t} - 0.17 \ln \text{costr}_{it} + 0.0003 \ln \text{rd}_{i,t-1} - 0.003 \ln \text{rd}_{i,t}$$

$$(1.87) \quad (2.11) \qquad (-5.29) \qquad (0.12) \qquad\qquad (-1.40)$$

$$+0.05 \text{ size } 1_{i,t} + 0.05 \text{ size } 2_{i,t} + 0.47 \text{ area } 1_{i,t} + 0.36 \text{ area } 2_{i,t}$$

$$(4.31) \qquad\qquad (17.18) \qquad (6.33) \qquad\qquad (4.84)$$

$$+0.37 \text{ nature } 1_{i,t} - 0.02 \text{ nature } 2_{i,t}$$

$$(5.24) \qquad\qquad (-2.30)$$

$$(2-61)$$

式（2-60）和式（2-61）的拟合优度分别为 0.9562 和 0.9578，除式
（2-60）和式（2-61）中的 $\ln \text{rd}_{i,t-1}$、$\ln \text{rd}_{i,t}$ 变量外，式（2-60）和式（2-61）
中所有变量 t 值的绝对值均显著大于 1.65，模型总体拟合效果良好。

从式（2-58）—式（2-61）可以看出，2006—2016 年，我国上市
公司制造业高总资产增长率企业的出口生产率增长率溢价系数显著为负，
低总资产增长率企业的出口生产率增长率溢价系数显著为正，说明我国
高总资产增长率企业的出口反而降低了生产率水平，低总资产增长率企
业的出口中存在"出口学习效应"。在式（2-58）和式（2-59）中，在其
他条件不变的情况下，上市公司制造业高总资产增长率企业中，出口企
业与非出口企业相比，生产率增长率低 4%，企业出口密度每增加 1%，
生产率的增长率降低 0.02%。在式（2-60）和式（2-61）中，在其他条
件不变的情况下，上市公司制造业低总资产增长率企业中，出口企业与
非出口企业相比，生产率增长率高 2%，企业出口密度每增加 1%，生产
率的增长率提高 0.002%。

从成本变量的结果可以看出，生产成本对上市公司制造业高总资产
增长率企业和低总资产增长率企业的生产率增长均具有负向阻碍作用。
在式（2-58）和式（2-59）中，上市公司制造业高总资产增长率企业成
本率每增加 1%，生产率增长率分别下降 0.15% 和 0.16%。在式（2-60）
和式（2-61）中，上市公司制造业低总资产增长率企业成本率每增加 1%，
生产率增长率均下降 0.17%。

从研发投入变量的结果可以看出，当期研发投入对上市公司制造业

低总资产增长率企业生产率增长的负向阻碍作用大于高总资产增长率企业，前期研发投入对高总资产增长率企业的正向促进作用大于低总资产增长率企业。因此，高总资产增长率企业研发投入的回报率更高。在式（2-58）和式（2-60）中，上市公司制造业总资产增长率企业当期研发投入每增加 1%，生产率增长率降低 0.0003%，当期研发投入对生产率增长的阻碍作用是低总资产增长率企业的 7.50%；高总资产增长率企业前期研发投入每增加 1%，生产率增长率提高 0.003%，前期研发投入对生产率增长的促进作用是低总资产增长率企业的 10 倍。在式（2-59）和式（2-61）中，上市公司制造业高总资产增长率企业当期研发投入每增加 1%，生产率增长率降低 0.001%，当期研发投入对生产率增长的阻碍作用是低总资产增长率企业的 33.33%；高总资产增长率企业前期研发投入每增加 1%，生产率增长率提高 0.003%，前期研发投入对生产率增长的促进作用是低总资产增长率企业的 10 倍。

从式（2-50）—式（2-61）的分析中可以得出结论：（1）2006—2016 年，我国上市公司制造业企业中，成长性企业的出口中存在"出口学习悖论"，即企业出口反而降低了生产率水平；成长能力低的企业，尽管未来发展潜力低，但企业因出口而获得了生产率水平提升。（2）成本始终是阻碍企业生产率增长率水平提升的重要因素。（3）不同成长能力的企业中，研发投资与生产率增长率水平之间均呈倒"U"型关系。当期研发投资的"成本效应"占优，前期研发投资的"创新效应"占优，总体上来说，研发投资的"成本效应"大于"创新效应"，成长能力强的企业研发投资的回报率相对较大。

四、营运能力异质性与出口学习效应分析

营运能力反映了企业对经济资源管理、运用的效率高低。营运能力高的企业资产周转速度快，产品流动性强，生产环节积累的经验更丰富，海外销售环节接触到的客户和竞争者更为广泛，技术溢出途径相对

较多，因而，营运能力强的企业能通过出口贸易能够获得更高的"出口学习效应"。

本书运用存货周转率和固定资产周转率两个指标，以相应的中位数为临界点，将2006—2016年上市公司制造业全部企业划分为营运能力强的企业和营运能力弱的企业，分别代入式（2-38）和式（2-39），实证检验营运能力差异对"出口学习效应"的影响。

（一）存货周转率差异与出口学习效应

检验高存货周转率企业出口中是否存在"出口学习效应"时，在面板模型参数估计方法的选择上，式（2-38）和式（2-39）F检验的P值均为0.00，拒绝联合回归模型的假设，Hausman检验的P值分别为0.04和0.10，因此，拒绝原假设，采用固定效应模型进行估计，高存货周转率企业"出口学习效应"方程的检验结果分别如式（2-62）和式（2-63）所示。

$$\Delta \ln \text{TFP}_{i,t} = 7.78 + 0.02\, \text{Export}_{i,t} - 0.11 \ln \text{costr}_{i,t} + 0.008 \ln \text{rd}_{i,t-1} - 0.02 \ln \text{rd}_{i,t}$$
$$(1.92) \quad (3.06) \qquad (-3.72) \qquad\qquad (2.04) \qquad\qquad (-2.92)$$
$$+ 0.004\, \text{size}1_{i,t} + 0.15\, \text{area}1_{i,t} + 0.12\, \text{area}2_{i,t} + 0.02\, \text{nature}1_{i,t}$$
$$(0.59) \qquad\qquad (5.17) \qquad\qquad (4.32) \qquad\qquad (1.81)$$
$$- 0.05\, \text{nature}2_{i,t}$$
$$(-4.54)$$

$$(2-62)$$

$$\Delta \ln \text{TFP}_{i,t} = 8.22 + 0.002 \ln \text{exden}_{i,t} - 0.09 \ln \text{costr}_{i,t} + 0.009 \ln \text{rd}_{i,t-1} - 0.02 \ln \text{rd}_{i,t}$$
$$(1.98) \qquad (3.13) \qquad\qquad (-3.13) \qquad\qquad (2.37) \qquad\qquad (-2.88)$$
$$+ 0.17\, \text{size}1_{i,t} + 0.17\, \text{size}2_{i,t} - 0.03\, \text{area}1_{i,t} - 0.10\, \text{area}2_{i,t}$$
$$(3.71) \qquad\qquad (4.00) \qquad\qquad (-1.25) \qquad\qquad (-2.90)$$
$$+ 0.02\, \text{nature}1_{i,t} - 0.06\, \text{nature}2_{i,t}$$
$$(1.49) \qquad\qquad (-3.88)$$

$$(2-63)$$

式（2-62）和式（2-63）的拟合优度分别为0.9334和0.9390，除式（2-62）中的$\text{size}1_{i,t}$变量和式（2-63）中的$\text{area}1_{i,t}$、$\text{nature}1_{i,t}$变量外，式

（2-62）和式（2-63）中所有变量 t 值的绝对值均显著大于 1.65，模型总体拟合效果良好。

检验低存货周转率企业出口中是否存在"出口学习效应"时，在面板模型参数估计方法的选择上，式（2-38）和式（2-39）F 检验的 P 值均为 0.00，拒绝联合回归模型的假设，Hausman 检验的 P 值均为 0.01，因此，拒绝原假设，采用固定效应模型进行估计，低存货周转率企业"出口学习效应"方程的检验结果分别如式（2-64）和式（2-65）所示。

$$\Delta \ln TFP_{i,t} = 7.59 + 0.009\,Export_{i,t} - 0.17 \ln costr_{i,t} + 0.004 \ln rd_{i,t-1} - 0.0006 \ln rd_{i,t}$$
$$\quad\ (2.02)\qquad (1.10)\qquad\quad (-10.95)\qquad\quad (1.75)\qquad\qquad (-0.40)$$
$$\qquad - 0.05\,size1_{i,t} - 0.04\,size2_{i,t} + 0.68\,area1_{i,t} + 0.80\,area2_{i,t}$$
$$\qquad\ \ (-2.83)\qquad\ (-2.57)\qquad\quad (9.08)\qquad\quad (11.06)$$
$$\qquad - 0.009\,nature1_{i,t} - 0.004\,nature2_{i,t}$$
$$\qquad\quad (-1.33)\qquad\qquad (-0.48)$$

$$（2-64）$$

$$\Delta \ln TFP_{i,t} = 7.56 + 0.001 \ln exden_{i,t} - 0.16 \ln costr_{i,t} + 0.004 \ln rd_{i,t-1} - 0.0005 \ln rd_{i,t}$$
$$\quad\ (1.32)\qquad\quad (1.22)\qquad\qquad (-11.24)\qquad\qquad (1.86)\qquad\qquad (-0.30)$$
$$\qquad - 0.05\,size1_{i,t} - 0.04\,size2_{i,t} - 0.09\,area1_{i,t} + 0.04\,area2_{i,t}$$
$$\qquad\ \ (-2.80)\qquad\ (-2.53)\qquad\quad (-3.07)\qquad\quad (2.43)$$
$$\qquad - 0.009\,nature1_{i,t} - 0.004\,nature2_{i,t}$$
$$\qquad\quad (-1.29)\qquad\qquad (-0.48)$$

$$（2-65）$$

式（2-64）和式（2-65）的拟合优度分别为 0.9077 和 0.9092，式（2-64）和式（2-65）中大部分变量 t 值的绝对值均显著大于 1.65，模型总体拟合效果良好。

从式（2-62）—式（2-65）可以看出，2006—2016 年，我国上市公司制造业高存货周转率企业和低存货周转率企业的出口生产率增长率溢价系数均显著为正，且高存货周转率企业的出口生产率增长率溢价系数大于低存货周转率企业，说明我国不同存货周转率企业的出口中均存在"出口学习效应"，且高存货周转率企业能够获得更高的"出口学习效应"。在式（2-62）和式（2-63）中，在其他条件不变的情况下，上市公司制造业高存货周转率企业中，出口企业与非出口企业相比，生产率增长率高2%，企业出口密度每增加1%，生产率的增长率提高0.002%。在式（2-64）和式（2-65）中，在其他条件不变的情况下，上市公司制造业低存货周转率企业中，出口企业与非出口企业相比，生产率增长率高0.90%，企业出口密度每增加1%，生产率的增长率提高0.001%。

从成本变量的结果可以看出，生产成本对上市公司制造业高存货周转率企业和低存货周转率企业的生产率增长均具有负向阻碍作用。在式（2-62）和式（2-63）中，上市公司制造业高存货周转率企业成本率每增加1%，生产率增长率分别下降0.11%和0.09%。在式（2-64）和式（2-65）中，上市公司制造业低存货周转率企业成本率每增加1%，生产率增长率分别下降0.17%和0.16%。

从研发投入变量的结果可以看出，上市公司制造业高存货周转率企业和低存货周转率企业当期研发投入对生产率增长的"成本效应"占优，前期研发投入对生产率增长的"创新效应"占优，且总体上来说低存货周转率企业研发投入的回报率更高。在式（2-62）和式（2-64）中，上市公司制造业高存货周转率企业当期研发投入每增加1%，生产率增长率降低0.02%，当期研发投入对生产率增长的阻碍作用是低存货周转率企业的33.33倍；高存货周转率企业前期研发投入每增加1%，生产率增长率提高0.008%，前期研发投入对生产率增长的促进作用是低存货周转率企业的2倍。在式（2-63）和式（2-65）中，上市公司制造业高存货周转率企业当期研发投入每增加1%，生产率增长率降低0.02%，当期研发投入对生产率增长的阻碍作用是低存货周转率企业的40倍；高存货周转率企业前期研发投入每增加1%，生产率增长率提高0.009%，前期研发投入对生产率增长的促进作用是低存货周转率企业的2.25倍。

（二）固定资产周转率差异与出口学习效应

检验高固定资产周转率企业出口中是否存在"出口学习效应"时，在面板模型参数估计方法的选择上，式（2-38）和式（2-39）F检验的P值均为0.00，拒绝联合回归模型的假设，Hausman检验的P值分别为0.08和0.06，因此，拒绝原假设，采用固定效应模型进行估计，高固定资产周转率企业"出口学习效应"方程的检验结果分别如式（2-66）和式（2-67）所示。

$$\Delta \ln \text{TFP}_{i,t} = 10.22 + 0.02\,\text{Export}_{i,t} - 0.11\ln \text{costr}_{i,t} + 0.006\ln \text{rd}_{i,t-1} - 0.01\ln \text{rd}_{i,t}$$
$$(1.50)\quad (2.05)\qquad (-3.42)\qquad\quad (2.38)\qquad\quad (-2.20)$$
$$-0.06\,\text{size}1_{i,t} - 0.05\,\text{size}2_{i,t} + 0.52\,\text{area}1_{i,t} + 0.59\,\text{area}2_{i,t}$$
$$(-1.93)\qquad\quad (-1.86)\qquad\quad (3.49)\qquad\quad (3.89)$$
$$-0.01\,\text{nature}1_{i,t} - 0.0006\,\text{nature}2_{i,t}$$
$$(-1.22)\qquad\qquad (-0.06)$$

$$(2\text{-}66)$$

$$\Delta \ln \text{TFP}_{i,t} = 10.56 + 0.002\ln \text{exden}_{i,t} - 0.13\ln \text{costr}_{i,t} + 0.006\ln \text{rd}_{i,t-1} - 0.01\ln \text{rd}_{i,t}$$
$$(1.56)\quad (2.29)\qquad\qquad (-3.99)\qquad\quad (2.07)\qquad\quad (-2.17)$$
$$-0.06\,\text{size}1_{i,t} - 0.05\,\text{size}2_{i,t} - 0.02\,\text{area}1_{i,t} + 0.46\,\text{area}2_{i,t}$$
$$(-1.97)\qquad\quad (-1.87)\qquad\quad (-0.32)\qquad\quad (4.50)$$
$$-0.01\,\text{nature}1_{i,t} - 0.002\,\text{nature}2_{i,t}$$
$$(-1.20)\qquad\qquad (-0.21)$$

$$(2\text{-}67)$$

式（2-66）和式（2-67）的拟合优度分别为0.8943和0.8985，除 nature$1_{i,t}$ 和 nature$2_{i,t}$ 变量外，式（2-66）和式（2-67）中所有变量 t 值的绝对值均显著大于1.65，模型总体拟合效果良好。

检验低固定资产周转率企业出口中是否存在"出口学习效应"时，在面板模型参数估计方法的选择上，式（2-38）和式（2-39）F检验的P值均为0.00，拒绝联合回归模型的假设，Hausman检验的P值分别为0.03和0.09，因此，拒绝原假设，采用固定效应模型进行估计，低固定资产周转率企业"出口学习效应"方程的检验结果分别如式（2-68）和式（2-69）所示。

$$\Delta \ln \text{TFP}_{i,t} = 3.24 + 0.03 \, \text{Export}_{i,t} - 0.17 \ln \text{costr}_{i,t} + 0.008 \ln \text{rd}_{i,t-1} - 0.02 \ln \text{rd}_{i,t}$$
$$(1.24) \quad (2.70) \quad\quad (-6.06) \quad\quad (1.67) \quad\quad (-2.66)$$
$$-0.07 \, \text{size} 1_{i,t} - 0.05 \, \text{size} 2_{i,t} + 0.13 \, \text{area} 1_{i,t} + 0.14 \, \text{area} 2_{i,t}$$
$$(-6.19) \quad\quad (-15.35) \quad\quad (4.57) \quad\quad (7.28)$$
$$-0.01 \, \text{nature} 1_{i,t} - 0.05 \, \text{nature} 2_{i,t}$$
$$(-1.22) \quad\quad (-5.50)$$

$$（2\text{-}68）$$

$$\Delta \ln \text{TFP}_{i,t} = 3.05 + 0.004 \ln \text{exden}_{i,t} - 0.15 \ln \text{costr}_{i,t} + 0.009 \ln \text{rd}_{i,t-1} - 0.03 \ln \text{rd}_{i,t}$$
$$(1.23) \quad (2.90) \quad\quad (-4.56) \quad\quad (1.95) \quad\quad (-2.87)$$
$$-0.07 \, \text{size} 1_{i,t} - 0.05 \, \text{size} 2_{i,t} + 0.83 \, \text{area} 1_{i,t} + 0.80 \, \text{area} 2_{i,t}$$
$$(-6.60) \quad\quad (-17.19) \quad\quad (6.43) \quad\quad (5.38)$$
$$-0.004 \, \text{nature} 1_{i,t} - 0.06 \, \text{nature} 2_{i,t}$$
$$(-0.30) \quad\quad (-5.67)$$

$$（2\text{-}69）$$

式（2-68）和式（2-69）的拟合优度分别为 0.9084 和 0.9158，除 nature1$_{i,t}$ 变量外，式（2-68）和式（2-69）中所有变量 t 值的绝对值均显著大于 1.65，模型总体拟合效果良好。

从式（2-66）—式（2-69）可以看出，2006~2016 年，我国上市公司制造业高固定资产周转率企业和低固定资产周转率企业的出口生产率增长率溢价系数均显著为正，且高固定资产周转率企业的出口生产率增长率溢价系数小于低固定资产周转率企业，说明我国不同固定资产周转率企业的出口中均存在"出口学习效应"，且低固定资产周转率企业能够获得更高的"出口学习效应"。在式（2-66）和式（2-67）中，在其他条件不变的情况下，上市公司制造业高固定资产周转率企业中，出口企业与非出口企业相比，生产率增长率高 2%，企业出口密度每增加 1%，生产率的增长率提高 0.002%。在式（2-68）和式（2-69）中，在其他条件不变的情况下，上市公司制造业低固定资产周转率企业中，出口企业与非出口企业相比，生产率增长率高 3%，企业出口密度每增加 1%，生产率的增长率提高 0.004%。

从成本变量的结果可以看出，生产成本对上市公司制造业高固定资产周转率企业和低固定资产周转率企业的生产率增长均具有负向阻碍作用。在式（2-66）和式（2-67）中，上市公司制造业高固定资产周转率企业成本率每增加 1%，生产率增长率分别下降 0.11% 和 0.13%。在式（2-68）和式（2-69）中，上市公司制造业低固定资产周转率企业成本率每增加 1%，生产率增长率分别下降 0.17% 和 0.15%。

从研发投入变量的结果可以看出，上市公司制造业高固定资产周转率企业和低固定资产周转率企业当期研发投入对生产率增长的"成本效应"占优，前期研发投入对生产率增长的"创新效应"占优，且总体上来说高固定资产周转率企业研发投入的回报率更高。在式（2-66）和式（2-68）中，上市公司制造业高固定资产周转率企业当期研发投入每增加 1%，生产率增长率降低 0.01%，当期研发投入对生产率增长的阻碍作用是低固定资产周转率企业的 50%；高固定资产周转率企业前期研发投入每增加 1%，生产率增长率提高 0.006%，前期研发投入对生产率增长的促进作用是低固定资产周转率企业的 75%。在式（2-67）和式（2-69）中，上市公司制造业高固定资产周转率企业当期研发投入每增加 1%，生产率增长率降低 0.01%，当期研发投入对生产率增长的阻碍作用是低固定资产周转率企业的 33.33%；高固定资产周转率企业前期研发投入每增加 1%，生产率增长率提高 0.006%，前期研发投入对生产率增长的促进作用是低固定资产周转率企业的 66.67%。

从式（62）—式（69）的分析中可以得出结论：（1）2006—2016 年，我国上市公司制造业企业中，不同营运能力企业的出口中均存在"出口学习效应"，高存货周转率和低固定资产周转率的企业获得的"出口学习效应"更强。（2）成本始终是阻碍企业生产率增长率水平提升的重要因素。（3）不同成长能力的企业中，研发投资与生产率增长率水平之间均呈倒"U"型关系。当期研发投资的"成本效应"占优，前期研发投资的"创新效应"占优，总体上来说，研发投资的"成本效应"大于"创新效应"，高营运能力企业研发投资的回报率相对较大。

五、内源性融资能力与出口学习效应

"出口学习效应"理论认为，企业进入国际市场后，可以接触到先进的生产制造、技术研发与管理方式，可以从发达国家那里获得产品设计、技术培训、技术指导等方面的技术支持和技术转移，直接或间接促进了企业生产率的提高（张杰等，2009），但生产率具体提升效果很可能依赖于企业是否有资金对企业自身的设备进行技术升级、对员工进行技能培训等。在企业外部融资比较难或者利率很高时，企业内部融通资金是否充足对"出口学习效应"能否有效发挥起到了至关重要的作用。通常情况下，内源性融资能力强的企业能够获得更高的"出口学习效应"。

本书以清偿比率和股东权益比率的中位数为临界点，将2006—2016年上市公司制造业全部企业划分为内源性融资能力强的企业和内源性融资能力弱的企业，分别代入式（2-38）和式（2-39），实证检验内源性融资能力差异对"出口学习效应"的影响。

（一）清偿比率差异与出口学习效应

检验高清偿比率企业出口中是否存在"出口学习效应"时，在面板模型参数估计方法的选择上，式（2-38）和式（2-39）F检验的P值均为0.00，拒绝联合回归模型的假设，Hausman检验的P值均为0.09，因此，拒绝原假设，采用固定效应模型进行估计，高清偿比率企业"出口学习效应"方程的检验结果分别如式（2-70）和式（2-71）所示。

$$\Delta \ln TFP_{i,t} = 13.15 + 0.01\, Export_{i,t} - 0.24 \ln costr_{i,t} + 0.009 \ln rd_{i,t-1} - 0.01 \ln rd_{i,t}$$
$$\quad (2.07) \quad\ (2.20) \quad\quad (-10.07) \quad\quad\ (3.48) \quad\quad\ (-4.64)$$
$$\quad\quad 1.09\, size1_{i,t} + 1.11\, size2_{i,t} + 0.05\, area1_{i,t} + 0.02\, area2_{i,t}$$
$$\quad\quad\ (9.65) \quad\quad\ (9.75) \quad\quad\ (2.16) \quad\quad\ (2.59)$$
$$\quad\quad -0.04\, nature1_{i,t} + 0.007\, nature2_{i,t}$$
$$\quad\quad\ (-2.04) \quad\quad\ (7.32)$$

$$(2-70)$$

$$\Delta \ln TFP_{i,t} = 13.03 + 0.002 \ln exden_{i,t} - 0.28 \ln costr_{i,t} + 0.006 \ln rd_{i,t-1} - 0.003 \ln rd_{i,t}$$
$$(2.16) \qquad (3.09) \qquad\qquad (-12.54) \qquad\quad (2.32) \qquad\quad (-1.82)$$
$$-0.10 \, size1_{i,t} - 0.05 \, size2_{i,t} + 0.09 \, area1_{i,t} + 0.06 \, area2_{i,t}$$
$$(-4.89) \qquad\quad (-2.86) \qquad\quad (6.13) \qquad\qquad (1.80)$$
$$-0.06 \, nature1_{i,t} + 0.01 \, nature2_{i,t}$$
$$(-3.57) \qquad\qquad (1.93)$$

$$（2-71）$$

式（2-70）和式（2-71）的拟合优度分别为 0.9596 和 0.9692，所有变量 t 值的绝对值均显著大于 1.65，模型总体拟合效果良好。

检验低清偿比率企业出口中是否存在"出口学习效应"时，在面板模型参数估计方法的选择上，式（2-38）和式（2-39）F 检验的 P 值均为 0.00，拒绝联合回归模型的假设，Hausman 检验的 P 值分别为 0.35 和 0.38，因此，接受原假设，采用随机效应模型进行估计，低清偿比率企业"出口学习效应"方程的检验结果分别如式（2-72）和式（2-73）所示。

$$\Delta \ln TFP_{i,t} = 8.65 + 0.01 \, Export_{i,t} - 0.15 \ln costr_{i,t} + 0.0008 \ln rd_{i,t-1} - 0.007 \ln rd_{i,t}$$
$$(1.53) \quad (1.97) \qquad\quad (-8.03) \qquad\qquad (0.39) \qquad\quad (-2.76)$$
$$-0.03 \, size1_{i,t} - 0.03 \, size2_{i,t} + 0.27 \, area1_{i,t} + 0.31 \, area2_{i,t}$$
$$(-2.03) \qquad\quad (-1.81) \qquad\quad (7.63) \qquad\qquad (7.51)$$
$$-0.02 \, nature1_{i,t} + 0.42 \, nature2_{i,t}$$
$$(-4.89) \qquad\qquad (8.15)$$

$$（2-72）$$

$$\Delta \ln TFP_{i,t} = 8.50 + 0.001 \ln exden_{i,t} - 0.16 \ln costr_{i,t} + 0.002 \ln rd_{i,t-1} - 0.008 \ln rd_{i,t}$$
$$(1.50) \qquad (2.04) \qquad\qquad (-8.94) \qquad\quad (1.00) \qquad\quad (-3.41)$$
$$-0.03 \, size1_{i,t} - 0.03 \, size2_{i,t} + 0.29 \, area1_{i,t} + 0.35 \, area2_{i,t}$$
$$(-2.07) \qquad\quad (-1.83) \qquad\quad (8.51) \qquad\qquad (8.35)$$
$$-0.02 \, nature1_{i,t} + 0.46 \, nature2_{i,t}$$
$$(-5.06) \qquad\qquad (9.12)$$

$$（2-73）$$

式（2-72）和式（2-73）的拟合优度分别为 0.9527 和 0.9514，除

$\ln \mathrm{rd}_{i,t}$ 变量外，式（2-72）和式（2-73）中所有变量 t 值的绝对值均显著大于 1.65，模型总体拟合效果良好。

从式（2-70）—式（2-73）可以看出，2006—2016 年，我国上市公司制造业高清偿比率企业和低清偿比率企业的出口生产率增长率溢价系数均显著为正，表明高清偿比率企业和低清偿比率企业的出口中均获得了"出口学习效应"。在式（2-70）和式（2-71）中，在其他条件不变的情况下，上市公司制造业高清偿比率企业中，出口企业与非出口企业相比，生产率增长率高 1%，企业出口密度每增加 1%，生产率的增长率提高 0.002%。在式（2-72）和式（2-73）中，在其他条件不变的情况下，上市公司制造业低清偿比率企业中，出口企业与非出口企业相比，生产率增长率高 1%，企业出口密度每增加 1%，生产率的增长率提高 0.001%。

从成本变量的结果可以看出，生产成本对上市公司制造业高清偿比率企业和低清偿比率企业的生产率增长均具有负向阻碍作用。在式（2-70）和式（2-71）中，上市公司制造业高清偿比率企业成本率每增加 1%，生产率增长率分别下降 0.24% 和 0.28%。在式（2-72）和式（2-73）中，上市公司制造业低清偿比率企业成本率每增加 1%，生产率增长率分别下降 0.15% 和 0.16%。

从研发投入变量的结果可以看出，上市公司制造业高清偿比率企业和低清偿比率企业当期研发投入对生产率增长的"成本效应"占优，前期研发投入对生产率增长的"创新效应"占优，且总体上来说高清偿比率企业研发投入的回报率更高。在式（2-70）和式（2-72）中，上市公司制造业高清偿比率企业当期研发投入每增加 1%，生产率增长率降低 0.01%，当期研发投入对生产率增长的阻碍作用是低清偿比率企业的 1.43 倍；高清偿比率企业前期研发投入每增加 1%，生产率增长率提高 0.0008%，前期研发投入对生产率增长的促进作用是低清偿比率企业的 11.25 倍。在式（2-71）和式（2-73）中，上市公司制造业高清偿比率企业当期研发投入每增加1%，生产率增长率降低0.003%，当期研发投入对生产率增长的阻碍作用是低清偿比率企业的37.50%；高清偿比率企业前期研发投入每增加1%，生产率增长率提高0.006%，前期研发投入对生产率增长的促进作用是低清偿比率企业的2倍。

（二）股东权益比率差异与出口学习效应

检验高股东权益比率企业出口中是否存在"出口学习效应"时，在面板模型参数估计方法的选择上，式（2-38）和式（2-39）F检验的P值均为0.00，拒绝联合回归模型的假设，Hausman检验的P值分别为0.05和0.10，因此，拒绝原假设，采用固定效应模型进行估计，高股东权益比率企业"出口学习效应"方程的检验结果分别如式（2-74）和式（2-75）所示。

$$
\begin{aligned}
\Delta\ln\mathrm{TFP}_{i,t} = &-0.55 + 0.01\,\mathrm{Export}_{i,t} - 0.14\ln\mathrm{costr}_{i,t} + 0.006\ln\mathrm{rd}_{i,t-1} - 0.02\ln\mathrm{rd}_{i,t} \\
&(-1.07)\quad (2.05)\qquad\quad (-6.13)\qquad\qquad (1.65)\qquad\qquad (-2.61) \\
&-0.04\,\mathrm{size}1_{i,t} - 0.03\,\mathrm{size}2_{i,t} + 0.001\,\mathrm{area}1_{i,t} + 0.49\,\mathrm{area}2_{i,t} \\
&(-2.57)\qquad\quad (-2.09)\qquad\quad (0.06)\qquad\qquad (7.02) \\
&-0.02\,\mathrm{nature}1_{i,t} + 0.003\,\mathrm{nature}2_{i,t} \\
&(-2.94)\qquad\qquad (0.22)
\end{aligned}
$$

$$(2\text{-}74)$$

$$
\begin{aligned}
\Delta\ln\mathrm{TFP}_{i,t} = &-0.37 + 0.002\ln\mathrm{exden}_{i,t} - 0.15\ln\mathrm{costr}_{i,t} + 0.006\ln\mathrm{rd}_{i,t-1} - 0.02\ln\mathrm{rd}_{i,t} \\
&(-1.05)\quad (2.98)\qquad\qquad (-6.61)\qquad\qquad (1.61)\qquad\qquad (-2.75) \\
&-0.04\,\mathrm{size}1_{i,t} - 0.03\,\mathrm{size}2_{i,t} + 0.26\,\mathrm{area}1_{i,t} + 0.62\,\mathrm{area}2_{i,t} \\
&(-2.43)\qquad\quad (-2.05)\qquad\quad (6.17)\qquad\qquad (7.06) \\
&-0.02\,\mathrm{nature}1_{i,t} + 0.42\,\mathrm{nature}2_{i,t} \\
&(-4.44)\qquad\qquad (6.83)
\end{aligned}
$$

$$(2\text{-}75)$$

式（2-74）和式（2-75）的拟合优度分别为0.9195和0.9292，除式（2-74）中的$\mathrm{area}1_{i,t}$、$\mathrm{nature}2_{i,t}$变量和式（2-75）$\ln\mathrm{rd}_{i,t-1}$变量外，式（2-74）和式（2-75）中所有变量t值的绝对值均显著大于1.65，模型总体拟合效果良好。

　　检验低股东权益比率企业出口中是否存在"出口学习效应"时，在面板模型参数估计方法的选择上，式（2-38）和式（2-39）F检验的P值均为0.00，拒绝联合回归模型的假设，Hausman检验的P值分别为0.10和0.08，因此，拒绝原假设，采用固定效应模型进行估计，低股东权益比率企业"出口学习效应"方程的检验结果分别如式（2-76）和式（2-77）所示。

$$\Delta \ln \text{TFP}_{i,t} = 19.02 + 0.03\, \text{Export}_{i,t} - 0.16 \ln \text{costr}_{i,t} + 0.01 \ln \text{rd}_{i,t-1} - 0.02 \ln \text{rd}_{i,t}$$
$$\quad (2.10) \qquad (1.95) \qquad\quad (-5.36) \qquad\quad (3.35) \qquad\qquad (-3.01)$$
$$\qquad\qquad + 0.13\, \text{size}1_{i,t} + 0.14\, \text{size}2_{i,t} + 0.04\, \text{area}1_{i,t} - 0.08\, \text{area}2_{i,t}$$
$$\qquad\qquad\quad (2.25) \qquad\qquad (2.63) \qquad\qquad (4.99) \qquad\qquad (-7.86)$$
$$\qquad\qquad - 0.007\, \text{nature}1_{i,t} - 0.07\, \text{nature}2_{i,t}$$
$$\qquad\qquad\quad (-0.59) \qquad\qquad\quad (-4.88)$$

$$（2-76）$$

$$\Delta \ln \text{TFP}_{i,t} = 18.26 + 0.006 \ln \text{exden}_{i,t} - 0.28 \ln \text{costr}_{i,t} + 0.01 \ln \text{rd}_{i,t-1} - 0.03 \ln \text{rd}_{i,t}$$
$$\quad (2.07) \qquad\qquad (3.39) \qquad\qquad (-8.15) \qquad\qquad (4.45) \qquad\qquad (-4.45)$$
$$\qquad\qquad + 1.52\, \text{size}1_{i,t} + 1.56\, \text{size}2_{i,t} - 0.09\, \text{area}1_{i,t} - 0.12\, \text{area}2_{i,t}$$
$$\qquad\qquad\quad (9.10) \qquad\qquad (8.80) \qquad\qquad (-4.61) \qquad\qquad (-7.49)$$
$$\qquad\qquad - 0.04\, \text{nature}1_{i,t} - 0.10\, \text{nature}2_{i,t}$$
$$\qquad\qquad\quad (-1.69) \qquad\qquad\quad (-4.55)$$

$$（2-77）$$

　　式（2-76）和式（2-77）的拟合优度分别为0.9403和0.9451，除式（2-76）中的nature1$_{i,t}$变量外，式（2-76）和式（2-77）中所有变量t值的绝对值均显著大于1.65，模型总体拟合效果良好。

　　从式（2-74）—式（2-77）可以看出，2006—2016年，我国上市公司制造业高股东权益比率企业和低股东权益比率企业的出口生产率增长率溢价系数均显著为正，且高股东权益比率企业的出口生产率增长率溢价系数小于低股东权益比率企业，表明高股东权益比率企业和低股东权益比率企业的出口中均获得了"出口学习效应"，低股东权益比率企业获得的"出口学习效应"更高。在式（2-74）和式（2-75）中，在其他条件不变的情况下，上市公司制造业高股东权益比率企业中，出口企业与非出口企业相比，生产率增长率高 1%，企业出口密度每增加 1%，生产率的增长率提高 0.002%。在式（2-76）和式（2-77）中，在其他条件不变的情况下，上市公司制造业低股东权益比率企业中，出口企业与非出口企业相比，生产率增长率高 3%，企业出口密度每增加 1%，生产率的增长率提高 0.006%。

从成本变量的结果可以看出，生产成本对上市公司制造业高股东权益比率企业和低股东权益比率企业的生产率增长均具有负向阻碍作用。在式（2-74）和式（2-75）中，上市公司制造业高清偿比率企业成本率每增加 1%，生产率增长率分别下降 0.14% 和 0.15%。在式（2-76）和式（2-77）中，上市公司制造业低股东权益比率企业成本率每增加 1%，生产率增长率分别下降 0.16% 和 0.28%。

从研发投入变量的结果可以看出，上市公司制造业高股东权益比率企业和低股东权益比率企业当期研发投入对生产率增长的"成本效应"占优，前期研发投入对生产率增长的"创新效应"占优，且总体上来说低股东权益比率企业研发投入的回报率更高。在式（2-74）和式（2-76）中，上市公司制造业高股东权益比率企业当期研发投入每增加 1%，生产率增长率降低 0.02%，当期研发投入对生产率增长的阻碍作用与低股东权益比率企业相同；高股东权益比率企业前期研发投入每增加 1%，生产率增长率提高 0.006%，前期研发投入对生产率增长的促进作用是低股东权益比率企业的 60%。在式（2-75）和式（2-77）中，上市公司制造业高股东权益比率企业当期研发投入每增加 1%，生产率增长率降低 0.02%，当期研发投入对生产率增长的阻碍作用是低股东权益比率企业的 66.67%；高股东权益比率企业前期研发投入每增加 1%，生产率增长率提高 0.006%，前期研发投入对生产率增长的促进作用是低股东权益比率企业的 60%。

从式（2-70）—式（2-77）的分析中可以得出结论：（1）2006—

2016年，我国上市公司制造业企业中，不同内源性融资能力的企业的出口中均获得了"出口学习效应"，且高清偿比率企业和低股东权益比率企业获得的"出口学习效应"更高。（2）成本始终是阻碍企业生产率增长率水平提升的重要因素。（3）不同成长能力的企业中，研发投资与生产率增长率水平之间均呈倒"U"型关系。当期研发投资的"成本效应"占优，前期研发投资的"创新效应"占优，总体上来说，研发投资的"成本效应"大于"创新效应"，低的高清偿比率企业和低股东权益比率企业研发投资的回报率相对较大。

第六节　政策建议

国内学者普遍采用2001—2007年中国工业企业数据库或2001—2005年中国海关数据库进行企业出口与生产率之间关系的实证研究，结果均表明中国企业出口中存在出口"自选择悖论"，即中国存在低生产率的企业出口，高生产率的企业供应国内市场的现象。然而，2006年中国入世过渡期结束，我们在分享WTO带来的"经济红利"的同时，也应该全面履行相应的责任。为此，国家调整出台了一系列政策措施，取消外商投资企业的超国民待遇、降低出口的扶持力度。随着市场竞争程度的加剧和外贸体制改革的逐步深化，企业的出口自选择机制也在发生根本性的改变。本书运用2006—2016年中国上市公司制造业企业的数据重新检验了企业出口与生产率之间的相关关系，结果证实2006年以后，我国企业出口"自选择悖论"逐渐消失，企业能够遵循"自选择效应机制"确定出口市场的进入行为，但进入出口市场后，企业仅获得了微弱的"出口学习效应"。现阶段维持企业出口"自选择效应"机制、提升"出口学习效应"，对于促进我国外贸"稳中提质"、"稳中增效"、加快我国外贸供给侧改革至关重要，为此可以采取以下对策。

一、转变对加工贸易企业的扶持方向

加工贸易的发展是一把双刃剑。一方面，我国是世界第一人口大国，加工贸易上特有的优势使得我国在入世以后迅速发展成世界工厂；另一方面，加工贸易中，产品价值链的设计、原材料采购、零部件生产、市场营销等环节全部由国外企业负责，企业对外出口不需要承担额外的出口成本，出口退税等贸易促进政策进一步降低了加工贸易的市场准入门槛，加工贸易的过度发展成为 2001—2006 年我国企业出口中出现"自选择悖论"的主要原因。为促进加工贸易的转型发展，2006 年以后国家出台了一系列政策。例如，2007 年 7 月 1 日起，我国取消了 553 项高能耗、高污染和资源型产品的出口退税政策，进一步降低了 2268 项容易引起贸易摩擦的商品的出口退税率；2007 年 7 月 23 日，商务部、海关总署发布了新一批加工贸易限制商品目录，抑制低附加值出口产品的过快增长等。这些政策的实施推动 2006—2016 年我国企业的出口逐步恢复"自选择效应"机制。然而，由于加工贸易具有两头在外的特点，加工贸易方只承担生产率水平最低的产品加工装配环节，降低了出口企业的总体生产率水平和对新技术、新知识和新产品的吸收能力，即使 2006—2016 年我国制造业企业的出口开始遵循"自选择效应"机制，但是企业仅从出口中获得微弱了"出口学习效应"。为此，转变对加工贸易企业的扶持方向、推动加工贸易的发展至关重要。在新常态下，推行"三去一降一补"的政策，即去产能、去库存、去杠杆、降成本、补短板五大任务，降低对低生产率的加工贸易企业出口退税的额度，鼓励加工贸易企业申报高企，及时兑现研发投入、技术改造、高层次人才等各项扶持措施，以进一步降低加工贸易企业生产成本，推动高生产率的加工贸易企业进入国际市场，提高加工贸易出口中获得的技术外溢程度，发挥加工贸易对出口的带动作用。

二、提高资产使用效率

投资是驱动我国经济增长的最重要的驱动引擎。2000 年，我国的投资贡献率高达 51.91%。近几年，我国的投资贡献率有所下降，但 2018 年投资贡献率为 32.4%，仍然远高于其他主要国家。随着投资驱动经济增长政策的贯彻落实以及企业资本积累的逐步深入，我国制造业企业的资本密集度和市场竞争力逐步提升。然而，制造业企业的市场竞争能力不仅取决于资本密集度的绝对水平，还与资本使用效率密切相关。从式（2-18）、式（2-19）、式（2-42）、式（2-45）中可以看出，2006—2016 年，我国上市公司制造业高资本密集度企业和低资本密集度企业的出口均能够遵循"自选择效应机制"，且高资本密集度企业相对于低资本密集度企业在出口前，出口企业相对于非出口企业获得的生产率溢价程度更高，在出口后出口企业相对于非出口企业获得的生产率溢价程度较弱。这反映了我国制造业中普遍存在的过剩投资和资本闲置的现状，资本的使用效率低、吸收能力弱。式（2-66）、式（2-69）的分析进一步证实，尽管，2006—2016 年，我国上市公司制造业高固定资产周转率企业和低固定资产周转率企业的出口中均存在"出口学习效应"，但高固定资产周转率企业的出口生产率增长率溢价系数小于低固定资产周转率企业。过度资本投资，单纯引进国外的资本设备，忽视研发和自主创新能力的提升，即使资本密集度增加、固定资产周转率改善，企业仍然无法有效地提升其对新知识、新技术和新产品的吸收能力，在出口中获得更多的生产率溢价。为此，高资本密集度企业可以通过加强技术引进和模仿相结合、技术引进和再创新相结合、外部引进和内部培养相结合等措施，提高出口企业对新设备、新技术和新产品的吸收能力。

三、培养高素质劳动力和技能型人才

我国拥有丰富的劳动力禀赋资源，入世以后，我国市场全面对外开放，农村大量剩余劳动力涌入加工贸易企业，奠定了我国在非熟练劳动力密集型产品上的比较优势，推动我国出口规模迅速扩张。根据异质性

企业贸易理论，高熟练劳动力密集度企业和低熟练劳动力密集度企业的出口都应存在"自选择效应"和"出口学习效应"，且高熟练劳动力密集度企业的"自选择效应"和"出口学习效应"大于低熟练劳动力密集度企业。从式（2-20）、式（2-21）以及式（2-46）—式（2-49）中可以看出，由于我国在熟练劳动力密集型产品的生产中处于比较劣势，2006—2016年，我国上市公司制造业企业中，高熟练劳动力密集度企业的出口中存在"生产率悖论"，低熟练劳动力密集度企业的出口能够遵循"自选择效应"机制。同时，由于熟练劳动力普遍具有教育水平高、技术吸收能力强的特点，高熟练劳动力密集度企业的出口中获得了"出口学习效应"，低熟练劳动力密集度企业的出口反而降低了生产率水平。为加快我国外贸结构转型升级，提升企业出口生产率溢价程度，我国应该普及高等教育事业的同时，大力发展职业教育和技能培训，深化产教融合、校企合作，创新定向培养、订单培训等人才培养模式，有针对性地培养高素质劳动者和技能型人才，通过劳动力总体熟练程度的提升增加企业出口学习能力。

四、以超常举措推动成长性企业发展

成长性企业生产的产品多为高端产品、市场前景喜人、利润丰厚，成长性企业是我国产业结构转型的新引擎。从式（2-22）—式（2-27）的分析中可以看出，2006—2016年，我国上市公司制造业企业中，成长性企业的出口能够遵循"自选择效应"机制，但由于成长性企业多数处于产品生命周期的创新阶段和成长阶段，产品市场占有率低、市场营销渠道少，企业进入国际市场需要克服更多的贸易壁垒、承担更高的贸易成本，因此，相对于发展成熟的企业来说，成长性企业的出口"自选择效应"较弱。从式（2-50）—式（2-61）的分析中可以看出，成长性企业的出口中存在"出口学习悖论"，即企业出口反而降低了生产率水平。主要原因在于高成长性的企业在出口的过程中常常会遇到两个瓶颈，其一是资金瓶颈，其二是技术瓶颈。成长性企业规模小、资金实力弱，当国际市场需求剧烈波动时，部分高生产率的成长性企业很可能会因为难以获得资金融通而退出市场。同时，由于没有足够的资金支持，成长性企业通常缺乏持续技术创新的能力，难以组建强有力的产品研发组织，即使有机会接触到国外客户和国外竞争者，也难以消化和吸收国外的新技术、新知识和新产品。政府应以成长性企业为主导，把加快优势产业发展与重点企业培育作为工作的重中之重，采取非常有力的举措，为成长性企业提供资金融通便利和技术支持。重点培育处于高科技产业的成长性企业，做好政策扶持、要素保障、优化服务，多为成长性企业解决实际困难和问题。

五、全面提升企业的营运能力

生产要素的质量和产品的要素密集度是决定企业生产率水平的重要因素，营运能力是决定企业管理效率的重要因素。企业内部各个部门之间沟通不通畅就会阻碍营运体系的正常运转，尤其是在当今这个飞速发展的时代，错过一步就可能使企业在竞争中处于劣势。一国的要素禀赋结构和生产要素的质量是企业自身无法决定的，因此，企业生产产品的要素密集度在短期内难以改善和提升，而企业管理水平和管理方法的改进相对来说要容易很多。为此，企业可通过采取优化资本结构、提高资产管理水平、加速资金周转、提高存货的变现能力、监管应收账款和流动资产以提高资产的利用效率等措施，全面提升营运能力，进而促进企业出口"自选择效应"和"出口学习效应"的有效发挥。

六、拓展出口融资渠道

中国现阶段金融市场化改革并没有有效缓解金融体制对中小型企业发展的抑制效应，融资渠道少仍然是制约出口企业进行研发创新活动、提升"出口学习效应"的重要因素。因此，政府不仅应该为出口企业提供科技创新平台以提升企业的生产率水平，还应该继续大力推进金融市场化改革，发展多层次的资本市场，竭力为企业搭建良好的融资平台。当出口市场环境短期剧烈恶化时，政府需要制定"预警机制"以及"临危保护体系"，防止危机时期（市场波动期）出现出口企业的倒闭潮，让具有良好生产率的企业免于淘汰，维持和提升出口企业的生产率溢价能力。

第三章　竞争能力异质性、成本加成率差异、企业的出口选择与获利

企业的成本加成率，即价格与边际成本之比（p/c）。在完全竞争的市场上，企业是价格的接受者，企业市场定价等于边际成本，即成本加成率为 1 。在不完全竞争的市场上，企业能够在边际成本之上收取更高的价格，成本加成率通常大于 1，且成本加成率越大，表明企业可以获得的垄断利润越高（Konings et al.，2005）。尽管我国是世界第一贸易大国，入世以来，对外贸易额持续扩张，但由于我国在国际分工格局中一直处于产品价值链底端的加工装配环节，成本加成率水平远远低于发达国家，出口企业在全球价值链的利益分配格局中处于不利地位。此外，我国企业出口中存在许多异质性企业贸易理论无法解释的现象。根据异质性企业贸易理论，由于对外出口需要承担额外的贸易成本，生产率高的企业具有成本优势，自选择进入出口市场（Melitz，2003），因此，出口企业比非出口企业具有更高的成本加成率（Melitz and Ottaviano，2008）。伯纳德等（Bernard et al.，2006）使用美国企业数据，托蒙蒂和巴拉蒂耶里（Altomonte and Barattieri，2015）使用意大利企业数据，德勒克和沃兹因斯基（De Loecker and Warzynski，2012）使用苏联企业数据，贝洛内等（Bellone et al.，2014）使用法国企业数据，巴斯托斯和席尔瓦（Bastos and Silva，2010）使用西班牙数据，弗赖斯和瓦格纳（Fryges and Wagner，2010）使用德国企业的数据均证实出口企业与非出口企业相比具有更高的成本加成率。然而，关于中国的实证研究发现，中国出口企

业的成本加成率反而低于非出口企业（黄先海等，2016；盛丹和王永进，2012；盛丹，2013；刘啟仁和黄建忠，2015；祝树金和张鹏辉，2015；钱学锋等，2015），这不但增加了国外对我国出口产品反倾销的风险，而且也是导致我国出口增收不增利、国内消费不足和资源环境冲突等一系列问题的重要原因。因此，分析我国企业出口是否陷入"低加成率陷阱"以及探究"低加成率陷阱"形成的原因是当前亟待研究的重大现实问题（刘啟仁和黄建忠，2015）。

第一节　出口成本加成的理论基础

异质性企业贸易理论模型（Melitz，2003；Bernard et al.，2003）非常成功的解释了出口行为对生产率影响的模式。然而，由于依赖于对竞争性质的极端假设（没有成本加成异质的 Dixit-Stiglitz 垄断竞争，或者对企业成本加成决策只有限洞察力的纯 Bertrand 竞争），这些模型不能够对成本加成提供满意的解释。梅里兹和奥塔维亚诺（Melitz and Ottaviano，2008）放松这些假设条件，将梅里兹（Melitz，2003）模型的供给特征和与传统 CES 需求函数不同的需求系统结合起来，因此，将异质性成本加成加入不完全竞争的贸易模型，用以分析从封闭经济向开放经济过程中，市场扩大的"促进竞争效应"。

一、消费

梅里兹和奥塔维亚诺（Melitz and Ottaviano，2008）模型假定世界市场上存在本国 H 和外国 F 两个国家，两国在市场规模 L 和贸易成本 τ 上存在差异。本国和外国消费者的数量分别为 L^H 和 L^F，两国消费者具有相同的消费偏好，每个国家生产和消费两种产品，即同质化产品（计价产品）和差异化产品，两国代表性消费者的效用函数如式（3-1）所示。

$$U = q_0^c + \alpha \int_{i \in \Omega} q_i^c d_i - \frac{1}{2} \gamma \int_{i \in \Omega} (q_i^c)^2 d_i - \frac{1}{2} \eta \left(\int_{i \in \Omega} q_i^c d_i \right)^2 \qquad （3-1）$$

式（3-1）中，q_0^c 和 q_i^c 分别表示同质化产品（计价产品）和差异化产品的消费需求；α 和 η 表示差异化产品与计价产品之间替代弹性；γ 表示差异化产品之间的产品差异化程度。两国代表性消费者第 i 种商品的定价上限 p_{max} 为

$$p_i \leqslant \frac{1}{\eta N + \gamma} (\gamma \alpha + \eta N \bar{p}) \equiv p_{max} \qquad （3-2）$$

式（3-2）中，p_{max} 表示需求为 0 时的最高定价；$\bar{p}$ 表示本国生产和销售 i 产品以及外国出口 i 产品的平均价格水平；N 表示本国销售 i 产品的企业数目。给定参数 α、γ 和 η 时，i 产品的价格上限 p_{max} 与平均价格水平 $\bar{p}$ 成正比，与竞争性产品数目 N 成反比。

由式（3-2）可知，第 i 种产品的需求弹性为

$$\varepsilon_i = [(p_{max} / p_i) - 1]^{-1} \qquad （3-3）$$

由式（3-3）可知，平均价格水平 $\bar{p}$ 降低和竞争性产品数目 N 增加，降低了产品 i 的价格上限，并进而通过提高产品的需求价格弹性，降低了成本加成率。

二、生产

劳动是唯一的生产要素，并且可以无限供给。计价产品市场完全竞争，产品生产规模报酬不变，计价产品的边际生产成本为 1。差异化产品具有垄断竞争的市场结构，产品生产规模报酬不变，企业在支付沉没成本 f_e 以后从边际成本分布 $G(c)$ 中提取自身的边际生产成本 c。企业只有在国内外市场上赚取非负利润才会继续生产，假设 c_D^l 为企业在国内市场销售的成本临界值，c_X^l 为企业在国外市场销售的成本临界值。成本临界值需要满足：

$$\begin{aligned} c_D^l &= \sup\{c: \pi_D^l(c) > 0\} = p_{max}^l \\ c_X^l &= \sup\{c: \pi_X^l(c) > 0\} = p_{max}^h / \tau^h \end{aligned} \qquad （3-4）$$

由于假设国内外市场是分割的，企业在两个市场上独立地进行利润最大化的决策，两个市场上企业的利润、定价和产出分别为

$$\pi_D^l(c) = [p_D^l(c) - c]q_D^l(c), \quad \pi_X^l(c) = [p_X^l(c) - \tau^h c]q_X^l(c)$$

$$p_D^l(c) = \frac{1}{2}(c_D^l + c), \quad p_X^l(c) = \frac{\tau^h}{2}(c_X^l + c) \qquad (3-5)$$

$$q_D^l(c) = \frac{L^l}{2\gamma}(c_D^l - c), \quad q_X^l(c) = \frac{L^h}{2\gamma}\tau^h(c_X^l - c)$$

由此，企业利润最大化的利润水平为

$$\pi_D^l(c) = \frac{L^l}{4\gamma}(c_D^l - c)^2$$

$$\qquad\qquad (3-6)$$

$$\pi_X^l(c) = \frac{L^h}{4\gamma}(\tau^h)^2(c_X^l - c)^2$$

三、自由进入条件

为了分析市场规模和贸易成本差异的影响，梅里兹和奥塔维亚诺（Melitz and Ottaviano，2008）模型假定两国具有相同的技术水平，自由进入企业的零利润条件为

$$\int_0^{c_D^l} \pi_D^l(c)dG(c) + \int_0^{c_X^l} \pi_X^l(c)dG(c) = f_E$$

其中，国家 $l(l=H,F)$ 的成本分布 $G(c)$ 是成本上界为 c_M，形状参数为 $k(k \geqslant 1)$ 的帕累托分布。给定式（3-6），自由进入条件可以改写为

$$L^l(c_D^l)^{k+2} + L^h(\tau^h)^2(c_X^l)^{k+2} = \gamma\phi$$

式中，$\phi \equiv 2(k+1)(k+2)(c_M)^k f_E$ 是一个技术指标。只要国家 l 的进入者数量为正，即 $N_E^l > 0$，自由进入条件则成立。当 $N_E^l = 0$ 时，国家 l 专业化生产计价产品。梅里兹和奥塔维亚诺（Melitz and Ottaviano，2008）假设两个国家都生产差异化的产品，且 $N_E^l > 0$。由于 $c_X^h = C_D^l \tau^l$，自由进入条件可以改写成：

$$L^l(c_D^l)^{k+2} + L^h \rho^h(c_D^h)^{k+2} = \gamma\phi$$

其中，$\rho^l \equiv (\tau^l)^{-k} \in (0,1)$ 为贸易成本的反函数，即为贸易自由度。因此，可以求得进入国家 l 的成本临界值：

$$c_D^l = \left[\frac{\gamma\phi}{L^l} \frac{1 - \rho^h}{1 - \rho^l\rho^h}\right]^{1/(k+2)} \qquad (3-7)$$

四、成本加成

梅里兹和奥塔维亚诺（Melitz and Ottaviano，2008）模型中，企业在国内市场和出口市场销售收取的成本加成可以表示成市场进入临界成本的函数：

$$\mu_D^l = p_D(c) - c = \frac{1}{2}(c_D^l - c)$$
$$\mu_X^l = p_X(c) - \tau^h c = \frac{\tau^h}{2}(c_X^l - c) \tag{3-8}$$

式（3-8）中，$p_D(c)$ 和 $p_X(c)$ 分别表示企业在国内市场和出口市场的价格；μ_D^l 和 μ_X^l 分别表示企业在 l 国国内市场和出口市场收取的成本加成。由于出口市场的临界成本 c_X^l 大于国内市场销售的临界成本 c_D^l，出口企业相对于非出口企业收取更高的成本加成。令，β 表示企业的出口密度，则 l 国企业的总体成本加成为：$\mu = \beta \mu_X + (1 - \beta) \mu_D$。企业在国内外市场销售的总体成本加成表示成两个市场的临界成本的函数：

$$\mu(l) = \frac{\tau^h}{2} \beta(c_X^l - c) + \frac{1}{2}(1 - \beta)(c_D^l - c) \tag{3-9}$$

第二节　成本加成率的度量方法

实证中成本加成的度量方法主要包括两种方法：第一种是会计法。即根据会计准则，利用企业增加值、工资总额和中间投入等变量来计算企业的成本加成率（Domowitz et al.，1986）。第二种是生产函数法，主要包括索洛余值法和 DLW 法。霍尔（Hall，1988）把产出的投入份额分解成成本份额和成本加成，提供了一种根据索洛余值估计成本加成水平的方法。由于这种方法需要需求相关的工具来应对投入选择引起的内生性，这种方法最初被应用于综合数据。勒格尔（Roeger，1995）提出了企业层面的修正方法，以原始和对偶索洛余值之间的差距为基础，不但通过消除估计方程中不可观测的估计变量解决了内生性问题，而且只需要名义收入和成本数据，这些数据通常是企业层面可获得的数据。可尼斯和范登布斯切（Konings and Vandenbussche，2005）把 Roeger 的方法运用到企业层面的数据上。一些学者扩展了 Roeger 方法，允许偏离规模报酬不变的初始假设。如阿尔图格和菲尔茨泰金（Altug and Filztekin，2002）分别分析了原始和对偶索洛余值，能够使用工具变量识别规模报酬。Konings等（2011）采用类似的方法，解释了生产中固定因素的存在。德勒克和沃兹因斯基（De Loecker and Warzynski，2012）以霍尔（Hall，1988）为基础，提出估计成本加成的新的实证研究框架。这种方法不需要关于需求偏好函数形式或者竞争环境的假设，而是依据成本最小化以及两个额外的假设：投入的调整没有成本，同一产业内的企业面临外生给定的不同的投入价格。德勒克和沃兹因斯基（De Loecker and Warzynski，2012）确定成本加成为企业可变投入成本份额和收入份额之间的差别，数据中无法观测成本份额，但是在最优化条件下不得不等于相关投入的产出弹性。该方法的缺陷是对数据的要求过高，需要详细的企业层面的工业增加值、产出数量、中间投入和劳动报酬等数据。另外，该方法使用变量的滞后期，且使用该方法计算得到的成本加成值存在较多的负值，从而损失大量样本，数据的缺失也会降低估计的可靠性。

一、会计法

盛丹和王永进（2012）、钱学锋等（2015）、高运胜等（2017）、耿晔强和狄媛（2017）、赵瑞丽等（2018）运用中国工业企业数据库采用会计法计算了我国企业的成本加成。会计法下，企业成本加成的计算公式为

$$\frac{p_{it} - c_{it}}{p_{it}} = 1 - \frac{1}{\text{markup}_{it}} = \frac{\text{valueadd}_{it} - \text{wage}_{it}}{\text{valueadd}_{it} + \text{midinput}_{it}} \quad (3\text{--}10)$$

式（3-10）中，p_{it} 和 c_{it} 分别表示企业 i 在时期 t 的价格和边际成本；markup_{it} 表示企业 i 在时期 t 的成本加成，即单位产品的价格 p_{it} 与边际成本 c_{it} 之比；valueadd_{it}、wage_{it} 和 midinput_{it} 分别表示企业 i 在时期 t 的工业增加值、工资和产品生产中的中间投入。该方法的优点是计算起来简单，

数据相对易得，且数据损失量少，样本分布与总体分布更加接近。但由于会计变量和经济变量之间存在差异，会计法计算的成本加成的经济学含义相对较差。

二、索洛余值法

索洛余值法研究价格对成本的响应的主要思想是，在完全竞争的市场上，每一次增加的成本都将完全传递给消费者，而在不完全竞争市场上价格对成本的传递则不等于零。因此，价格对成本变化的响应范围可以用于标记成本加成。在大多数利用这一大类方法的研究中，直接或间接使用了霍尔（Hall，1988）发展的原始索洛余值方法，用式（3-11）计算成本加成 μ_i：

$$\Delta \ln \frac{Y_i}{K_i} = \mu_i \Delta \ln \frac{X_i}{K_k} \cdot \theta_i + \xi_i \qquad (3-11)$$

式（3-11）中，Y_i 表示企业 i 的产出，K_i 和 L_i 分别表示企业 i 的资本投入和劳动投入，θ_i 表示企业 i 的劳动力成本占总产值的份额。这种方法的主要问题是，模型随机误差项中包括不可观测的生产率扰动，这些生产率扰动可能与生产要素相关，导致成本加成估计偏差。通过在 Solow 模型中引入世界油价、政府开支等影响就业和需求变化，但不影响生产率变化的虚拟变量，作为不可观测的残差的工具变量可以解决这个问题。此外，模型忽略了产品质量变化对价格的影响，成本加成被高估。

为了解决这些问题，勒格尔（Roeger，1995）以霍尔（Hall，1988）的原始索洛余值（SR）方法为基础，使用了以成本函数为基础的对偶索洛余值（DSR）。通过原始索洛余值，我们理解了生产中技术变化的份额，通过对偶索洛余值，我们理解了总生产成本变化中技术变化的份额。使用原始和对偶索洛残差能够消除回归方程中的不可观察的生产率变量，即在规模报酬不变的情况下不存在偏差，从而能够更精确的估计成本加成（Gradzewicz and Hagemejer，2007）。因此，估计可以用正常的最小二乘法进行，没有必要寻找工具变量。

由于勒格尔（Roeger，1995）模型的规模报酬不变假设，特定产业特定企业的成本加成不随时间变化而变化，不适合研究成本加成动态以及外生变量对成本加成的影响。在存在规模报酬递增、高沉没成本以及商业周期调整强度较高的产业中，使用勒格尔（Roeger，1995）模型会低估成本加成水平。因此，勒格尔（Roeger，1995）模型规模报酬不变的假设受到了普遍的批评。

勒格尔（Roeger，1995）模型中假设企业的生产函数如式（3-12）所示。

$$Y(X_1, \ldots, X_N, K, E) = F(X_1, \ldots, X_N, K)E \quad (3\text{-}12)$$

式（3-12）中，Y 表示产出；K 表示资本投入；X_i 表示 1—N 的生产要素投入；E 表示希克斯中性技术变化，在对数差分以后可以得到式（3-13）：

$$\frac{dY}{Y} = \sum_i \frac{\partial Y}{\partial X_i} \frac{dX_i}{Y} + \frac{\partial Y}{\partial K} \frac{dK}{Y} + \frac{dE}{E} \quad (3\text{-}13)$$

假设生产要素市场完全竞争，P 是最终产品的价格，μ 是成本加成，则资本的价格 W_k 和其他生产要素的价格 W_i 分别为：$w_i = \frac{\partial Y}{\partial X_i} \frac{P}{\mu}$，$w_k = \frac{\partial Y}{\partial K} \frac{P}{\mu}$，生产要素成本在总成本中的份额可表示为：$\alpha_k = \frac{w_k K}{Y \cdot \mathrm{MC}}$，$\alpha_i = \frac{w_i X_i}{Y \cdot \mathrm{MC}}$。式（3-13）可转变为

$$\frac{dY}{Y} = \sum_i \frac{w_i X_i}{Y \cdot \mathrm{MC}} \frac{dX_i}{X_i} + \frac{w_k K}{Y \cdot \mathrm{MC}} \frac{dK}{K} + \frac{dE}{E} \quad (3\text{-}14)$$

因为生产要素成本在总收入中的份额为：$\theta_i = \frac{w_i X_i}{PY}$，可得：$\alpha_i = \frac{w_i X_i}{Y \cdot \mathrm{MC}} = \theta_i \mu$，$\alpha_k = \theta_k \mu$。假设规模报酬不变，根据欧拉定理有：$\sum_i \alpha_i + \alpha_k = 1$。那么，$\frac{dY}{Y} = \sum_i \theta_i \mu \frac{dX_i}{X_i} + \theta_k \mu \frac{dK}{K} + \frac{dE}{E}$。经过转换，可以得到原始索洛余值如式（3-15）所示。

$$\mathrm{SR} = \frac{dY}{Y} - \sum_i \theta_i \frac{dX_i}{X_i} - \left(1 - \sum_i \theta_i\right) \frac{dK}{K} = \left(1 - \frac{1}{\mu}\right)\left(\frac{dY}{Y} - \frac{dK}{K}\right) + \frac{1}{\mu} \frac{dE}{E}$$

$$(3\text{-}15)$$

根据成本函数，可以获得边际成本：$MC = \dfrac{G(w_i, \ldots, w_N, w_K)}{E}$。经过对数差分以后，可以得到：$\dfrac{d\,MC}{MC} = \sum_i \dfrac{\partial G}{\partial w_i} \dfrac{dw_i}{G} + \dfrac{\partial G}{\partial w_K} \dfrac{dw_K}{G} - \dfrac{dE}{E}$。

根据 Shepard 引理，可得：$X_i = \dfrac{\partial C}{\partial w_i} = \dfrac{\partial G}{\partial w_i} \dfrac{Y}{E}$。因此，边际成本变化率的表达式为：$\dfrac{d\,MC}{MC} = \sum_i \dfrac{X_i dw_i}{Y \cdot MC} + \dfrac{K dw_k}{Y \cdot MC} - \dfrac{dE}{E}$。假设特定年份特定产业的成本加成固定不变 $\dfrac{d\,MC}{MC} = \dfrac{dP}{P}$，则有：$\dfrac{dP}{P} = \sum_i \dfrac{\theta_i \mu dw_i}{w_i} + \dfrac{(1 - \sum_i \theta_i \mu) dw_k}{w_k} - \dfrac{dE}{E}$。经过转换后，可以得到对偶索洛余值如式（3—16）所示：

$$DSR = \sum_i \theta_i \dfrac{dw_i}{w_i} + (1 - \sum_i \theta_i) \dfrac{dw_k}{w_k} - \dfrac{dP}{P}$$
$$= \left(1 - \dfrac{1}{\mu}\right)\left(\dfrac{dw_k}{w_k} - \dfrac{dP}{P}\right) + \dfrac{1}{\mu}\dfrac{dE}{E} \qquad (3\text{--}16)$$

用式（3-15）减去式（3-16），即从原始索罗余值中减去对偶索洛余值，可得技术变化被取消的标准索洛余值（NSR）：

$$NSR = \dfrac{dY}{Y} + \dfrac{dP}{P} - \sum_i \theta_i\left(\dfrac{dX_i}{X_i} + \dfrac{dw_i}{w_i}\right) - (1 - \sum_i \theta_i)\left(\dfrac{dK}{K} + \dfrac{dw_k}{w_k}\right)$$
$$= \left(1 - \dfrac{1}{\mu}\right)\left[\dfrac{dY}{Y} + \dfrac{dP}{P} - \left(\dfrac{dK}{K} + \dfrac{dw_k}{w_k}\right)\right] \qquad (3\text{--}17)$$

对两个变量使用微分计算，可知 NSR 是以下式（3-18）的近似值：

$$\Delta \ln(Y \cdot P) - \sum_i \theta_i \Delta \ln(X_i \cdot w_i) - (1 - \sum_i \theta_i)\Delta \ln(K \cdot w_k)$$
$$= \left(1 - \dfrac{1}{\mu}\right)[\Delta \ln(Y \cdot P) - \Delta \ln(K \cdot w_k)] \qquad (3\text{--}18)$$

估计表达式 $\left(1 - \dfrac{1}{\mu}\right)$，最终获得成本加成 μ。

诺特博格和伍德福德（Rotemberg and Woodford，1999）通过引入单一投入边际，进一步对勒格尔（Roeger，1995）方法进行修正。因为通过增加任何生产要素投入来扩大产品产量的边际成本是相等的，所以成本加成可以仅使用所选择的那个生产要素来度量。这种推理的根源在于：$MRP_i = MR \cdot MP_i$，其中 MRP_i 是生产要素 i 的边际收入，MP_i 是生产要素 i 的边际产出。由于利润最大化的条件是 $MR=MC$，最优成本加成可以表示成：$\mu = P \cdot MP_i/MRP_i$。因此，成本最小化意味着企业应该覆盖扩大生产的边际成本，同时考虑到所有可能的利润率。根据诺特博格和伍德福德（Rotemberg and Woodford，1999），衡量边际成本的最佳标准是在其他成本保持不变的情况下，通过改变劳动投入来增加产量。由于工人和资本存量的变化涉及调整成本，而现有工人工时数的变化不存在调整成本，诺特博格和伍德福德（Rotemberg and Woodford，1999）以每个工人的工时数来代表劳动投入，相应的生产函数为：$Y=F(ZhN, \ldots)$，其中 N 是工人数，Y 是产出，Z 是劳动增强技术，h 是每个工人的工时数，w_A 是平均小时工资，可以得到：$MC = (w_A'h + w_A)/F_1(ZhN, \ldots)Z$，其中 F_i 是生产函数对有效劳动 ZhN 的导数（Nekarda and Ramey，2013）。在该式中，分子中包含每个工人额外增加的工时数的边际收益，分母包含每个工人的边际产出。

如果成本加成的运算采用 CD 生产函数，假设边际工资等于平均工资，成本加成可以表示为

$$\mu = \frac{P}{w_A \Big/ \left[\alpha \left(\dfrac{Y}{hN} \right) \right]} = \frac{\alpha}{s}$$

式（3-18）中，α 表示 CD 生产函数中产出对劳动力投入的弹性，即产值的劳动份额。

采用 CD 生产函数方法来度量成本加成的好处是，这种方法既适用于以工作时间长短来衡量的人工成本，也适用于不用工作时间衡量的人工成本。但采用 CD 生产函数法度量成本加成也存在一系列的问题。首先，劳动力成本的核算中包含管理费用、间接费用，如会计费用、广告费、保险费、律师费、税金、租金、维修费、电话费。这些均是企业经营活动必须产生的成本，但这些活动不能与企业提供的产品或服务相联

系。换句话说，这些活动不能直接创造利润。其次，不允许生产要素之间替代的弹性偏离 1。最后，使用平均工资而不是边际工资来度量成本加成，因为加工时间也计入平均工资，平均工资可能会增加每个工人平均工作小时数。诺特博格和伍德福德（Rotemberg and Woodford，1999）通过考虑非 CD 生产函数、非间接劳动力、边际工资不等于平均工资、劳动力投入成本调整等，对此进行了修正。

三、DLW 法

德勒克和沃兹因斯基（De Loecker and Warzynski，2012）以霍尔（Hall，1986）为基础，提出了一个新的实证研究框架，在没有价格数据的情况下测量企业成本加成。德勒克和沃兹因斯基（De Loecker and Warzynski，2012）确定成本加成为企业可变投入成本份额和收入份额之间的差别，数据中无法观测成本份额，但是在最优化条件下成本份额等于相关投入的产出弹性。

假设企业的生产中需要投入劳动 L（唯一可变投入）和资本 K，企业 i 在时期 t 的生产函数是连续的，并且对每一个参数是两阶可导的，具体表达式如式（3-19）所示。

$$Q_{it}=Q_{it}(X_{it},K_{it})\omega_{it} \qquad (3-19)$$

其中，Q 为产出，X 为可变要素投入，即企业可以自由调整的生产要素，包括劳动投入和中间投入，K 为固定要素投入，即需要调整成本的生产要素，ω_{it} 为希克斯中性生产率水平。尽管企业的生产率水平不同，但是企业生产同一产品使用相同的生产技术，故具有相同的生产函数。假设可变生产要素和资本的价格分别为 P_{it}^{x} 和 P_{it}^{k}，其中，$x=\{1,...,X\}$，$k=\{1,...,K\}$。

企业 i 在时期 t 的拉格朗日函数为

$$L(X_{it},K_{it},\lambda_{it})=\sum_{x=1}^{X}P_{it}^{x}X_{it}^{x}+\sum_{k=1}^{K}P_{it}^{k}K_{it}^{k}+\lambda_{it}[Q_{it}-Q_{it}(X_{it},K_{it},\omega_{it})]$$

$$(3-20)$$

企业 i 可变要素投入的一阶条件为

$$\frac{\partial L_{it}}{\partial X_{it}^x} = P_{it}^x - \lambda_{it} \frac{\partial Q_{it}(\cdot)}{\partial X_{it}^x} = 0 \tag{3-21}$$

由于 $\frac{\partial L_{it}}{\partial Q_{it}} = \lambda_{it}$，因此，给定产出的边际成本为 λ_{it}。将式（3-21）移项，

并且两边同时乘以 $\frac{X_{it}}{Q_{it}}$，可以得到如下表达式：

$$\frac{\partial Q_{it}}{\partial X_{it}} \frac{X_{it}^x}{Q_{it}} = \frac{1}{\lambda_{it}} \frac{P_{it}^x X_{it}^x}{Q_{it}} \tag{3-22}$$

其中，$\frac{\partial Q_{it}}{\partial X_{it}} \frac{X_{it}^x}{Q_{it}}$ 代表可变要素投入的产出弹性，令 $\theta_{it}^x = \frac{\partial Q_{it}}{\partial X_{it}} \frac{X_{it}^x}{Q_{it}}$，企业

i 在时期 t 的成本加成为 μ_{it}，则 $\mu_{it} \equiv \frac{P_{it}}{\lambda_{it}}$。成本最小化条件转换成式（3-23）：

$$\mu_{it} = \theta_{it}^x \frac{P_{it} Q_{it}}{P_{it}^x X_{it}^x} = \theta_{it}^x (\alpha_{it}^x)^{-1} \tag{3-23}$$

其中，α_{it}^x 是企业 i 在时期 t 的生产中可变要素投入占总支出的比重。因此，成本加成转换为产品生产中可变要素投入的产出弹性和可变要素支出占总支出的比重的函数。α_{it}^x 可以直接从数据中观察到，为了计算企业 i 在时间 t 的成本加成，只需要估计 θ_{it}^x。根据 DLW 法，可变投入要素包括劳动力和中间品投入等企业可以充分调整的要素。对于我国来说，劳动力还未能实现充分流动，不适合作为可变投入要素。因此，国内学者（Lu and Yu，2015）多选取中间品投入作为估计企业产出弹性的投入要素。

假设生产函数的表达式为

$$Q_{it} = Q(X_{it}, K_{it}; \beta) \exp(\omega_{it}) \tag{3-24}$$

在式（3-24）中，企业的生产率为希克斯中性生产率，生产者对于单位生产要素投入的产出，不仅取决于共同的技术参数 β，还取决于企业自身的生产率水平 φ_{it}，因此，要素投入的产出弹性随企业不同而不同。

对式（3-24）两边取对数，生产函数转化为

$$q_{it} = \ln Q_{it}(X_{it}, K_{it}, \beta) + \omega_{it} \tag{3-25}$$

q_{it} 代表产出的自然对数。由式（3-25）可见，可变要素投入的产出弹性 $\theta_{it}^x (\partial \ln Q_{it} / \partial \ln X_{it})$ 取决于生产函数的设定，并且独立于企业的生产率水平。为此，参照德勒克和沃兹因斯基（De Loecker and Warzynski，2012），运用超越对数生产函数来估计企业层面可变生产要素投入的产出弹性。为精确刻画实际生产中存在的测量误差和未预期到的产出波动，在产出函数中引入残差项 ε_{it}，则企业的产出函数为

$$q_{it} = \beta_l l_{it} + \beta_k k_{it} + \beta_m m_{it} + \beta_{ll} l_{it}^2 + \beta_{kk} k_{it}^2 + \beta_{mm} m_{it}^2 + \beta_{lk} l_{it} k_{it}$$
$$+ \beta_{lm} l_{it} m_{it} + \beta_{km} k_{it} m_{it} + \beta_{lkm} l_{it} k_{it} m_{it} + \omega_{it} + \varepsilon_{it}$$

$$（3-26）$$

小写形式代表每个变量的自然对数。由式（3-26）可以看出中间投入要素的产出弹性为

$$\theta_{it}^m = \frac{\partial q_{it}}{\partial m_{it}} = \beta_m + 2\beta_{mm} m_{it} + \beta_{lm} l_{it} + \beta_{km} k_{it} + \beta_{lkm} l_{it} k_{it} \quad （3-27）$$

如果用 OLS 方法直接对式（3-26）生产要素的系数进行估计，同时性偏差可能会高估劳动系数，选择性偏差可能会低估资本系数。为此需要控制与劳动和资本投入相关的不可观测的生产率冲击，常用的控制方法包括 OP、LP 和 ACF 法。国内文献参照德勒克和沃兹因斯基（De Loecker and Warzynski，2012），运用 ACF 两步估计法，第一阶段，根据中间投入与资本、生产率之间的单调关系，以中间投入 $m_{it} = m_t(k_{it}, \omega_{it})$ 作为生产率的代理变量，再通过逆函数计算得到生产率的代理方程 $\omega_{it} = f^{-1}(m_{it}, k_{it})$，将其代入式（3-26），以其替代生产函数中的生产率，通过计算得到产出的估计值 $\hat{q}_{it}$：

$$\hat{q}_{it} = \beta_l l_{it} + \beta_k k_{it} + \beta_m m_{it} + \beta_{ll} l_{it}^2 + \beta_{kk} k_{it}^2 + \beta_{mm} m_{it}^2 + \beta_{lk} l_{it} k_{it}$$
$$+ \beta_{lm} l_{it} m_{it} + \beta_{km} k_{it} m_{it} + \beta_{lkm} l_{it} k_{it} m_{it} + f^{-1}(m_{it}, k_{it})$$

$$（3-28）$$

第二阶段，假设企业的生产率服从一阶的马尔科夫过程：

$$\omega_{it} = g_{it}(\omega_{it-1}) + \varepsilon_{it} \quad （3-29）$$

根据第一阶段得到的产出估计式（3-28），可得企业生产率的估计式为

$$\omega_{it} = \hat{q}_{it} - \beta_l l_{it} - \beta_k k_{it} - \beta_m m_{it} - \beta_{ll} l_{it}^2 - \beta_{kk} k_{it}^2 - \beta_{mm} m_{it}^2 - \beta_{lk} l_{it} k_{it}$$
$$- \beta_{lm} l_{it} m_{it} - \beta_{km} k_{it} m_{it} - \beta_{lkm} l_{it} k_{it} m_{it}$$

$$(3-30)$$

将式（3-30）代入式（3-28），可以得到估计生产函数的矩条件：

$$E(\varepsilon_{it} \cdot Z_{it-1}^{'}) = 0 \qquad (3-31)$$

其中，$Z_{it-1} = \begin{bmatrix} l_{it-1} & k_{it} & m_{it-1} & (l_{it-1})^2 & (k_{it})^2 \\ (m_{it-1})^2 & l_{it} k_{it} & l_{it-1} m_{it-1} & m_{it-1} k_{it} & l_{it-1} m_{it-1} k_{it} \end{bmatrix}$ （3-32）

利用 GMM 方法，借助生产率随机冲击 ε_{it} 与当期固定要素 k_{it}、滞后期可变要素投入 l_{it-1} 不相关的矩条件来识别式（3-26）对应的参数估计量，并将其代入式（3-27）中，得到中间投入要素的产出弹性，再结合中间投入的支出份额便可求出企业层面成本加成率的估计值。

$$\hat{\theta}_{it}^m = \frac{\partial q_{it}}{\partial m_{it}} = \hat{\beta}_m + 2\hat{\beta}_{mm} m_{it} + \hat{\beta}_{lm} l_{it} + \hat{\beta}_{km} k_{it} + \hat{\beta}_{lkm} l_{it} k_{it} \quad (3-33)$$

三种成本加成的计算方法各有利弊，本书主要采用会计法来计算企业的成本加成率。主要原因在于：首先，经验研究表明会计方法较生产函数方法可能会提供更多有用的信息。并且西奥蒂斯（Siotis，2003）采用上述两种方法计算了西班牙行业的加成率，通过比较发现会计方法能够更好地体现行业之间的差异，是一个较好的估计方法。其次，本书使用的是上市公司制造业企业数据，统计指标多为会计指标，没有对企业产品价格进行统计，无法采用索洛余值法和 DLW 法计算成本加成。最后，运用索洛余值法和 DLW 法计算成本加成时会产生众多负值，因此会损失大量的数据。本书使用的是中国上市公司制造业企业的数据，样本量相对较小，更加适合用会计法来计算成本加成。

第三节　制造业企业成本加成率的进一步考察

本书采用会计法，将式（3-10）转化成式（3-34）来计算企业的成本加成：

$$\mu_{it} = \frac{p_{it}}{c_{it}} = \frac{\text{valueadd}_{it} + \text{midinput}_{it}}{\text{midinput}_{it} + \text{wage}_{it}} \qquad (3\text{-}34)$$

本章的数据来源于 RESSET 锐思数据库以及上海证券交易所和深圳证券交易所网站提供的 2006—2016 年上市公司制造业企业年度财务报告。工资水平 wage_{it} 采用当年年末支付给职工以及为职工支付的现金。由于中国上市公司制造业企业的数据中没有直接统计中间投入 midinput_{it} 和工业增加值 valueadd_{it}，本书分别采用以下公式来计算企业的中间投入和工业增加值：中间投入 = 主营业务成本 + 销售费用 + 管理费用 + 财务费用 - 当期固定资产折旧 - 劳动报酬总额；工业增加值 = 当期固定资产折旧 + 劳动报酬总额 + 主营业务税金及附加 + 主营业务利润。

一、制造业企业总体成本加成率现状

假设企业在 2006—2016 年间只要有一年出口即为出口企业，2006—2016 年间，一年也没有出口的企业为非出口企业。根据式（3-34），逐年计算我国上市公司制造业企业总体、非出口企业和出口企业的平均成本加成率，则 2006—2016 年我国上市公司制造业企业成本加成率的变化趋势如图 3-1 所示。

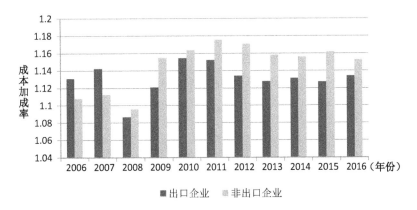

图 3-1　2006—2016 年上市公司制造业企业成本加成率

2006 年，中国入世保护期满，国内市场全面开放对企业成本加成率溢价具有正向促进作用。一方面，面对更加激烈的国内外环境，企业不断通过扩大研发支出、引进先进技术等方式，提升生产率水平、巩固与扩大市场势力，进而有能力在边际成本之上设定更高的成本加成；另一方面，随着航运运输业的发展、关税税率水平的逐年降低以及企业市场营销渠道的巩固与完善，贸易成本不断降低，企业在边际成本之上价格加价的空间提升。从图 3-1 中可以看出：从整体上来说，2006—2016 年，制造业企业总体成本加成率具有逐年上升的趋势，出口企业和非出口企业的成本加成率分别上升了 0.27% 和 4.00%。

结合图 3-1 和图 2-8 可以看出：2006—2016 年，我国上市公司制造业企业中，出口企业的全要素生产率水平比非出口企业高 2.13%，但出口企业的成本加成率却比非出口企业低 1.30%。这是因为我国出口产品结构以低成本加成率的低质量产品为主，贸易自由化后，大量企业以进一步牺牲质量、压低价格的方式涌入出口市场，导致过度竞争现象，出口企业的成本加成率反而低于非出口企业。

二、制造业企业成本加成率的行业特征

本书根据国民经济行业分类（GB/T4754-2017）对照表，将中国上市公司制造业企业分为 26 类（烟草制造业除外），利用式（3-34），分类汇总了各行业的总成本加成率、出口企业成本加成率和非出口企业的成本加成率，如表 3-1 所示。总体上来说，2006—2016 年，上市公司制造业企业的平均成本加成率为 1.13。医药制造业、通用设备制造业和仪器仪表制造业的成本加成率最高，分别达到了制造业企业总体成本加成率的 1.24 倍、1.20 倍和 1.06 倍；石油加工、炼焦及核燃料加工业、黑色金属冶炼及压延加工业、化学纤维制造业、农副食品加工业、橡胶制品业、塑料制品业、有色金属冶炼及压延加工业的成本加成率最低，不足 10%。从各行业内部构成来看，2006—2016 年，上市公司制造业产业中，除石油加工、炼焦及核燃料加工

业、橡胶制品业、塑料制品业、非金属矿物制品业、有色金属冶炼及压延加工业、金属制品业、通用设备制造业、通信设备、计算机及其他电子设备制造业和交通运输设备制造业外，其他产业中均出现了异质性企业贸易理论无法解释的现象，即出口企业的成本加成率均低于非出口企业。

表3-1　2006—2016年上市公司制造业企业分行业成本加成率

行业	企业数	全部企业成本加成率	出口企业成本加成率	非出口企业成本加成率
农副食品加工业	39	1.08	1.07	1.09
食品制造业；饮料制造业	25	1.11	1.10	1.11
纺织业；纺织服装、鞋、帽制造业；皮革、毛皮、羽毛（绒）及其制品业	75	1.10	1.09	1.13
木材加工及木、竹、藤、棕、草制品业；家具制造业	8	1.15	1.14	1.15
造纸及纸制品业；印刷业和记录媒介的复制	36	1.10	1.09	1.11
文教体育用品制造业	11	1.17	1.16	1.18
石油加工、炼焦及核燃料加工业	18	1.04	1.08	1.03
化学原料及化学制品制造业	165	1.12	1.12	1.13
化学纤维制造业	24	1.08	1.07	1.11
医药制造业	145	1.40	1.25	1.57
橡胶制品业；塑料制品业	47	1.09	1.11	1.00
非金属矿物制品业	74	1.14	1.17	1.13
黑色金属冶炼及压延加工业	29	1.07	1.07	1.07
有色金属冶炼及压延加工业	55	1.09	1.11	1.06
金属制品业	54	1.11	1.13	1.09
通用设备制造业	102	1.36	1.41	1.06
专用设备制造业	128	1.18	1.17	1.21
电气机械及器材制造业	168	1.12	1.11	1.15
通信设备、计算机及其他电子设备制造业	211	1.15	1.16	1.11
交通运输设备制造业	110	1.11	1.12	1.06
仪器仪表制造业	30	1.20	1.19	1.23

第四节　竞争能力异质性与成本加成率水平的自选择

　　通过以上的描述性统计分析可以看出，2006—2016 年我国上市公司制造业企业中，出口企业的成本加成率水平低于非出口企业。那么，出口企业是在出口之前成本加成率低于非出口企业，还是在出口之后成本加成率低于非出口企业呢？如果出口企业是在出口之前成本加成率低于非出口企业，说明我国企业出口已陷入"低加成率陷阱"；如果出口企业在出口之后成本加成率低于非出口企业，说明贸易自由化具有降低企业获利能力的作用。本书利用 2006—2016 年我国上市公司制造业的分类数据，来进一步检验企业出口与成本加成率之间的相互作用关系。

　　为了检验 2006 年中国市场全面对外开放以后中国上市公司制造业企业的出口是否陷入"低加成率陷阱"，本书将通过式（3−35）来检验成本加成率对企业出口的决定作用。

$$\ln \text{markup}_{i,t-3} = \alpha + \beta\, \text{Export}_{i,t} + \gamma_1 \ln \text{wshr}_{i,t-3} + \gamma_2 \ln \text{mshr}_{i,t-3} + \gamma_3 \ln \text{kl}_{i,t-3}$$
$$+ \gamma_4 \ln \text{wl}_{i,t-3} + \gamma_5 \ln \text{dbastrt}_{i,t-3} + \gamma_6 \ln \text{tfp}_{i,t-3} + \eta\, \text{Control}_{i,t} + \varepsilon_{i,t}$$

$$(3-35)$$

　　式（3−35）中，i 表示企业，t 表示年份，$\text{Export}_{i,t}$ 表示企业 i 在 t 年的出口状态，当企业 i 在 $t=0$ 时不出口，在第 t 年仍然不出口时，Export=0；当企业 i 在 $t=0$ 时不出口，在第 t 年开始出口时，Export=1。$\ln \text{wshr}_{i,t-3}$ 表示企业 i 第 t−3 年劳动投入占总产出比重的对数值，劳动投入用职工人数来表示，总产出用主营业务收入来表示。$\ln \text{mshr}_{i,t-3}$ 表示企业 i 在第 t−3 年中间投入占总产出比重的对数值，中间投入用以下公式来表示：中间投入 = 主营业务成本 + 销售费用 + 管理费用 + 财务费用 − 当期固定资产折旧 − 劳动报酬总额。$\ln \text{kl}_{i,t-3}$ 表示企业 i 第 t−3 年的资本密集度的对数值，即当期资本投入与企业员工总数的比重。当期资本投入采用永续盘存法进行计算，具体公式为：$K_{i,t}=K_{i,t-1}+l_{i,t}-D_{i,t}$。其中，$K_{i,t}$、$K_{i,t-1}$ 分别表示企业 i 在 t 期和 t−1 期的资本存量净值，对于首次出现在数据库的年份对应的固定资产净值按照固定资产投资价格指数折算成初期的实际值作为该企业的初始资本存量。$l_{i,t}$ 表示企业 i 在 t 期新增的固定资产投资，用相邻两年固定资产原值的差按照固定资产投资价格指数折算成初期的实际值后，作为企业的实际投资额。$I_{i,t}$ 表示企业 i 在 t 期固定资产投资的折旧，用企业经过固定资产投资价格指数折算的当期折旧额表示。ln wl$_{i,t-3}$ 表示企业 i 在 $t-3$ 期的人均工资水平的对数值，工资水平用当年年末支付给职工以及为职工支付的现金来表示。ln dbastrt$_{i,t-3}$ 表示企业 i 在 $t-3$ 期资产负债率的对数值，资产负债率用总负债比上总资产表示。ln tfp$_{i,t-3}$ 表示企业 i 在 $t-3$ 年的生产率水平。Control 表示控制标量，包括两个企业规模 Size、两个企业所有制 Nature 和两个地区 Area 虚拟变量。企业规模 Size 参照工业和信息化部、国家统计局、国家发展和改革委员会、财政部 2011 年制定的《关于印发中小企业划型标准规定的通知》，划分为大型企业、中型企业和小型企业[①]。如果 size1=1，且 size2=0，则为大型企业；如果 size1=0，且 size2=1，则为中型企业；如果 size1=0，且 size2=0，则为小型企业。本书根据企业所处地区的经济发展水平，将全国 30 个省区市划分为东部地区、中部地区和西部地区。如果 area1=1，且 area2=0，则为东部地区；如果 area1=0，且 area2=1，则为中部地区；如果 area1=0，且 area2=0，则为西部地区。按照所有制类型，根据企业的绝对控股情况，将制造业上市公司全部企业划分为国有企业、外商投资企业和民营企业。如果 nature1=1，且 nature2=0，则为国有企业；如果 nature1=0，且 nature2=1，则为外商投资企业；如果 nature1=0，且 nature2=0，则为民营企业。

根据理论预期：①β 的估计值显示了同一产业内出口企业在从事出口活动一年前与同期非出口企业成本加成率水平的差异。按照异质性企

[①] 主营业务收入大于 40000 万元、且职工人员大于 1000 人的企业为大型企业，主营业务收入在 2000 万元与 40000 万元之间、企业职工人数在 300 人与 1000 人之间的企业为中型企业，主营业务收入小于 2000 万元、且职工人数小于 300 人的企业为小型企业。

业贸易理论，成本加成率高的企业自选择进入国际市场，因此，$\beta > 0$。如果 $\beta < 0$，代表企业出口陷入"低加成率陷阱"，成本加成率低的企业反而成为出口企业。②劳动投入是企业的一项主要成本支出，劳动投入份额对企业成本加成率的影响是双重的。一方面，劳动投入份额越高，企业的成本负担越重；另一方面，我国是一个劳动禀赋相对丰富的国家，劳动力成本低于资本的成本，劳动投入份额增加有利于降低总体生产成本。因此，如果劳动投入份额的"成本效应"占优，则劳动投入份额对数的预期符号为负，反之，如果劳动投入份额的"要素禀赋效应"占优，则劳动投入份额对数的预期符号为正。③中间投入份额对企业成本加成率的影响是双重的。一方面，中间投入增加了企业的生产成本，降低了企业的成本加成率；另一方面，企业生产中中间投入品越多，代表企业的专业化分工水平越高，越有利于提升企业的生产率水平，从而提升企业的成本加成率水平。如果中间投入份额的"成本效应"占优，则中间投入份额对数的系数为负，如果中间投入份额的"专业化分工"占优，则中间投入份额对数的系数为正。④资本密集度对成本加成率的影响是双重的。一方面，资本密集度提高有利于提升企业的生产率水平，从而降低生产成本，提升成本加成率水平；另一方面，中国是资本相对稀缺的国家，资本的相对价格比较昂贵，资本密集度提高有利于提升企业的生产成本，从而降低成本加成率。因此，如果资本密集度的"生产率提升效应"占优，则资本密集度对数的预期符号为正。反之，如果资本密集度的"成本效应"占优，则资本密集度对数的预期符号为负。⑤人均工资水平对成本加成率的影响是双重的。一方面，人均工资水平提高增加了企业的劳动力成本，降低了企业的成本加成率；另一方面，人均工资水平提高，会引发企业加大资本等要素投入，产生"要素替代效应"，激励企业进行研发创新活动，从而提升企业的生产率水平和成本加成率水平。如果人均工资的"成本效应"占优，则人均工资对数的系数为负。反之，如果人均工资的"要素替代效应"和"创新激励效应"占优，则

人均工资对数的系数为正。⑥资产负债率对企业成本加成的影响是双重的。一方面，资产负债率反映了企业的融资能力，资产负债率越高，代表企业的融资能力越强。在激烈的市场竞争中，若能领先同行快速筹集资金，将有利于企业扩大市场规模，产生规模经济效应，降低生产成本，提升企业的成本加成率水平。另一方面，外部融资需要承担融资成本，从而加重了企业的生产成本，降低成本加成率水平。如果资产负债率的"规模经济效应"占优，则资产负债率对数的系数为正，反之，如果资产负债率的"成本效应"占优，则资产负债率对数的系数为负。⑦企业的生产率水平越高，越有能力降低生产成本，提升成本加成率水平。生产率对数的预期系数为正。

一、成本加成率与制造业企业总体出口自选择行为

检验制造业企业总体的出口是否遵循成本加成率的"自选择效应"机制时，在面板模型参数估计方法的选择上，制造业企业总体出口成本加成方程中，F 检验的 P 值为 0.00，拒绝联合回归模型的假设，Hausman 检验的 P 值为 0.00，拒绝随机效应模型的假设，因此，制造业企业总体"出口学习效应"方程采用固定效应模型进行估计，其检验结果如式（2-36）所示。

$$\ln \mathrm{markup}_{i,t-3} = 66.96 - 0.13\,\mathrm{Export}_{i,t} + 0.03\ln \mathrm{wshr}_{i,t-3} - 0.51\ln \mathrm{mshr}_{i,t-3}$$
$$\phantom{\ln \mathrm{markup}_{i,t-3} =} (4.10) \quad (-4.92) \qquad (2.87) \qquad\qquad (-13.16)$$
$$+\,0.01\ln \mathrm{kl}_{i,t-3} - 0.02\ln \mathrm{wl}_{i,t-3} - 0.01\ln \mathrm{dbastrt}_{i,t-3} + 0.38\ln \mathrm{tfp}_{i,t-3}$$
$$(1.25) \qquad\quad (-1.66) \qquad\quad (-1.24) \qquad\qquad (8.03)$$
$$+\,0.20\,\mathrm{size}1_{i,t-3} + 0.16\,\mathrm{size}2_{i,t-3} + 0.16\,\mathrm{area}1_{i,t-3} + 0.35\,\mathrm{area}2_{i,t-3}$$
$$(6.94) \qquad\quad (6.31) \qquad\qquad (5.23) \qquad\qquad (4.03)$$
$$+\,0.005\,\mathrm{nature}1_{i,t-3} + 0.02\,\mathrm{nature}2_{i,t-3}$$
$$(0.35) \qquad\qquad (0.67)$$

$$（3-36）$$

式（3-36）的拟合优度为 0.9130，除 $\ln \mathrm{kl}_{i,t-3}$、$\mathrm{nature}1_{i,t-3}$ 和 $\mathrm{nature}2_{i,t-3}$ 变量外，式（3-36）中所有变量 t 值的绝对值均显著大于 1.65，

模型总体拟合效果良好。

式（3-36）中，制造业企业总体的出口成本加成率溢价系数 β 显著为负，说明 2006—2016 年，我国上市公司制造业企业的出口陷入"低加成率陷阱"。从总体上来说，2006—2016 年，在其他变量保持不变的情况下，出口企业在出口前三年与同期的非出口企业相比，成本加成率水平低 13%。

从劳动投入份额变量的结果来看，2006—2016 年，劳动投入份额增加对制造业企业总体的成本加成率溢价具有正向影响。在其他变量保持不变的情况下，劳动投入份额每增加 1%，企业成本加成率提高 0.03%。这说明劳动投入份额增加对企业成本加成溢价影响的"要素禀赋效应"超过了"成本效应"，廉价的劳动力优势是我国企业产品维持市场势力的主要因素之一。

从中间投入份额变量的结果来看，2006—2016 年，我国上市公司制造业企业总体中间投入份额增加对企业成本加成率溢价具有负向影响，在其他变量保持不变的情况下，中间投入份额每增加 1%，会使得企业成本加成率水平降低 0.51%。可见，2006—2016 年，中间投入份额增长对上市公司制造业企业成本加成率溢价影响的"成本效应"超过了"专业化分工效应"，中间投入没有很好的发挥其扩大专业化分工程度的作用。

从资本密集度变量的结果来看，2006—2016 年，我国上市公司制造业企业总体资本密集度增加对企业成本加成率溢价具有正向影响，在其他变量保持不变的情况下，资本密集度每增加 1%，使得企业成本加成率水平提高 0.01%。可见，2006—2016 年，资本密集度对上市公司制造业企业成本加成率溢价影响的"生产率提升效应"超过了"成本效应"。

从人均工资变量的结果来看，2006—2016 年，我国上市公司制造业企业总体人均工资水平增加对企业成本加成率溢价具有负向影响。在其他变量保持不变的情况下，人均工资水平每增加 1%，使得企业成本加成率水平降低 0.02%。可见，2006—2016 年，人均工资对企业成本加成率溢价影响的"成本效应"超过了"要素替代效应"和"创新激励效应"。

从资产负债率变量的结果来看，2006—2016年，我国上市公司制造业企业总体资产负债率增加对企业成本加成率溢价具有负向影响。在其他变量保持不变的情况下，资产负债率每增加1%，会使得企业成本加成率水平降低0.01%。可见，资产负债率水平的高低体现了企业的融资水平，融资活动对上市公司制造业企业成本加成率溢价影响的"成本效应"超过了"市场规模效应"。

从生产率变量的结果来看，2006—2016年，我国上市公司制造业企业总体生产率增长对企业成本加成率溢价具有正向影响，在其他变量保持不变的情况下，生产率水平每增加1%，使得企业成本加成率水平提高0.38%。

伯纳德等（Bernard et al., 2003）在不完全竞争模型框架中得出，生产率较高的企业比其竞争对手更具有成本优势，并收取更高的价格加成，因此更有效率的厂商有能力制定更高的价格加成。阿科拉基斯等（Arkolakis et al., 2012）构建了不完全竞争和内生可变成本加成框架，认为生产率越高的出口企业越有能力压低内化贸易成本，进而提高企业加成。梅里兹和奥塔维亚诺（Melitz and Ottaviano, 2008）基于垄断竞争模型，将企业的成本加成内生化，通过理论分析得出企业成本加成与出口强度正相关，生产率越高的企业得到的加成率也越高。与国外异质性企业贸易理论和实证研究文献得出的结论不同，式（2-17）和式（3-36）的分析表明，2006—2016年，尽管我国上市公司制造业企业的出口能够遵循"自选择效应"机制，但是，其出口已经陷入"低加成率陷阱"。企业成本加成率的高低不仅受生产率水平的影响，还与成长能力、营运能力、要素密集度、融资能力等竞争能力因素密切相关，那么，竞争能力差异是否是中国企业出口陷入"低加成率陷阱"的原因，需要实证数据的进一步检验。

二、要素密集度异质性与成本加成率水平的自选择

异质性企业贸易理论的开创性文献如伯纳德等（Bernard et al.，2003）、梅里兹（Melitz，2003）以及之后一系列以此为基础的重要发展，模型的设定中均只考虑劳动力一个生产要素，因此排除了企业生产率和要素密集度同时异质的现象。伯纳德等（Bernard et al.，2003）首次将企业异质引入 H-O 模型，但是它只考虑了希克斯中性生产率差异，因此，同一产业内企业的要素密集度是相同的。克罗泽和特里翁费蒂（Crozet and Trionfetti，2013）构建存在资本密集度差异的异质性企业贸易理论模型，认为资本丰富国家、资本密集型产业的企业相对于其他国家相同产业的企业具有相对成本的优势，即相对要素密集度与国家比较优势相匹配的企业与相对要素密集度与国家比较优势不匹配的企业相比具有较低的相对成本和较高的成本加成。巴斯（Bas，2012）构建了一个具有异质性企业、技术选择和不同技能类型的劳动力特点的贸易模型，认为熟练劳动力密集型企业对新技术的吸收能力强、边际生产成本低，具有更高的成本加成率。因而，对于中国来说，生产率水平异质和要素密集度异质对企业的成本加成率均具有重要的影响。一方面，同一产业内高资本密集度企业和高熟练劳动力密集度企业具有更高的生产率水平和更低的边际成本；另一方面，低资本密集度企业和低熟练劳动力密集度企业具有相对要素价格优势。从理论上来说，出口需承担额外的贸易成本，中国的出口企业应比非出口企业具有更高的成本加成率，出口企业和非出口企业之间成本加成率差异的高低是两个相反力量综合作用的结果。

（一）资本密集度差异与出口"低加成率陷阱"

本书以资本密集度的中位数为临界点，将 2006—2016 年上市公司制造业全部企业划分为资本密集度高的企业和资本密集度低的企业，分别代入式（3-35），实证检验资本密集度差异对企业出口是否陷入"低加成率陷阱"的影响。

检验制造业企业资本密集度差异对出口"低加成率陷阱"的影响时，

在面板模型参数估计方法的选择上，高资本密集度企业和低资本密集度企业出口成本加成方程中，F 检验的 P 值均为 0.00，拒绝联合回归模型的假设，Hausman 检验的 P 值分别为 0.09 和 0.00，因此，高资本密集度企业和低资本密集度企业出口成本加成方程均采用固定效应模型进行估计，其检验结果分别如式（3-37）和式（3-38）所示。

$$\ln markup_{i,t-3} = 3.23 + 0.30\, Export_{i,t} + 0.03 \ln wshr_{i,t-3} - 0.53 \ln mshr_{i,t-3}$$
$$\quad (1.28) \qquad (4.33) \qquad\quad (1.59) \qquad\qquad (-9.71)$$
$$+ 0.006 \ln kl_{i,t-3} - 0.06 \ln wl_{i,t-3} + 0.02 \ln dbastrt_{i,t-3} + 0.40 \ln tfp_{i,t-3}$$
$$\quad (0.29) \qquad\qquad (-4.88) \qquad\qquad (0.85) \qquad\qquad (6.87)$$
$$+ 0.13\, size1_{i,t-3} + 0.12\, size2_{i,t-3} + 2.04\, area1_{i,t-3} + 2.38\, area2_{i,t-3}$$
$$\quad (3.45) \qquad\qquad (3.48) \qquad\qquad (6.33) \qquad\qquad (7.98)$$
$$+ 0.03\, nature1_{i,t-3} + 0.01\, nature2_{i,t-3}$$
$$\quad (1.66) \qquad\qquad (0.85)$$

$$（3-37）$$

$$\ln markup_{i,t-3} = 7.35 - 0.25\, Export_{i,t} + 0.01 \ln wshr_{i,t-3} - 0.49 \ln mshr_{i,t-3}$$
$$\quad (3.12) \qquad (-6.72) \qquad\quad (0.92) \qquad\qquad (-14.64)$$
$$- 0.01 \ln kl_{i,t-3} - 0.04 \ln wl_{i,t-3} - 0.04 \ln dbastrt_{i,t-3} + 0.38 \ln tfp_{i,t-3}$$
$$\quad (-1.17) \qquad\qquad (-2.34) \qquad\qquad (-2.08) \qquad\qquad (10.36)$$
$$+ 0.13\, size1_{i,t-3} + 0.12\, size2_{i,t-3} - 0.09\, area1_{i,t-3} - 0.28\, area2_{i,t-3}$$
$$\quad (3.44) \qquad\qquad (3.30) \qquad\qquad (-1.76) \qquad\qquad (-8.30)$$
$$+ 0.003\, nature1_{i,t-3} - 0.02\, nature2_{i,t-3}$$
$$\quad (0.09) \qquad\qquad (-0.34)$$

$$（3-38）$$

式（3-37）和式（3-38）的拟合优度分别为 0.8998 和 0.9378，绝大部分变量 t 值的绝对值均显著大于 1.65，模型总体拟合效果良好。

从式（3-37）和式（3-38）可以看出，2006—2016 年，我国上市公司制造业企业中，高资本密集度企业的出口成本加成率溢价系数 β 显著为正，低资本密集度企业的出口成本加成率溢价系数 β 显著为负，说明高资本密集度企业的"生产率优势"占优，出口企业比非出口企业具有更高的成本加成率；低资本密集度企业的"要素价格优势"占优，企业出口陷入"低加成率陷阱"。从总体上来说，2006—2016 年，在其他变量保持不变的情况下，高资本密集度企业中，出口企业在出口前三年与同期的非出口企业相比，成本加成率水平高 30%；低资本密集度企业中，出口企业在出口前三年与同期的非出口企业相比，成本加成率水平低 25%。

从劳动投入份额变量的结果来看，2006—2016 年，上市公司制造业高资本密集度企业和低资本密集度企业劳动投入份额增加对企业成本加成率溢价均具有正向影响。在其他变量保持不变的情况下，高资本密集度企业和低资本密集度企业劳动投入份额每增加 1%，企业成本加成率分别提高 0.03% 和 0.01%。这说明劳动投入份额增加对企业成本加成溢价影响的"要素禀赋效应"超过了"成本效应"，但廉价劳动力优势对企业成本加成率的影响非常有限。

从中间投入份额变量的结果来看，2006—2016 年，上市公司制造业高资本密集度企业和低资本密集度企业中间投入份额增加对企业成本加成率溢价均具有负向影响，在其他变量保持不变的情况下，高资本密集度企业和低资本密集度企业中间投入份额每增加 1%，企业成本加成率分别降低 0.53% 和 0.49%。可见，2006—2016 年，中间投入份额增长对企业成本加成率溢价影响的"成本效应"超过了"专业化分工效应"，中间投入成本过高是中国制造业企业成本加成率低下的最重要原因。

从资本密集度变量的结果来看，2006—2016 年，上市公司制造业高资本密集度企业资本密集度增加对企业成本加成率溢价具有正向影响，资本密集度增加对企业成本加成率溢价影响的"生产率提升效应"超过了"成本效应"，在其他变量保持不变的情况下，资本密集度每增加 1%，企业成本加成率水平提高 0.006%；低资本密集度企业资本密集度增加对企业成本加成率溢价具有负向影响，资本密集度增加对企业成本加成率溢价影响的"成本效应"超过了"生产率提升效应"，在其他变量保持不变的情况下，资本密集度每增加 1%，企业成本加成率水平下降 0.01%。

从人均工资变量的结果来看，2006—2016 年，上市公司制造业高资本密集度企业和低资本密集度企业人均工资水平增加对企业成本加成率溢价均具有负向影响。在其他变量保持不变的情况下，高资本密集度企业和低资本密集度企业人均工资水平每增加 1%，企业成本加成率水平分别降低 0.06% 和 0.04%。可见，2006—2016 年，高资本密集度企业和低资本密集度企业人均工资对企业成本加成率溢价影响的"成本效应"均超过了"要素替代效应"和"创新激励效应"，工资水平的持续上涨制约了我国企业成本加成率水平的提升。

从资产负债率变量的结果来看，2006—2016 年，上市公司制造业企业高资本密集度企业资产负债率增加对企业成本加成率溢价具有正向影响，融资活动对高资本密集度企业成本加成率溢价影响的"市场规模效应"超过了"成本效应"，在其他变量保持不变的情况下，资产负债率每增加 1%，高资本密集度企业成本加成率水平提高 0.02%；低资本密集度企业资产负债率增加对企业成本加成率溢价具有负向影响，融资活动对低资本密集度企业成本加成率溢价影响的"成本效应"超过了"市场规模效应"，在其他变量保持不变的情况下，资产负债率每增加 1%，低资本密集度企业成本加成率水平降低 0.04%。

从生产率变量的结果来看，2006—2016 年，上市公司制造业高资本密集度企业和低资本密集度企业生产率增长对企业成本加成率溢价均具有正向影响，在其他变量保持不变的情况下，高资本密集度企业和低资本密集度企业生产率水平每增加 1%，企业成本加成率水平分别提高 0.40% 和 0.38%。

（二）熟练劳动力密集度差异与出口"低加成率陷阱"

本书以熟练劳动力密集度的中位数为临界点，将 2006—2016 年上市公司制造业全部企业划分为熟练劳动力密集度高的企业和熟练劳动力密集度低的企业，分别代入式（3-35），实证检验熟练劳动力密集度差异对企业出口是否陷入"低加成率陷阱"的影响。

　　检验制造业企业熟练劳动力密集度差异对出口"低加成率陷阱"的影响时，在面板模型参数估计方法的选择上，高熟练劳动力密集度企业和低熟练劳动力密集度企业出口成本加成方程中，F 检验的 P 值均为 0.00，拒绝联合回归模型的假设，Hausman 检验的 P 值均为 0.00，因此，高熟练劳动力密集度企业和低熟练劳动力密集度企业出口成本加成方程均采用固定效应模型进行估计，其检验结果分别如式（3-39）和式（3-40）所示。

$$\ln \text{markup}_{i,t-3} = 7.96 + 0.29\,\text{Export}_{i,t} + 0.09\ln \text{wshr}_{i,t-3} - 0.42\ln \text{mshr}_{i,t-3}$$
$$\qquad (3.21) \qquad (4.97) \qquad\qquad (4.81) \qquad\qquad (-13.07)$$
$$\qquad + 0.02\ln \text{kl}_{i,t-3} - 0.05\ln \text{wl}_{i,t-3} + 0.01\ln \text{dbastrt}_{i,t-3} + 0.56\ln \text{tfp}_{i,t-3}$$
$$\qquad\quad (1.25) \qquad\qquad (-3.06) \qquad\qquad (0.63) \qquad\qquad\quad (10.33)$$
$$\qquad + 0.17\,\text{size1}_{i,t-3} + 0.13\,\text{size2}_{i,t-3} + 1.76\,\text{area1}_{i,t-3} + 2.02\,\text{area2}_{i,t-3}$$
$$\qquad\quad (4.71) \qquad\qquad (4.16) \qquad\qquad (6.56) \qquad\qquad (7.90)$$
$$\qquad + 0.08\,\text{nature1}_{i,t-3} + 0.04\,\text{nature2}_{i,t-3}$$
$$\qquad\quad (2.58) \qquad\qquad\quad (1.32)$$

$$（3-39）$$

$$\ln \text{markup}_{i,t-3} = 6.16 - 0.14\,\text{Export}_{i,t} + 0.02\ln \text{wshr}_{i,t-3} - 0.32\ln \text{mshr}_{i,t-3}$$
$$\qquad (1.25) \qquad (-3.32) \qquad\quad (1.29) \qquad\qquad (-5.96)$$
$$\qquad + 0.0003\ln \text{kl}_{i,t-3} - 0.10\ln \text{wl}_{i,t-3} - 0.03\ln \text{dbastrt}_{i,t-3} + 0.66\ln \text{tfp}_{i,t-3}$$
$$\qquad\quad (0.03) \qquad\qquad (-9.92) \qquad\qquad (-1.26) \qquad\qquad\quad (11.09)$$
$$\qquad + 0.36\,\text{size1}_{i,t-3} + 0.30\,\text{size2}_{i,t-3} - 0.19\,\text{area1}_{i,t-3} - 0.12\,\text{area2}_{i,t-3}$$
$$\qquad\quad (7.28) \qquad\qquad (6.47) \qquad\qquad (-4.57) \qquad\qquad (-2.23)$$
$$\qquad - 0.03\,\text{nature1}_{i,t-3} - 0.09\,\text{nature2}_{i,t-3}$$
$$\qquad\quad (-1.77) \qquad\qquad\quad (-2.62)$$

$$（3-40）$$

　　式（3-39）和式（3-40）的拟合优度分别为 0.8842 和 0.9508，绝大部分变量 t 值的绝对值均显著大于 1.65，模型总体拟合效果良好。

　　从式（3-39）和式（3-40）可以看出，2006—2016 年，我国上市公司制造业企业中，高熟练劳动力密集度企业的出口成本加成率溢价系数 β 显著为正，低熟练劳动力密集度企业的出口成本加成率溢价系数 β

显著为负，说明高熟练劳动力密集度企业的"生产率优势"占优，出口企业比非出口企业具有更高的成本加成率；低熟练劳动力密集度企业的"要素价格优势"占优，企业出口陷入"低加成率陷阱"。从总体上来说，2006—2016年，在其他变量保持不变的情况下，高熟练劳动力密集度企业中，出口企业在出口前三年与同期的非出口企业相比，成本加成率水平高29%；低熟练劳动力密集度企业中，出口企业在出口前三年与同期的非出口企业相比，成本加成率水平低14%。

从劳动投入份额变量的结果来看，2006—2016年，上市公司制造业高熟练劳动力密集度企业和低熟练劳动力密集度企业劳动投入份额增加对企业成本加成率溢价均具有正向影响。在其他变量保持不变的情况下，高熟练劳动力密集度企业和低熟练劳动力密集度企业劳动投入份额每增加1%，企业成本加成率分别提高0.09%和0.02%。这说明劳动投入份额增加对企业成本加成溢价影响的"要素禀赋效应"超过了"成本效应"，但廉价劳动力优势对企业成本加成率的影响非常有限。

从中间投入份额变量的结果来看，2006—2016年，上市公司制造业高熟练劳动力密集度企业和低熟练劳动力密集度企业中间投入份额增加对企业成本加成率溢价均具有负向影响，在其他变量保持不变的情况下，高熟练劳动力密集度企业和低熟练劳动力密集度企业中间投入份额每增加1%，企业成本加成率分别降低0.42%和0.32%。可见，2006—2016年，中间投入份额增长对企业成本加成率溢价影响的"成本效应"超过了"专业化分工效应"，中间投入成本过高是中国制造业企业成本加成率低下的最重要原因。

从资本密集度变量的结果来看，2006—2016年，上市公司制造业高熟练劳动力密集度企业和低熟练劳动力密集度企业资本密集度增加对企业成本加成率溢价均具有正向影响，资本密集度增加对企业成本加成率溢价影响的"生产率提升效应"超过了"成本效应"，在其他变量保持不变的情况下，高熟练劳动力密集度企业和低熟练劳动力密集度企业资本密集度每增加1%，企业成本加成率水平分别提高0.02%和0.0003%。

　　从人均工资变量的结果来看，2006—2016年，上市公司制造业高熟练劳动力密集度企业和低熟练劳动力密集度企业人均工资水平增加对企业成本加成率溢价均具有负向影响。在其他变量保持不变的情况下，高熟练劳动力密集度企业和低熟练劳动力密集度企业人均工资水平每增加1%，企业成本加成率水平分别降低0.05%和0.10%。可见，2006—2016年，高熟练劳动力密集度企业和低熟练劳动力密集度企业人均工资对企业成本加成率溢价影响的"成本效应"均超过了"要素替代效应"和"创新激励效应"，工资水平上涨对低熟练劳动力密集度企业成本加成率溢价的负向影响是高熟练劳动力密集度企业的2倍。

　　从资产负债率变量的结果来看，2006—2016年，上市公司制造业企业高熟练劳动力密集度企业资产负债率增加对企业成本加成率溢价具有正向影响，融资活动对高熟练劳动力密集度企业成本加成率溢价影响的"市场规模效应"超过了"成本效应"，在其他变量保持不变的情况下，资产负债率每增加1%，高熟练劳动力密集度企业成本加成率水平提高0.01%；低熟练劳动力密集度企业资产负债率增加对企业成本加成率溢价具有负向影响，融资活动对低熟练劳动力密集度企业成本加成率溢价影响的"成本效应"超过了"市场规模效应"，在其他变量保持不变的情况下，资产负债率每增加1%，低熟练劳动力密集度企业成本加成率水平降低0.03%。

　　从生产率变量的结果来看，2006—2016年，上市公司制造业高熟练劳动力密集度企业和低熟练劳动力密集度企业生产率增长对企业成本加成率溢价均具有正向影响，在其他变量保持不变的情况下，高熟练劳动力密集度企业和低熟练劳动力密集度企业生产率水平每增加1%，企业成本加成率水平分别提高0.56%和0.66%。

　　总之，2006—2016年，我国上市公司制造业高资本密集度企业和高熟练劳动力密集度企业中，出口企业的成本加成率高于非出口企业，低资本密集度企业和低熟练劳动力密集度企业的出口已陷入"低加成率陷阱"。造成我国企业成本加成率水平低下，且比较优势企业的出口陷入"低加成率陷阱"的原因包括：①日益上涨的工资水平削弱了低资本密集度企业和低熟练劳动力密集度企业的廉价劳动力优势，式（3-38）和式（3-40）中，低资本密集度企业和低熟练劳动力密集度企业劳动投入份额每增加1%，企业成本加成率提高仅为0.02%和0.01%。②我国加工贸易比重占总贸易比重的90%以上，高技术含量、高利润的中间投入产品过度依赖国外进口，是中国企业成本加成率低下的最主要原因。式（3-37）—式（3-41）中，中间投入份额每增加1%，各类要素密集度企业成本加成率下降的程度均达到了0.30%以上。③我国各类要素密集度企业中普遍存在过度投资现象，投资规模扩大并没有提升企业的生产率水平，进而降低了人均资本水平提升对成本加成率溢价的促进作用。式（3-37）—式（3-41）中，人均资本每增加1%，低资本密集度企业成本加成率下降0.01%，其他各类要素密集度企业成本加成率虽有所下降，但均不超过0.02%。④从式（3-37）—式（3-41）中的资本负债率系数可以看出，融资活动对高资本密集度企业和高熟练劳动力密集度企业成本加成率溢价影响的"市场规模效应"占优，融资活动对低资本密集度企业和低熟练劳动力密集度企业成本加成率溢价影响的"成本效应"占优，这体现了我国具有比较优势的企业融资成本过高、融资资金短缺、外部需求发生变化时无法快速筹集资金、扩大市场规模的现状，融资难问题进一步限制了低资本密集度企业和低熟练劳动力密集度企业成本加成率水平的提升。⑤高资本密集度企业和高熟练劳动力密集度企业的生产率水平高，企业通常以升级技术、降低边际成本的方式进入国际市场，因此，出口成本加成率溢价系数为正。低资本密集度企业和低熟练劳动力密集度企业的生产率水平低，企业通常以低价促销的方式进入国际市场，因此，出口成本加成率溢价系数为负。

三、成长能力异质性与成本加成率水平的自选择

出口企业与非出口企业之间成本加成率的差异因企业成长能力不同而异。朝阳产业或者新兴产业成长能力相对较强，大多数产品处于产品

生命周期的创新阶段和成长阶段，技术水平相对领先，国际市场上同类产品的竞争者少，企业通常通过抬高价格的方式进入国际市场。与此相反，夕阳产业成长能力较弱，多数产品处于产品生命周期的成熟阶段，企业通常通过低价促销或者加工贸易的方式进入国际市场。因此，根据异质性企业贸易理论，无论是成长能力强的企业还是成长能力弱的企业，对外出口均需承担额外的贸易成本，只有高生产率、高成本加成率的企业才能进入国际市场，且成长能力强的企业相对于成长能力弱的企业来说，出口企业与非出口企业之间成本加成率的差异更大。

本书运用三年利润平均增长率和营业收入增长率两个指标，以相应的中位数为临界点，将2006—2016年上市公司制造业全部企业划分为成长能力强的企业和成长能力弱的企业，分别代入式（3-35），实证检验成长能力差异对企业出口是否陷入"低加成率陷阱"的影响。

（一）利润增长率差异与出口"低加成率陷阱"

检验制造业企业利润增长率差异对出口"低加成率陷阱"的影响时，在面板模型参数估计方法的选择上，高利润增长率企业和低利润增长率企业出口成本加成方程中，F检验的P值均为0.00，拒绝联合回归模型的假设，Hausman检验的P值均为0.00，拒绝随机效应模型的假设，因此，高利润增长率企业和低利润增长率企业出口成本加成方程均采用固定效应模型进行估计，其检验结果分别如式（3-41）和式（3-42）所示。

$$\ln markup_{i,t-3} = 17.21 + 0.24\,Export_{i,t} + 0.008\ln wshr_{i,t-3} - 0.68\ln mshr_{i,t-3}$$
$$(4.67) \quad (2.47) \quad (0.26) \quad (-12.98)$$
$$+ 0.10\ln kl_{i,t-3} + 0.11\ln wl_{i,t-3} - 0.04\ln dbastrt_{i,t-3} + 0.11\ln tfp_{i,t-3}$$
$$(2.86) \quad (3.63) \quad (-1.49) \quad (2.55)$$
$$+ 0.03\,size1_{i,t-3} + 0.05\,size2_{i,t-3} + 0.17\,area1_{i,t-3} + 0.79\,area2_{i,t-3}$$
$$(0.62) \quad (1.12) \quad (3.98) \quad (6.40)$$
$$- 0.20\,nature1_{i,t-3} - 0.15\,nature2_{i,t-3}$$
$$(-3.09) \quad (-2.24)$$

$$（3-41）$$

$$\ln \text{markup}_{i,t-3} = 9.16 - 0.39\,\text{Export}_{i,t} - 0.05\,\ln \text{wshr}_{i,t-3} - 0.65\,\ln \text{mshr}_{i,t-3}$$
$$\quad (1.27) \qquad (-5.12) \qquad\quad (-1.82) \qquad\qquad (-12.03)$$
$$\quad -0.01\,\ln \text{kl}_{i,t-3} - 0.06\,\ln \text{wl}_{i,t-3} - 0.04\,\ln \text{dbastrt}_{i,t-3} + 0.21\,\ln \text{tfp}_{i,t-3}$$
$$\quad (-0.65) \qquad\quad (-2.60) \qquad\qquad (-2.53) \qquad\qquad (3.23)$$
$$\quad +0.04\,\text{size}1_{i,t-3} + 0.02\,\text{size}2_{i,t-3} + 0.15\,\text{area}1_{i,t-3} + 0.21\,\text{area}2_{i,t-3}$$
$$\quad (0.91) \qquad\qquad (0.43) \qquad\qquad (13.32) \qquad\qquad (4.11)$$
$$\quad +0.09\,\text{nature}1_{i,t-3} + 0.11\,\text{nature}2_{i,t-3}$$
$$\quad (3.55) \qquad\qquad (2.04)$$

$$(3\text{-}42)$$

式（3-41）和式（3-42）的拟合优度分别为 0.9644 和 0.9636，除式（3-41）中的 $\ln \text{wshr}_{i,t-3}$、$\ln \text{dbastrt}_{i,t-3}$、$\text{size}1_{i,t-3}$、$\text{size}2_{i,t-3}$ 变量和式（3-42）中的 $\text{size}1_{i,t-3}$、$\text{size}2_{i,t-3}$ 变量外，式（3-41）和式（3-42）中所有变量 t 值的绝对值均显著大于 1.65，模型总体拟合效果良好。

从式（3-41）和式（3-42）可以看出，2006—2016 年，我国上市公司制造业企业中，高利润增长率企业的出口成本加成率溢价系数 β 显著为正，低利润增长率企业的出口成本加成率溢价系数 β 显著为负，说明高利润增长率企业以抬高价格和成本加成率的方式应对高贸易成本，出口企业比非出口企业具有更高的成本加成率；低利润增长率企业以降低价格和成本加成率的方式应对高贸易成本，企业出口陷入"低加成率陷阱"。从总体上来说，2006—2016 年，在其他变量保持不变的情况下，高利润增长率企业中，出口企业在出口前三年与同期的非出口企业相比，成本加成率水平高 24%；低利润增长率企业中，出口企业在出口前三年与同期的非出口企业相比，成本加成率水平低 39%。

从劳动投入份额变量的结果来看，2006—2016 年，上市公司制造业高利润增长率企业劳动投入份额增加对企业成本加成率溢价具有正向影响，说明劳动投入份额增加对高利润增长率企业成本加成溢价影响的"要素禀赋效应"超过了"成本效应"，在其他变量保持不变的情况下，高利润增长率企业劳动投入份额每增加 1%，企业成本加成率提高 0.008%。

低利润增长率企业劳动投入份额增加对企业成本加成率溢价具有负向影响，说明劳动投入份额增加对低利润增长率企业成本加成溢价影响的"成本效应"超过了"要素禀赋效应"，在其他变量保持不变的情况下，低利润增长率企业劳动投入份额每增加 1%，企业成本加成率降低 0.05%。

从中间投入份额变量的结果来看，2006—2016 年，上市公司制造业高利润增长率企业和低利润增长率企业中间投入份额增加对企业成本加成率溢价均具有负向影响，在其他变量保持不变的情况下，高利润增长率企业和低利润增长率企业中间投入份额每增加 1%，企业成本加成率分别降低 0.68% 和 0.65%。可见，2006—2016 年，中间投入份额增长对企业成本加成率溢价影响的"成本效应"超过了"专业化分工效应"，中间投入成本过高是中国不同成长阶段企业成本加成率低下的最重要原因。

从资本密集度变量的结果来看，2006—2016 年，上市公司制造业高利润增长率企业资本密集度增加对企业成本加成率溢价具有正向影响，说明资本密集度增加对高利润增长率企业成本加成率溢价影响的"生产率提升效应"超过了"成本效应"，在其他变量保持不变的情况下，高利润增长率企业资本密集度每增加 1%，企业成本加成率水平提高 0.10%。低利润增长率企业资本密集度增加对企业成本加成率溢价具有负向影响，说明资本密集度增加对低利润增长率企业成本加成率溢价影响的"成本效应"超过了"生产率提升效应"，在其他变量保持不变的情况下，低利润增长率企业资本密集度每增加 1%，企业成本加成率水平降低 0.01%。

从人均工资变量的结果来看，2006—2016 年，上市公司制造业高利润增长率企业人均工资水平增加对企业成本加成率溢价具有正向影响，说明人均工资增加对高利润增长率企业成本加成率溢价影响的"要素替代效应"和"创新激励效应"超过了"成本效应"。在其他变量保持不变的情况下，高利润增长率企业人均工资水平每增加 1%，企业成本加成率水平提高 0.11%。低利润增长率企业人均工资水平增加对企业成本加成率溢价具有负向影响，说明低利润增长率企业人均工资对企业成本加成率溢价影响的"成本效应"均超过了

"要素替代效应"和"创新激励效应"。在其他变量保持不变的情况下，低利润增长率企业人均工资水平每增加 1%，企业成本加成率水平降低 0.06%。

从资产负债率变量的结果来看，2006—2016 年，上市公司制造业企业高利润增长率企业和低利润增长率企业资产负债率增加对企业成本加成率溢价均具有负向影响，说明融资活动对不同成长阶段企业成本加成率溢价影响的"成本效应"超过了"市场规模效应"，在其他变量保持不变的情况下，高利润增长率企业和低利润增长率企业资产负债率每增加 1%，企业成本加成率水平均降低 0.04%。

从生产率变量的结果来看，2006—2016 年，上市公司制造业高利润增长率企业和低利润增长率企业生产率增长对企业成本加成率溢价均具有正向影响，在其他变量保持不变的情况下，高利润增长率企业和低利润增长率企业生产率水平每增加 1%，企业成本加成率水平分别提高 0.11% 和 0.21%。

（二）营业收入增长率差异与出口"低加成率陷阱"

检验制造业企业营业收入增长率差异对出口"低加成率陷阱"的影响时，在面板模型参数估计方法的选择上，高营业收入增长率企业和低营业收入增长率企业出口成本加成方程中，F 检验的 P 值均为 0.00，拒绝联合回归模型的假设，Hausman 检验的 P 值分别为 0.19 和 0.16，因此，高营业收入增长率企业和低营业收入增长率企业出口成本加成方程均采用随机效应模型进行估计，其检验结果分别如式（3-43）和式（3-44）所示。

$$\ln \text{markup}_{i,t-3} = 12.31 - 0.08 \, \text{Export}_{i,t} + 0.005 \ln \text{wshr}_{i,t-3} - 0.69 \ln \text{mshr}_{i,t-3}$$
$$(3.33) \qquad (-2.88) \qquad (0.20) \qquad (-14.29)$$
$$+ 0.04 \ln \text{kl}_{i,t-3} - 0.06 \ln \text{wl}_{i,t-3} + 0.009 \ln \text{dbastrt}_{i,t-3} + 0.13 \ln \text{tfp}_{i,t-3}$$
$$(2.29) \qquad (-3.54) \qquad (0.31) \qquad (3.40)$$
$$+ 0.16 \, \text{size1}_{i,t-3} + 0.15 \, \text{size2}_{i,t-3} - 0.18 \, \text{area1}_{i,t-3} - 0.07 \, \text{area2}_{i,t-3}$$
$$(4.95) \qquad (4.97) \qquad (-6.11) \qquad (-1.83)$$
$$- 0.15 \, \text{nature1}_{i,t-3} - 0.13 \, \text{nature2}_{i,t-3}$$
$$(-3.96) \qquad (-2.25)$$

$$(3-43)$$

$$\ln markup_{i,t-3} = 4.33 - 0.12 \, Export_{i,t} + 0.08 \ln wshr_{i,t-3} - 0.49 \ln mshr_{i,t-3}$$
$$\phantom{\ln markup_{i,t-3} =} (1.80) \quad\quad (-2.86) \quad\quad (3.92) \quad\quad\quad (-8.34)$$
$$+ 0.05 \ln kl_{i,t-3} - 0.14 \ln wl_{i,t-3} - 0.04 \ln dbastrt_{i,t-3} + 0.42 \ln tfp_{i,t-3}$$
$$(2.60) \quad\quad (-8.70) \quad\quad\quad (-3.41) \quad\quad\quad (7.10)$$
$$+ 0.15 \, size1_{i,t-3} + 0.05 \, size2_{i,t-3} + 3.45 \, area1_{i,t-3} + 3.21 \, area2_{i,t-3}$$
$$(2.96) \quad\quad\quad (1.11) \quad\quad\quad (9.51) \quad\quad\quad (9.91)$$
$$+ 0.003 \, nature1_{i,t-3} + 0.06 \, nature2_{i,t-3}$$
$$(0.19) \quad\quad\quad\quad (2.09)$$

$$(3-44)$$

式（3-43）和式（3-44）的拟合优度分别为 0.9129 和 0.9556，除式（3-43）中的 $\ln wshr_{i,t-3}$、$\ln dbastrt_{t-3}$ 变量和式（3-44）中的 $nature1_{i,t-3}$、$size2_{i,t-3}$ 变量外，式（3-43）和式（3-44）中所有变量 t 值的绝对值均显著大于 1.65，模型总体拟合效果良好。

从式（3-43）和式（3-44）可以看出，2006—2016 年，我国上市公司制造业企业中，高营业收入增长率企业和低营业收入增长率企业的出口成本加成率溢价系数 β 均显著为负，且高营业收入增长率企业的出口成本加成率溢价系数大于低营业收入增长率企业，说明我国不同营业收入增长率企业的出口均陷入"低加成率陷阱"，且低营业收入增长率企业出口成本加成率的扭曲程度更大。从总体上来说，2006—2016 年，在其他变量保持不变的情况下，高营业收入增长率企业和低营业收入增长率企业中，出口企业在出口前三年与同期的非出口企业相比，成本加成率水平分别低 8% 和 12%。

从劳动投入份额变量的结果来看，2006—2016 年，上市公司制造业高营业收入增长率企业和低营业收入增长率企业劳动投入份额增加对企业成本加成率溢价均具有正向影响，说明劳动投入份额增加对不同营业收入增长率企业成本加成溢价影响的"要素禀赋效应"均超过了"成本效应"，在其他变量保持不变的情况下，高营业收入增长率企业和低营业收入增长率企业劳动投入份额每增加 1%，企业成本加成率分别提高

0.005% 和 0.08%。

从中间投入份额变量的结果来看，2006—2016 年，上市公司制造业高营业收入增长率企业和低营业收入增长率企业中间投入份额增加对企业成本加成率溢价均具有负向影响，在其他变量保持不变的情况下，高营业收入增长率企业和低营业收入增长率企业中间投入份额每增加 1%，企业成本加成率分别降低 0.69% 和 0.49%。可见，2006—2016 年，中间投入份额增长对企业成本加成率溢价影响的"成本效应"超过了"专业化分工效应"，中间投入成本过高是中国不同成长阶段企业成本加成率低下的最重要原因。

从资本密集度变量的结果来看，2006—2016 年，上市公司制造业高营业收入增长率企业和低营业收入增长率企业资本密集度增加对企业成本加成率溢价均具有正向影响，说明资本密集度增加对不同营业收入增长率企业成本加成率溢价影响的"生产率提升效应"均超过了"成本效应"。在其他变量保持不变的情况下，高营业收入增长率企业和低营业收入增长率企业资本密集度每增加 1%，企业成本加成率水平分别提高 0.04% 和 0.05%。

从人均工资变量的结果来看，2006—2016 年，上市公司制造业高营业收入增长率企业和低营业收入增长率企业人均工资水平增加对企业成本加成率溢价均具有负向影响，说明不同营业收入增长率企业人均工资增加对企业成本加成率溢价影响的"成本效应"均超过了"要素替代效应"和"创新激励效应"。在其他变量保持不变的情况下，高营业收入增长率企业和低营业收入增长率企业人均工资水平每增加 1%，企业成本加成率水平分别降低 0.06% 和 0.14%。

从资产负债率变量的结果来看，2006—2016 年，上市公司制造业企业高营业收入增长率企业资产负债率增加对企业成本加成率溢价具有正向影响，融资活动对高营业收入增长率企业成本加成率溢价影响的"市场规模效应"超过了"成本效应"，在其他变量保持不变的情况下，资产负债率每增加 1%，高营业收入增长率企业成本加成率水平提高 0.009%；

低营业收入增长率企业资产负债率增加对企业成本加成率溢价具有负向影响，融资活动对低营业收入增长率企业成本加成率溢价影响的"成本效应"超过了"市场规模效应"，在其他变量保持不变的情况下，资产负债率每增加1%，低营业收入增长率企业成本加成率水平降低0.04%。

从生产率变量的结果来看，2006—2016年，上市公司制造业高营业收入增长率企业和低营业收入增长率企业生产率增长对企业成本加成率溢价均具有正向影响，在其他变量保持不变的情况下高营业收入增长率企业和低营业收入增长率企业生产率水平每增加1%，企业成本加成率水平分别提高0.13%和0.42%。

总之，2006—2016年，我国上市公司制造业高利润增长率企业中，出口企业的成本加成率高于非出口企业，低利润增长率企业和不同营业收入增长率企业的出口均陷入"低加成率陷阱"。造成此现象的原因包括：①成长性企业以高资本密集度企业和高熟练劳动力密集度企业为主，而发展成熟的企业以低资本密集度企业和低熟练劳动力密集度企业为主，日益上涨的工资水平削弱了低资本密集度企业和低熟练劳动力密集度企业的廉价劳动力优势，迫使其以压低价格和成本加成率的方式维持和扩大国际市场份额。②制造业总体技术水平远低于发达国家，处于不同发展阶段的企业其产品中间投入均过度依赖国外进口，是中国企业成本加成率低下的最主要原因。③国内生产过度依赖外部需求，当国外需求低迷时，过剩投资导致资本无法有效地发挥提升生产率水平的作用，进而降低了人均资本水平提升对企业成本加成率溢价的促进作用。④融资成本过高、融资资金短缺，不利于企业在激烈的市场竞争中快速筹集资金、扩大市场规模，产品生产的规模经济效应较弱，限制了企业成本加成率水平的提升。⑤我国制造业总体上在生产率水平和市场定价能力方面都不具有优势，但成长性企业的生产率水平和市场定价能力高于发展成熟的企业，这是成长性企业出口成本加成率溢价系数大于发展成熟的企业的主要原因。

四、营运能力异质性与成本加成率水平的自选择

营运能力是指企业的经营运作管理能力，营运能力强的企业具有更高的存货周转率、应收账款周转率、固定资产周转率等，能够保证企业的采购、生产和销售过程连续有效地进行，因而，营运能力强的企业管理效率更高，更有能力跨越出口门槛生产率水平，进入国际市场，即出口企业相对于非出口企业具有更高的营运能力。同时，在产品质量同质的假设下，营运能力强的出口企业边际成本较低，相对于营运能力较弱的非出口企业，能够获得更高的成本加成率。

本书运用存货周转率和应收账款周转率两个指标，以相应的中位数为临界点，将2006—2016年上市公司制造业全部企业划分为营运能力强的企业和营运能力弱的企业，分别代入式（3-35），实证检验营运能力差异对企业出口是否陷入"低加成率陷阱"的影响。

（一）存货周转率差异与出口"低加成率陷阱"

检验制造业企业存货周转率差异对出口"低加成率陷阱"的影响时，在面板模型参数估计方法的选择上，高存货周转率企业和低存货周转率企业出口成本加成方程中，F检验的P值均为0.00，拒绝联合回归模型的假设，Hausman检验的P值均为0.00，因此，高存货周转率企业和低存货周转率企业出口成本加成方程均采用固定效应模型进行估计，其检验结果分别如式（3-45）和式（3-46）所示。

$$\ln markup_{i,t-3} = 3.69 - 0.12\, Export_{i,t} + 0.05 \ln wshr_{i,t-3} - 0.40 \ln mshr_{i,t-3}$$
$$\qquad (1.49) \qquad (-2.74) \qquad\quad (2.61) \qquad\qquad (-8.60)$$
$$\qquad + 0.04 \ln kl_{i,t-3} - 0.07 \ln wl_{i,t-3} - 0.02 \ln dbastrt_{i,t-3} + 0.47 \ln tfp_{i,t-3}$$
$$\qquad\quad (1.33) \qquad\quad (-5.15) \qquad\qquad (-1.41) \qquad\qquad (8.93)$$
$$\qquad + 0.25\, size1_{i,t-3} + 0.22\, size2_{i,t-3} - 0.25\, area1_{i,t-3} + 0.20\, area2_{i,t-3}$$
$$\qquad\quad (6.68) \qquad\qquad (7.65) \qquad\qquad (-4.01) \qquad\qquad (3.35)$$
$$\qquad + 0.01\, nature1_{i,t-3} - 0.02\, nature2_{i,t-3}$$
$$\qquad\quad (0.53) \qquad\qquad (-0.95)$$

$$（3-45）$$

$$\ln \text{markup}_{i,t-3} = 6.62 - 0.15 \, \text{Export}_{i,t} + 0.05 \ln \text{wshr}_{i,t-3} - 0.58 \ln \text{mshr}_{i,t-3}$$
$$\quad (2.52) \quad\quad (-5.65) \quad\quad (2.43) \quad\quad\quad (-13.95)$$
$$- 0.002 \ln \text{kl}_{i,t-3} - 0.09 \ln \text{wl}_{i,t-3} - 0.008 \ln \text{dbastrt}_{i,t-3} + 0.35 \ln \text{tfp}_{i,t-3}$$
$$\quad (-0.14) \quad\quad\quad (-4.29) \quad\quad\quad (-0.50) \quad\quad\quad (7.35)$$
$$+ 0.15 \, \text{size} 1_{i,t-3} + 0.12 \, \text{size} 2_{i,t-3} - 0.67 \, \text{area} 1_{i,t-3} - 0.56 \, \text{area} 2_{i,t-3}$$
$$\quad (4.17) \quad\quad\quad (3.80) \quad\quad\quad (-17.57) \quad\quad\quad (-16.59)$$
$$+ 0.03 \, \text{nature} 1_{i,t-3} + 0.07 \, \text{nature} 2_{i,t-3}$$
$$\quad (1.10) \quad\quad\quad (2.24)$$

$$（3-46）$$

　　式（3-45）和式（3-46）的拟合优度分别为 0.8854 和 0.9521，绝大部分变量 t 值的绝对值均显著大于 1.65，模型总体拟合效果良好。

　　从式（3-45）和式（3-46）可以看出，2006—2016 年，我国上市公司制造业企业中，高存货周转率企业和低存货周转率企业的出口成本加成率溢价系数 β 均显著为负，且高存货周转率企业的出口成本加成率溢价系数大于低存货周转率企业，说明我国不同存货周转率企业的出口均陷入"低加成率陷阱"，且低存货周转率企业出口成本加成率的扭曲程度更大。从总体上来说，2006—2016 年，在其他变量保持不变的情况下，高存货周转率企业和低存货周转率企业中，出口企业在出口前三年与同期的非出口企业相比，成本加成率水平分别低 12% 和 15%。

　　从劳动投入份额变量的结果来看，2006—2016 年，上市公司制造业高存货周转率企业和低存货周转率企业劳动投入份额增加对企业成本加成率溢价均具有正向影响，说明劳动投入份额增加对不同存货周转率企业成本加成溢价影响的"要素禀赋效应"均超过了"成本效应"，在其他变量保持不变的情况下，高存货周转率企业和低存货周转率企业劳动投入份额每增加 1%，企业成本加成率均提高 0.05%。

　　从中间投入份额变量的结果来看，2006—2016 年，上市公司制造业高存货周转率企业和低存货周转率企业中间投入份额增加对企业成本加成率溢价均具有负向影响，在其他变量保持不变的情况下，高存货周转率企业和低存货周转率企业中间投入份额每增加 1%，企业成本加成率分别降低 0.40% 和 0.58%。可见，2006—2016 年，中间投入份额增长对企业成本加成率溢价影响的"成本效应"超过了"专业化分工效应"，中间投入成本过高是中国不同营运能力企业成本加成率低下的最重要原因。

从资本密集度变量的结果来看，2006—2016 年，上市公司制造业高存货周转率企业资本密集度增加对企业成本加成率溢价具有正向影响，说明资本密集度增加对高存货周转率企业成本加成率溢价影响的"生产率提升效应"超过了"成本效应"。在其他变量保持不变的情况下，高存货周转率企业资本密集度每增加 1%，企业成本加成率水平提高 0.04%。低存货周转率企业资本密集度增加对企业成本加成率溢价具有负向影响，说明资本密集度增加对低存货周转率企业成本加成率溢价影响的"成本效应"超过了"生产率提升效应"。在其他变量保持不变的情况下，低存货周转率企业资本密集度每增加 1%，企业成本加成率水平降低 0.002%。

从人均工资变量的结果来看，2006—2016 年，上市公司制造业高存货周转率企业和低存货周转率企业人均工资水平增加对企业成本加成率溢价均具有负向影响，说明不同存货周转率企业人均工资增加对企业成本加成率溢价影响的"成本效应"均超过了"要素替代效应"和"创新激励效应"。在其他变量保持不变的情况下，高存货周转率企业和低存货周转率企业人均工资水平每增加 1%，企业成本加成率水平分别降低 0.07% 和 0.09%。

从资产负债率变量的结果来看，2006—2016 年，上市公司制造业企业高存货周转率企业和低存货周转率企业资产负债率增加对企业成本加成率溢价均具有负向影响，融资活动对高存货周转率企业和低存货周转率企业成本加成率溢价影响的"成本效应"均超过了"市场规模效应"，在其他变量保持不变的情况下，资产负债率每增加 1%，高存货周转率企业和低存货周转率企业成本加成率水平分别降低 0.02% 和 0.008%。

从生产率变量的结果来看，2006—2016 年，上市公司制造业高存货周转率企业和低存货周转率企业生产率增长对企业成本加成率溢价均具有正向影响，在其他变量保持不变的情况下高存货周转率企业和低存货周转率企业生产率水平每增加 1%，企业成本加成率水平分别提高 0.47% 和 0.35%。

（二）应收账款周转率差异与出口"低加成率陷阱"

检验制造业企业应收账款周转率差异对出口"低加成率陷阱"的影响时，在面板模型参数估计方法的选择上，高应收账款周转率企业和低应收账款周转率企业出口成本加成方程中，F 检验的 P 值均为 0.00，拒绝联合回归模型的假设，Hausman 检验的 P 值均为 0.00，因此，高应收账款周转率企业和低应收账款周转率企业出口成本加成方程均采用固定效应模型进行估计，其检验结果分别如式（3-47）和式（3-48）所示。

$$\ln \text{markup}_{i,t-3} = 4.57 - 0.07\,\text{Export}_{i,t} - 0.01\ln \text{wshr}_{i,t-3} - 0.52\ln \text{mshr}_{i,t-3}$$
$$\qquad\ (1.97)\qquad (-2.27)\qquad\ (-0.98)\qquad\quad (-14.42)$$
$$\qquad\quad + 0.01\ln \text{kl}_{i,t-3} - 0.05\ln \text{wl}_{i,t-3} - 0.03\ln \text{dbastrt}_{i,t-3} + 0.31\ln \text{tfp}_{i,t-3}$$
$$\qquad\quad\ (1.23)\qquad\quad\ (-4.71)\qquad\quad (-3.06)\qquad\qquad (7.41)$$
$$\qquad\quad + 0.20\,\text{size}1_{i,t-3} + 0.19\,\text{size}2_{i,t-3} + 0.20\,\text{area}1_{i,t-3} + 0.26\,\text{area}2_{i,t-3}$$
$$\qquad\quad\ (6.54)\qquad\qquad (7.80)\qquad\qquad (3.71)\qquad\qquad (8.45)$$
$$\qquad\quad - 0.009\,\text{nature}1_{i,t-3} + 0.01\,\text{nature}2_{i,t-3}$$
$$\qquad\qquad (-0.48)\qquad\qquad\quad (0.57)$$

$$（3\text{-}47）$$

$$\ln \text{markup}_{i,t-3} = 7.94 - 0.15\,\text{Export}_{i,t} + 0.03\ln \text{wshr}_{i,t-3} - 0.45\ln \text{mshr}_{i,t-3}$$
$$\qquad\ (3.33)\qquad (-3.94)\qquad\ (1.44)\qquad\quad (-11.44)$$
$$\qquad\quad + 0.04\ln \text{kl}_{i,t-3} - 0.11\ln \text{wl}_{i,t-3} - 0.04\ln \text{dbastrt}_{i,t-3} + 0.42\ln \text{tfp}_{i,t-3}$$
$$\qquad\quad\ (3.09)\qquad\quad\ (-8.08)\qquad\quad (-1.77)\qquad\qquad (9.15)$$
$$\qquad\quad + 0.11\,\text{size}1_{i,t-3} + 0.10\,\text{size}2_{i,t-3} - 0.09\,\text{area}1_{i,t-3} - 0.10\,\text{area}2_{i,t-3}$$
$$\qquad\quad\ (3.61)\qquad\qquad (3.43)\qquad\qquad (-2.93)\qquad\quad (-3.93)$$
$$\qquad\quad + 0.03\,\text{nature}1_{i,t-3} + 0.04\,\text{nature}2_{i,t-3}$$
$$\qquad\qquad (0.36)\qquad\qquad\quad (0.90)$$

$$（3\text{-}48）$$

式（3-47）和式（3-48）的拟合优度分别为 0.9616 和 0.9018，绝大部分变量 t 值的绝对值均显著大于 1.65，模型总体拟合效果良好。

从式（3-47）和式（3-48）可以看出，2006—2016 年，我国上市公司制造业企业中，高应收账款周转率企业和低应收账款周转率企业的出口成本加成率溢价系数 β 均显著为负，且高应收账款周转率企业的出口成本加成率溢价系数大于低应收账款周转率企业，说明我国不同应收账款周转率企业的出口均陷入"低加成率陷阱"，且低应收账款周转率企业出口成本加成率的扭曲程度更大。从总体上来说，2006—2016 年，在其他变量保持不变的情况下，高应收账款周转率企业和低应收账款周转率企业中，出口企业在出口前三年与同期的非出口企业相比，成本加成率水平分别低 7% 和 15%。

从劳动投入份额变量的结果来看，2006—2016 年，上市公司制造业高应收账款周转率企业劳动投入份额增加对企业成本加成率溢价具有负向影响，说明劳动投入份额增加对高应收账款周转率企业成本加成溢价影响的"成本效应"超过了"要素禀赋效应"，在其他变量保持不变的情况下，高应收账款周转率企业劳动投入份额每增加 1%，企业成本加成率降低 0.01%。低应收账款周转率企业劳动投入份额增加对企业成本加成率溢价具有正向影响，说明劳动投入份额增加对低应收账款周转率企业成本加成溢价影响的"要素禀赋效应"超过了"成本效应"，在其他变量保持不变的情况下，低应收账款周转率企业劳动投入份额每增加 1%，企业成本加成率提高 0.03%。

从中间投入份额变量的结果来看，2006—2016 年，上市公司制造业高应收账款周转率企业和低应收账款周转率企业中间投入份额增加对企业成本加成率溢价均具有负向影响，在其他变量保持不变的情况下，高应收账款周转率企业和低应收账款周转率企业中间投入份额每增加 1%，企业成本加成率分别降低 0.52% 和 0.45%。可见，2006—2016 年，中间投入份额增长对企业成本加成率溢价影响的"成本效应"超过了"专业化分工效应"，中间投入成本过高是中国不同营运能力企业成本加成率低下的最重要原因。

从资本密集度变量的结果来看，2006—2016 年，上市公司制造业高应收账款周转率企业和低应收账款周转率企业资本密集度增加对企业成本加成率溢价均具有正向影响，说明资本密集度增加对高应收账款周转率企业和低应收账款周转率企业成本加成率溢价影响的"生产率提升效应"均超过了"成本效应"。在其他变量保持不变的情况下，高应收账款周转率企业和低应收账款周转率企业资本密集度每增加 1%，企业成本加成率水平分别提高 0.01% 和 0.04%。

从人均工资变量的结果来看，2006—2016 年，上市公司制造业高应收账款周转率企业和低应收账款周转率企业人均工资水平增加对企业成本加成率溢价均具有负向影响，说明不同应收账款周转率企业人均工资增加对企业成本加成率溢价影响的"成本效应"均超过了"要素替代效应"和"创新激励效应"。在其他变量保持不变的情况下，高应收账款周转率企业和低应收账款周转率企业人均工资水平每增加 1%，企业成本加成率水平分别降低 0.05% 和 0.11%。

从资产负债率变量的结果来看，2006—2016 年，上市公司制造业企业高应收账款周转率企业和低应收账款周转率企业资产负债率增加对企业成本加成率溢价均具有负向影响，融资活动对高应收账款周转率企业和低应收账款周转率企业成本加成率溢价影响的"成本效应"均超过了"市场规模效应"，在其他变量保持不变的情况下，资产负债率每增加 1%，高应收账款周转率企业和低应收账款周转率企业成本加成率水平分别降低 0.03% 和 0.04%。

从生产率变量的结果来看，2006—2016 年，上市公司制造业高应收账款周转率企业和低应收账款周转率企业生产率增长对企业成本加成率溢价均具有正向影响，在其他变量保持不变的情况下高应收账款周转率企业和低应收账款周转率企业生产率水平每增加 1%，企业成本加成率水平分别提高 0.31% 和 0.42%。

总之，2006—2016 年，我国上市公司制造业不同营运能力的企业的出口均陷入"低加成率陷阱"，且低营运能力的企业出口成本加成率扭曲的程度更大。造成我国制造业企业成本加成率水平低下以及不同营运能力的企业出口均陷入"低加成率陷阱"的原因包括：①我国制造业企业的营运能力和管理水平远远落后于发达国家，由于内需不足、产品过渡供给等原因，企业存货和应收账款的周转率低下，为推销产品和快速回笼资金，企业普遍采用低价竞销的方式进入国际市场，降低了我国的贸易条件和出口企业的成本加成率水平。②制造业企业的技术瓶颈短期内难以改善，高附加值的中间投入过度依赖国外进口，降低了中国企业整体的成本加成率水平。③制造业企业营运能力低、资金无法快速回笼，内部资本积累对企业生产率水平提升和成本加成率溢价的作用无法有效发挥。④融资成本过高、融资资金短缺，不利于企业在激烈的市场竞争中快速筹集资金、扩大市场规模，产品生产的规模经济效应较弱，限制了企业成本加成率水平的提升。⑤我国制造业总体上在生产率水平和市场定价能力方面都不具有优势，但营运能力强的企业生产率水平和市场定价能力高于营运能力弱的企业，这是营运能力强的企业出口成本加成率扭曲程度较小的主要原因。

五、内源性融资能力异质性与成本加成率水平的自选择

内源性融资能力主要从两个角度影响企业的出口成本加成率溢价系数。一方面，内源性融资能力强的企业财务状况良好，通常具有营运资本管理有效、生产率水平高、信用良好和营运能力强的特点，企业的边际成本相对较低。另一方面，内源性融资能力强的企业具有充足、稳定的资金从事提高生产率和产品质量的研发活动，有能力在边际成本之上设定更高的成本加成。因此，根据异质性企业贸易理论，由于出口企业相对于非出口企业具有更强的内源性融资能力，出口企业相对于非出口企业具有更高的成本加成率，内源性融资能力强的企业出口成本加成溢价系数较高。

本书以清偿比率和股东权益比率的中位数为临界点，将 2006—2016
年上市公司制造业全部企业划分为内源性融资能力强的企业和内源性融
资能力弱的企业，分别代入式（3-35），实证检验内源性融资能力差异对
企业出口是否陷入"低加成率陷阱"的影响。

（一）清偿比率差异与出口"低加成率陷阱"

检验制造业企业清偿比率差异对出口"低加成率陷阱"的影响时，
在面板模型参数估计方法的选择上，高清偿比率企业和低清偿比率企业
出口成本加成方程中，F 检验的 P 值均为 0.00，拒绝联合回归模型的假
设，Hausman 检验的 P 值分别为 0.00 和 0.06，因此，高清偿比率企业和
低清偿比率企业出口成本加成方程均采用固定效应模型进行估计，其检
验结果分别如式（3-49）和式（3-50）所示。

$$\ln \text{markup}_{i,t-3} = 3.58 - 0.25\,\text{Export}_{i,t} + 0.03\ln \text{wshr}_{i,t-3} - 0.34\ln \text{mshr}_{i,t-3}$$
$$\qquad\quad (1.60)\qquad(-1.97)\qquad\quad(2.15)\qquad\qquad(-6.21)$$
$$\qquad + 0.05\ln \text{k1}_{i,t-3} - 0.08\ln \text{w1}_{i,t-3} - 0.15\ln \text{dbastrt}_{i,t-3} + 0.52\ln \text{tfp}_{i,t-3}$$
$$\qquad\quad (1.84)\qquad\qquad(-5.60)\qquad\qquad(-4.00)\qquad\qquad\quad(8.21)$$
$$\qquad + 0.17\,\text{size}1_{i,t-3} + 0.11\,\text{size}2_{i,t-3} + 2.43\,\text{area}1_{i,t-3} + 2.39\,\text{area}2_{i,t-3}$$
$$\qquad\quad (3.61)\qquad\qquad(2.97)\qquad\qquad(9.35)\qquad\qquad(9.68)$$
$$\qquad - 0.01\,\text{nature}1_{i,t-3} + 0.04\,\text{nature}2_{i,t-3}$$
$$\qquad\qquad (-0.51)\qquad\qquad(1.55)$$

$$（3-49）$$

$$\ln \text{markup}_{i,t-3} = 7.54 - 0.31\,\text{Export}_{i,t} + 0.05\ln \text{wshr}_{i,t-3} - 0.50\ln \text{mshr}_{i,t-3}$$
$$\qquad\quad (2.79)\qquad(-7.49)\qquad\quad(2.61)\qquad\qquad(-8.73)$$
$$\qquad - 0.02\ln \text{k1}_{i,t-3} - 0.02\ln \text{w1}_{i,t-3} - 0.007\ln \text{dbastrt}_{i,t-3} + 0.46\ln \text{tfp}_{i,t-3}$$
$$\qquad\quad (-1.23)\qquad\qquad(-0.81)\qquad\qquad(-0.51)\qquad\qquad\quad(7.10)$$
$$\qquad + 0.18\,\text{size}1_{i,t-3} + 0.14\,\text{size}2_{i,t-3} + 0.12\,\text{area}1_{i,t-3} + 0.17\,\text{area}2_{i,t-3}$$
$$\qquad\quad (3.15)\qquad\qquad(2.71)\qquad\qquad(2.61)\qquad\qquad(8.36)$$
$$\qquad + 0.14\,\text{nature}1_{i,t-3} + 0.03\,\text{nature}2_{i,t-3}$$
$$\qquad\qquad (2.48)\qquad\qquad(0.73)$$

$$（3-50）$$

　　式（3-49）和式（3-50）的拟合优度分别为 0.8823 和 0.9041，绝大部分变量 t 值的绝对值均显著大于 1.65，模型总体拟合效果良好。

　　从式（3-49）和式（3-50）可以看出，2006—2016 年，我国上市公司制造业企业中，高清偿比率企业和低清偿比率企业的出口成本加成率溢价系数 β 均显著为负，且高清偿比率企业的出口成本加成率溢价系数大于低清偿比率企业，说明我国不同清偿比率企业的出口均陷入"低加成率陷阱"，且低清偿比率企业出口成本加成率的扭曲程度更大。从总体上来说，2006—2016 年，在其他变量保持不变的情况下，高清偿比率企业和低清偿比率企业中，出口企业在出口前三年与同期的非出口企业相比，成本加成率水平分别低 25% 和 31%。

　　从劳动投入份额变量的结果来看，2006—2016 年，上市公司制造业高清偿比率企业和低清偿比率企业劳动投入份额增加对企业成本加成率溢价均具有正向影响，说明劳动投入份额增加对高清偿比率企业和低清偿比率企业成本加成溢价影响的"要素禀赋效应"均超过了"成本效应"，在其他变量保持不变的情况下，高清偿比率企业和低清偿比率企业劳动投入份额每增加 1%，企业成本加成率分别提高 0.03% 和 0.05%。

　　从中间投入份额变量的结果来看，2006—2016 年，上市公司制造业高清偿比率企业和低清偿比率企业中间投入份额增加对企业成本加成率溢价均具有负向影响，在其他变量保持不变的情况下，高清偿比率企业和低清偿比率企业中间投入份额每增加 1%，企业成本加成率分别降低 0.34% 和 0.50%。可见，2006—2016 年，中间投入份额增长对企业成本加成率溢价影响的"成本效应"超过了"专业化分工效应"，中间投入成本过高是中国不同内源性融资能力企业成本加成率低下的最重要原因。

　　从资本密集度变量的结果来看，2006—2016 年，上市公司制造业高清偿比率企业资本密集度增加对企业成本加成率溢价均具有正向影响，说明资本密集度增加对高清偿比率企业成本加成率溢价影响的"生产率提升效应"超过了"成本效应"。在其他变量保持不变的情况下，高清偿比率企业资本密集度每增加1%，企业成本加成率水平提高0.05%。低清偿比率企业资本密集度增加对企业成本加成率溢价具有负向影响，说明资本密集度增加对低清偿比率企业成本加成率溢价影响的"成本效应"超过了"生产率提升效应"。在其他变量保持不变的情况下，低清偿比率企业资本密集度每增加1%，企业成本加成率水平降低0.02%。

从人均工资变量的结果来看，2006—2016年，上市公司制造业高清偿比率企业和低清偿比率企业人均工资水平增加对企业成本加成率溢价均具有负向影响，说明不同清偿比率企业人均工资增加对企业成本加成率溢价影响的"成本效应"均超过了"要素替代效应"和"创新激励效应"。在其他变量保持不变的情况下，高清偿比率企业和低清偿比率企业人均工资水平每增加1%，企业成本加成率水平分别降低0.08%和0.02%。

从资产负债率变量的结果来看，2006~2016年，上市公司制造业企业高清偿比率企业和低清偿比率企业资产负债率增加对企业成本加成率溢价均具有负向影响，融资活动对高清偿比率企业和低清偿比率企业成本加成率溢价影响的"成本效应"均超过了"市场规模效应"，在其他变量保持不变的情况下，资产负债率每增加1%，高清偿比率企业和低清偿比率企业成本加成率水平分别降低0.15%和0.007%。

从生产率变量的结果来看，2006~2016年，上市公司制造业高清偿比率企业和低清偿比率企业生产率增长对企业成本加成率溢价均具有正向影响，在其他变量保持不变的情况下高清偿比率企业和低清偿比率企业生产率水平每增加1%，企业成本加成率水平分别提高0.52%和0.46%。

（二）股东权益比率差异与出口"低加成率陷阱"

检验制造业企业股东权益比率差异对出口"低加成率陷阱"的影响时，在面板模型参数估计方法的选择上，高股东权益比率企业和低股东权益比率企业出口成本加成方程中，F检验的P值均为0.00，拒绝联合回归模型的假设，Hausman检验的P值均为0.00，因此，高股东权益比率企业和低股东权益比率企业出口成本加成方程均采用固定效应模型进行估计，其检验结果分别如式（3-51）和式（3-52）所示。

$$\ln \text{markup}_{i,t-3} = 9.25 - 0.08 \, \text{Export}_{i,t} + 0.04 \ln \text{wshr}_{i,t-3} - 0.55 \ln \text{mshr}_{i,t-3}$$
$$\qquad (3.77) \qquad (-1.91) \qquad\quad (2.28) \qquad\qquad (-9.40)$$
$$\qquad\quad -0.03 \ln \text{kl}_{i,t-3} - 0.01 \ln \text{wl}_{i,t-3} - 0.005 \ln \text{dbastrt}_{i,t-3} + 0.39 \ln \text{tfp}_{i,t-3}$$
$$\qquad\quad (-1.46) \qquad\qquad (-0.56) \qquad\qquad (-0.38) \qquad\qquad\quad (5.82)$$
$$\qquad\quad +0.19 \, \text{size} 1_{i,t-3} + 0.14 \, \text{size} 2_{i,t-3} + 0.21 \, \text{area} 1_{i,t-3} - 0.20 \, \text{area} 2_{i,t-3}$$
$$\qquad\qquad (2.91) \qquad\qquad (2.38) \qquad\qquad (3.51) \qquad\qquad (-3.74)$$
$$\qquad\quad +0.05 \, \text{nature} 1_{i,t-3} - 0.02 \, \text{nature} 2_{i,t-3}$$
$$\qquad\qquad\quad (0.96) \qquad\qquad\quad (-0.44)$$

$$（3\text{-}51）$$

$$\ln \text{markup}_{i,t-3} = 2.17 - 0.11 \, \text{Export}_{i,t} + 0.03 \ln \text{wshr}_{i,t-3} - 0.35 \ln \text{mshr}_{i,t-3}$$
$$\qquad (1.22) \qquad (-2.93) \qquad\quad (1.71) \qquad\qquad (-6.19)$$
$$\qquad\quad +0.02 \ln \text{kl}_{i,t-3} - 0.08 \ln \text{wl}_{i,t-3} - 0.09 \ln \text{dbastrt}_{i,t-3} + 0.49 \ln \text{tfp}_{i,t-3}$$
$$\qquad\quad (1.78) \qquad\qquad (-4.59) \qquad\qquad (-3.40) \qquad\qquad\quad (7.56)$$
$$\qquad\quad +0.16 \, \text{size} 1_{i,t-3} + 0.11 \, \text{size} 2_{i,t-3} - 0.02 \, \text{area} 1_{i,t-3} + 0.28 \, \text{area} 2_{i,t-3}$$
$$\qquad\qquad (6.24) \qquad\qquad (4.84) \qquad\qquad (-0.26) \qquad\qquad (8.86)$$
$$\qquad\quad -0.04 \, \text{nature} 1_{i,t-3} + 0.04 \, \text{nature} 2_{i,t-3}$$
$$\qquad\qquad\quad (-1.99) \qquad\qquad\quad (1.34)$$

$$（3\text{-}52）$$

式（3-51）和式（3-52）的拟合优度分别为 0.8990 和 0.9615，绝大部分变量 t 值的绝对值均显著大于 1.65，模型总体拟合效果良好。

从式（3-51）和式（3-52）可以看出，2006—2016 年，我国上市公司制造业企业中，高股东权益比率企业和低股东权益比率企业的出口成本加成率溢价系数 β 均显著为负，且高股东权益比率企业的出口成本加成率溢价系数大于低股东权益比率企业，说明我国不同股东权益比率企业的出口均陷入"低加成率陷阱"，且低股东权益比率企业出口成本加成率的扭曲程度更大。从总体上来说，2006—2016 年，在其他变量保持不变的情况下，高股东权益比率企业和低股东权益比率企业中，出口企业在出口前三年与同期的非出口企业相比，成本加成率水平分别低 8% 和 11%。

　　从劳动投入份额变量的结果来看，2006—2016 年，上市公司制造业高股东权益比率企业和低股东权益比率企业劳动投入份额增加对企业成本加成率溢价均具有正向影响，说明劳动投入份额增加对高股东权益比率企业和低股东权益比率企业成本加成溢价影响的"要素禀赋效应"均超过了"成本效应"，在其他变量保持不变的情况下，高股东权益比率企业和低股东权益比率企业劳动投入份额每增加 1%，企业成本加成率分别提高 0.04% 和 0.03%。

　　从中间投入份额变量的结果来看，2006—2016 年，上市公司制造业高股东权益比率企业和低股东权益比率企业中间投入份额增加对企业成本加成率溢价均具有负向影响，在其他变量保持不变的情况下，高股东权益比率企业和低股东权益比率企业中间投入份额每增加 1%，企业成本加成率分别降低 0.55% 和 0.35%。可见，2006—2016 年，中间投入份额增长对企业成本加成率溢价影响的"成本效应"超过了"专业化分工效应"，中间投入成本过高是中国不同内源性融资能力企业成本加成率低下的最重要原因。

　　从资本密集度变量的结果来看，2006—2016 年，上市公司制造业高股东权益比率企业资本密集度增加对企业成本加成率溢价具有负向影响，说明资本密集度增加对高股东权益比率企业成本加成率溢价影响的"成本效应"超过了"生产率提升效应"。在其他变量保持不变的情况下，高股东权益比率企业资本密集度每增加 1%，企业成本加成率水平降低 0.03%。低股东权益比率企业资本密集度增加对企业成本加成率溢价均具有正向影响，说明资本密集度增加对低股东权益比率企业成本加成率溢价影响的"生产率提升效应"超过了"成本效应"。在其他变量保持不变的情况下，低股东权益比率企业资本密集度每增加 1%，企业成本加成率水平提高 0.02%。

　　从人均工资变量的结果来看，2006—2016 年，上市公司制造业高股东权益比率企业和低股东权益比率企业人均工资水平增加对企业成本加成率溢价均具有负向影响，说明不同股东权益比率企业人均工资增加对企业成本加成率溢价影响的"成本效应"均超过了"要素替代效应"和"创新激励效应"。在其他变量保持不变的情况下，高股东权益比率企业和低股东权益比率企业人均工资水平每增加1%，企业成本加成率水平分别降低0.01%和0.08%。

从资产负债率变量的结果来看，2006—2016年，上市公司制造业企业高股东权益比率企业和低股东权益比率企业资产负债率增加对企业成本加成率溢价均具有负向影响，融资活动对高股东权益比率企业和低股东权益比率企业成本加成率溢价影响的"成本效应"均超过了"市场规模效应"，在其他变量保持不变的情况下，资产负债率每增加1%，高股东权益比率企业和低股东权益比率企业成本加成率水平分别降低0.005%和0.09%。

从生产率变量的结果来看，2006—2016年，上市公司制造业高股东权益比率企业和低股东权益比率企业生产率增长对企业成本加成率溢价均具有正向影响，在其他变量保持不变的情况下高股东权益比率企业和低股东权益比率企业生产率水平每增加1%，企业成本加成率水平分别提高0.39%和0.49%。

总之，2006—2016年，我国上市公司制造业不同内源性融资能力的企业的出口均陷入"低加成率陷阱"，且内源性融资能力低的企业出口成本加成率扭曲的程度更大。造成我国制造业企业成本加成率水平低下以及不同内源性融资能力的企业的出口均陷入"低加成率陷阱"的原因包括：①我国制造业企业呆账坏账多、内源性融资能力差、外源性融资不足，没有充足的资金从事研发创新活动，生产长期定位在低质低价产品上，这类产品在国外市场的需求价格弹性高于国内市场，因此，国外市场与国内市场相比收取更低的成本加成亦是当前我国企业利润最大化的决策。②制造业企业的技术瓶颈短期内难以改善，高附加值的中间投入过度依赖国外进口，降低了中国企业整体的成本加成率水平。③大量投资用于基础设施建设，而非制造业企业的技术升级改造，企业资本密集度上升缓慢，资本积累的"生产率提升效应"微弱、"成本效应"显著。④融资渠道狭窄、融资成本过高，导致融资的"成本效应"超过了"市场规模效应"，降低了企业的成本加成率。⑤我国制造业总体上在生产率水平和市场定价能力方面都不具有优势，但内源性融资能力强的企业生产率水平和市场定价能力高于内源性融资能力弱的企业，这是内源性融资能力强的企业出口成本加成率扭曲程度较小的主要原因。

第五节　竞争能力异质性与企业获利能力

　　成本加成既可以代表企业的市场势力，又可以代表贸易利得。成本加成率越高，表明企业的市场势力和贸易利得越大。梅里兹和奥塔维亚诺（Melitz and Ottaviano，2008）指出，贸易自由化通常会加剧市场竞争进而降低企业的成本加成率水平。发达国家的垄断集团拥有遍布世界范围的跨国公司网络，企业在国际贸易中获得了绝大部分的贸易利益，过高的成本加成反而会给企业带来不必要的生产扭曲和消费扭曲，降低发达国家的福利水平。因此，欧美学者从成本加成代表市场势力的角度，实证检验了贸易自由化具有降低企业市场势力的作用（Badinger，2007）。我国企业的成本加成率较低，多数企业拥有微弱的市场势力或者根本不具备市场势力，企业成本加成率水平下降后，生产扭曲和消费扭曲改善所带来的影响远小于企业获利能力下降所带来的影响，为此，国内学者更加看重成本加成率代表企业获利能力的经济学含义。本书将通过式（3-53）来检验贸易开放对中国制造业企业获利能力的影响。

$$\ln \text{markup}_{i,t} = \alpha + \beta\, \text{Export}_{i,t-1} + \gamma_1 \ln \text{wshr}_{,ti} + \gamma_2 \ln \text{mshr}_{,ti} + \gamma_3 \ln \text{kl}_{,ti}$$
$$+ \gamma_4 \ln \text{wl}_{i,t} + \gamma_5 \ln \text{dbastrt}_{i,t} + \gamma_6 \ln \text{tfp}_{i,t} + \eta\, \text{Control}_{i,t} + \varepsilon_{i,t}$$

$$(3-53)$$

　　式（3-53）中，i 表示企业，t 表示年份，$\text{Export}_{i,t-1}$ 表示企业 i 在

$t-1$ 年的出口状态，当企业 i 在 $t=0$ 时不出口，在第 $t-1$ 年仍然不出口时，$Export_{i,t-1}=0$；当企业 i 在 $t=0$ 时不出口，在第 $t-1$ 年开始出口时，$Export_{i,t-1}=1$。$\ln wshr_{i,t}$ 表示企业 i 第 t 年劳动投入占总产出比重的对数值，劳动投入用职工人数来表示，总产出用主营业务收入来表示。国 $\ln mshr_{i,t}$ 表示企业 i 在第 t 年中间投入占总产出比重的对数值，中间投入用以下公式来表示：中间投入 = 主营业务成本 + 销售费用 + 管理费用 + 财务费用 − 当期固定资产折旧 − 劳动报酬总额。$\ln kl_{i,t}$ 表示企业 i 第 t 年的资本密集度的对数值，即当期资本投入与企业员工总数的比重。当期资本投入采用永续盘存法进行计算，具体公式为：$K_{i,t}=K_{i,t-1}+I_{i,t}-D_{i,t}$。其中，$K_{i,t}$、$K_{i,t-1}$ 分别表示企业 i 在 t 期和 $t-1$ 期的资本存量净值，对于首次出现在数据库的年份对应的固定资产净值按照固定资产投资价格指数折算成初期的实际值作为该企业的初始资本存量。$I_{i,t}$ 表示企业 i 在 t 期新增的固定资产投资，用相邻两年固定资产原值的差按照固定资产投资价格指数折算成初期的实际值后，作为企业的实际投资额。$D_{i,t}$ 表示企业 i 在 t 期固定资产投资的折旧，用企业经过固定资产投资价格指数折算的当期折旧额表示。$\ln wl_{i,t}$ 表示企业 i 在 t 期的人均工资水平的对数值，工资水平用当年年末支付给职工以及为职工支付的现金来表示。$\ln dbastrt_{i,t}$ 表示企业 i 在 t 期资产负债率的对数值，资产负债率用总负债比上总资产表示。$\ln tfp_{i,t}$ 表示企业 i 在 t 年的生产率水平。Control 表示控制标量，包括两个企业规模 size、两个企业所有制 nature 和两个地区 area 虚拟变量。企业规模 size 参照工业和信息化部、国家统计局、国家发展和改革委员会、财政部 2011 年制定的《关于印发中小企业划型标准规定的通知》，划分为大型企业、中型企业和小型企业 ①。如果 size1=1，且 size2=0，则为大型企业；如果 size1=0，且 size2=1，则为中型企业；如果 size1=0，且 size2=0，则为小

①　主营业务收入大于 40000 万元、且职工人员大于 1000 人的企业为大型企业，主营业务收入在 2000 万元与 40000 万元之间、企业职工人数在 300 人与 1000 人之间的企业为中型企业，主营业务收入小于 2000 万元、且职工人数小于 300 人的企业为小型企业。

型企业。本书根据企业所处地区的经济发展水平，将全国30个省区市划分为东部地区、中部地区和西部地区。如果area1=1，且area2=0，则为东部地区；如果area1=0，且area2=1，则为中部地区；如果area1=0，且area2=0，则为西部地区。按照所有制类型，根据企业的绝对控股情况，将制造业上市公司全部企业划分为国有企业、外商投资企业和民营企业。如果nature1=1，且nature2=0，则为国有企业；如果nature1=0，且nature2=1，则为外商投资企业；如果nature1=0，且nature2=0，则为民营企业。

根据理论预期：①β的估计值显示了同一产业内出口企业与非出口企业之间成本加成率水平的差异。按照异质性企业贸易理论，贸易自由化加剧了市场竞争，具有降低企业成本加成率的作用，因此，$\beta < 0$，出口企业与非出口企业相比具有更低的成本加成率。如果$\beta > 0$，代表出口企业或者通过"出口学习效应"和技术进步获得了生产率水平提升，或者通过研发创新和产品质量升级取得了价格溢价，"生产率提升效应"和"创新效应"对成本加成率的正向影响超过了"竞争效应"对成本加成率的负向影响，因此，出口企业与非出口企业相比具有更高的成本加成率。②劳动投入是企业的一项主要成本支出，劳动投入份额对企业成本加成率的影响是双重的。一方面，劳动投入份额越高，企业的成本负担越重；另一方面，我国是一个劳动禀赋相对丰富的国家，劳动力成本低于资本的成本，劳动投入份额增加有利于降低总体生产成本。因此，如果劳动投入份额的"成本效应"占优，则劳动投入份额对数的预期符号为负，反之，如果劳动投入份额的"要素禀赋效应"占优，则劳动投入份额对数的预期符号为正。③中间投入份额对企业成本加成率的影响是双重。一方面，中间投入增加了企业的生产成本，降低了企业的成本加成率；另一方面，企业生产中中间投入品越多，代表企业的专业化分工水平越高，越有利于提升企业的生产率水平，从而提升企业的成本加成率水平。如果中间投入份额的"成本效应"占优，则中间投入份额对数的系数为负，如果中间投入份额的"专业化分工"占优，则中间投入份额对数的系数为正。④资本密集度对成本加成率的影响是双重的。一方面，资本密集度提高有利于提升企业的生产率水平，从而降低生产成本，提升成本加成率水平；另一方面，中国是资本相对稀缺的国家，资本的相对价格比较昂贵，资本密集度提高有利于提升企业的生产成本，从而降低成本加成率。因此，如果资本密集度的"生产率提升效应"占优，则资本密集度对数的预期符号为正。反之，如果资本密集度的"成本效应"占优，则资本密集度对数的预期符号为负。⑤人均工资水平对成本加成率的影响是双重的。一方面，人均工资水平提高增加了企业的劳动力成本，降低了企业的成本加成率；另一方面，人均工资水平提高，会引发企业加大资本等要素投入，产生"要素替代效应"，激励企业进行研发创新活动，从而提升企业的生产率水平和成本加成率水平。如果人均工资的"成本效应"占优，则人均工资对数的系数为负。反之，如果人均工资的"要素替代效应"和"创新激励效应"占优，则人均工资对数的系数为正。⑥资产负债率对企业成本加成的影响是双重的。一方面，资产负债率反映了企业的融资能力，资产负债率越高，代表企业的融资能力越强。在激烈的市场竞争中，若能领先同行快速筹集资金，将有利于企业扩大市场规模，产生规模经济效应，降低生产成本，提升企业的成本加成率水平。另一方面，外部融资需要承担融资成本，从而加重了企业的生产成本，降低成本加成率水平。如果资产负债率的"规模经济效应"占优，则资产负债率对数的系数为正，反之，如果资产负债率的"成本效应"占优，则资产负债率对数的系数为负。⑦企业的生产率水平越高，越有能力降低生产成本，提升成本加成率水平。生产率对数的预期系数为正。

一、贸易开放对制造业总体获利能力的影响

检验贸易开放对制造业企业总体获利能力的影响时，在面板模型参数估计方法的选择上，制造业企业总体出口成本加成方程中，F检验的P

值为 0.00，拒绝联合回归模型的假设，Hausman 检验的 P 值为 0.00，拒绝原假设，采用固定效应模型进行估计，因此，制造业企业总体出口成本加成方程的检验结果如式（3-54）所示。

$$\ln \mathrm{markup}_{i,t} = 1.15 - 0.31\,\mathrm{Export}_{i,t-1} - 0.03\ln \mathrm{wshr}_{i,t} - 0.71\ln \mathrm{mshr}_{i,t}$$
$$\qquad (1.08)\quad (-11.21)\qquad\quad (-2.97)\qquad\quad (-30.59)$$
$$\qquad +0.01\ln \mathrm{k1}_{i,t} - 0.04\ln \mathrm{w1}_{i,t} - 0.02\ln \mathrm{dbastrt}_{i,t} + 0.17\ln \mathrm{tfp}_{i,t}$$
$$\qquad\quad (1.84)\qquad (-4.53)\qquad\quad (-2.63)\qquad\qquad (7.30)$$
$$\qquad +0.06\,\mathrm{size}1_{i,t} + 0.06\,\mathrm{size}2_{i,t} + 0.007\,\mathrm{area}1_{i,t} - 0.19\,\mathrm{area}2_{i,t}$$
$$\qquad\quad (2.76)\qquad\quad (2.86)\qquad\quad (0.18)\qquad\quad (-6.78)$$
$$\qquad -0.02\,\mathrm{nature}1_{i,t} - 0.02\,\mathrm{nature}2_{i,t}$$
$$\qquad\quad (-1.66)\qquad\quad (-1.19)$$

$$\qquad\qquad\qquad\qquad\qquad\qquad\qquad\qquad\qquad (3\text{-}54)$$

式（3-54）的拟合优度为 0.9100，除 $\mathrm{area}1_{i,t}$、$\mathrm{nature}2_{i,t}$ 变量外，式（3-54）中所有变量 t 值的绝对值均显著大于 1.65，模型总体拟合效果良好。

式（3-54）中，制造业企业总体的出口成本加成率溢价系数 β 显著为负，说明 2006—2016 年，贸易自由化具有降低我国制造业企业获利能力的作用。从总体上来说，2006—2016 年，在其他变量保持不变的情况下，出口企业与同期的非出口企业相比，成本加成率水平降低 31%。

从劳动投入份额变量的结果来看，2006—2016 年，劳动投入份额增加对制造业企业总体的成本加成率溢价具有负向影响。在其他变量保持不变的情况下，劳动投入份额每增加 1%，企业成本加成率降低 0.03%。这说明当期劳动投入份额增加对企业成本加成溢价影响的"成本效应"超过了"要素禀赋效应"，劳动力成本不断攀升是我国制造业企业获利能力下降的主要因素之一。

从中间投入份额变量的结果来看，2006—2016 年，我国上市公司制造业企业总体中间投入份额增加对企业成本加成率溢价具有负向影响，在其他变量保持不变的情况下，中间投入份额每增加 1%，会使得企业成本加成率水平降低 0.71%。可见，2006—2016 年，当期中间投入份额增长对企业成本加成率溢价影响的"成本效应"超过了"专业化分工效应"，中间投入没有很好的发挥其扩大专业化分工程度的作用。

从资本密集度变量的结果来看，2006—2016 年，我国上市公司制造业企业总体资本密集度增加对企业成本加成率溢价具有正向影响，在其他变量保持不变的情况下，资本密集度每增加 1%，会使得企业成本加成率水平提高 0.01%。可见，2006—2016 年，当期资本密集度增加对企业成本加成率溢价影响的"生产率提升效应"超过了"成本效应"。

从人均工资变量的结果来看，2006—2016 年，我国上市公司制造业企业总体人均工资水平增加对企业成本加成率溢价具有负向影响。在其他变量保持不变的情况下，人均工资水平每增加 1%，会使得企业成本加成率水平降低 0.04%。可见，2006—2016 年，当期人均工资增加对企业成本加成率溢价影响的"成本效应"超过了"要素替代效应"和"创新激励效应"。

从资产负债率变量的结果来看，2006—2016 年，我国上市公司制造业企业总体资产负债率增加对企业成本加成率溢价具有负向影响。在其他变量保持不变的情况下，资产负债率每增加 1%，会使得企业成本加成率水平降低 0.02%。可见，资产负债率水平的高低体现了企业的融资水平，当期融资活动对企业成本加成率溢价影响的"成本效应"超过了"市场规模效应"。

从生产率变量的结果来看，2006—2016 年，我国上市公司制造业企业总体生产率增长对企业成本加成率溢价具有正向影响，在其他变量保持不变的情况下，生产率水平每增加 1%，使得企业成本加成率水平提高 0.17%。

从式（2-40）、式（2-41）和式（3-54）的分析可以看出，2006—2016 年，尽管我国上市公司制造业企业的出口中获得了微弱的"出口学习效应"，但是，由于市场竞争加剧，我国的贸易条件不断恶化，总体上来说，贸易自由化降低了企业的成本加成率水平和获利能力。企业成本加成率的高低不仅受生产率水平的影响，还与成长能力、营运能力、要素密集度、融资能力等竞争能力因素密切相关，那么，竞争能力差异是否是中国企业对外出口中获利能力逐渐下降的原因，需要实证数据的进一步检验。

二、要素密集度异质性与企业获利能力

与发达国家相比，中国在制造业各产业的生产上均不具备竞争优势，劳动力禀赋优势既是入世后中国迅速发展成为世界第一货物贸易大国的最主要原因，也是引发中国企业成本加成率水平低下、出口增收不增利的主要推手。贸易自由化加剧了市场竞争，降低了中国制造业企业总体的成本加成率水平，且贸易自由化对企业成本加成率的影响随企业资本密集度差异和熟练劳动力密集度差异而不同。赞同贸易自由化会更大程度上的降低高资本密集度企业和高熟练劳动力密集度企业的获利能力的观点认为，同一产业内高资本密集度企业和高熟练劳动力密集度企业通常生产高质量和高成本加成率的产品，当市场竞争加剧时，企业以压低成本加成率水平的方式来维持和扩大市场份额的能力更强。赞同贸易自由化会更大程度上的降低低资本密集度企业和低熟练劳动力密集度企业的获利能力的观点认为，同一产业内低资本密集度企业和低熟练劳动力密集度企业的出口学习能力较弱，无法有效地通过对外出口提升生产率水平和成本加成率水平；当贸易自由化引发更加剧烈的市场竞争时，低资本密集度企业和低熟练劳动力密集度企业通常以降低价格和成本加成率的方式来应对竞争，而高资本密集度企业和高熟练劳动力密集度企业更有可能通过研发创新的途径来抵消部分竞争压力加剧对企业获利能力带来的消极影响。总体上来说，贸易自由化具有降低企业成本加成率水平的作用，要素密集度差异对贸易自由化后企业获利能力的影响是两个相反力量综合作用的结果。

（一）资本密集度差异与企业获利能力

本书以资本密集度的中位数为临界点，将2006—2016年上市公司制

造业全部企业划分为资本密集度高的企业和资本密集度低的企业，分别代入式（3-53），实证检验贸易自由化对不同资本密集度的企业获利能力的影响。

检验贸易开放对制造业企业获利能力的影响是否因企业资本密集度差异而不同时，在面板模型参数估计方法的选择上，高资本密集度企业和低资本密集度企业出口成本加成方程中，F 检验的 P 值均为 0.00，拒绝联合回归模型的假设，Hausman 检验的 P 值均为 0.00，因此，高资本密集度企业和低资本密集度企业的出口成本加成方程均采用固定效应模型进行估计，其检验结果分别如式（3-55）和式（3-56）所示。

$$\ln markup_{i,t} = 0.74 - 0.47\,Export_{i,t-1} + 0.005\ln wshr_{i,t} - 0.69\ln mshr_{i,t}$$
$$(1.03)\quad(-9.71)\quad\quad(0.35)\quad\quad(-23.93)$$
$$+0.02\ln kl_{i,t} - 0.08\ln wl_{i,t} - 0.009\ln dbastrt_{i,t} + 0.17\ln tfp_i$$
$$(1.88)\quad(-5.35)\quad\quad(-0.53)\quad\quad(5.24)$$
$$-0.14\,size1_{i,t} - 0.14\,size2_{i,t} - 0.03\,area1_{i,t} + 0.64\,area2_{i,t}$$
$$(-1.71)\quad(-1.77)\quad(-0.86)\quad\quad(6.20)$$
$$+0.04\,nature1_{i,t} + 0.04\,nature2_{i,t}$$
$$(2.55)\quad\quad(2.99)$$
$$(3\text{-}55)$$

$$\ln markup_{i,t} = 4.53 - 0.26\,Export_{i,t-1} - 0.06\ln wshr_{i,t} - 0.44\ln mshr_{i,t}$$
$$(1.27)\quad(-6.52)\quad\quad(-5.60)\quad\quad(-17.98)$$
$$+0.03\ln kl_{i,t} - 0.11\ln wl_{i,t} - 0.03\ln dbastrt_{i,t} + 0.34\ln tfp_{i,t}$$
$$(3.51)\quad(-8.38)\quad\quad(-3.65)\quad\quad(11.56)$$
$$+0.12\,size1_{i,t} + 0.14\,size2_{i,t} - 0.03\,area1_{i,t} + 0.16\,area2_{i,t}$$
$$(3.65)\quad\quad(4.74)\quad\quad(-0.49)\quad\quad(2.97)$$
$$-0.03\,nature1_{i,t} + 0.02\,nature2_{i,t}$$
$$(-1.41)\quad\quad(0.60)$$
$$(3\text{-}56)$$

式（3-55）和式（3-56）的拟合优度分别为 0.9022 和 0.9071，绝大部分变量 t 值的绝对值均显著大于 1.65，模型总体拟合效果良好。

从式（3-55）和式（3-56）可以看出，2006—2016年，我国上市公司制造业企业中，高资本密集度企业和低资本密集度企业的出口成本加成率溢价系数 β 均显著为负，且高资本密集度企业的出口成本加成率溢价系数小于低资本密集度企业，说明高资本密集度企业和低资本密集度企业的出口均降低了成本加成率水平，高资本密集度企业成本加成率水平下降的幅度最大。从总体上来说，2006—2016年，在其他变量保持不变的情况下，高资本密集度企业和低资本密集度企业中，出口企业比同期的非出口企业成本加成率水平分别低47%和26%。

从劳动投入份额变量的结果来看，2006—2016年，上市公司制造业高资本密集度企业劳动投入份额增加对企业成本加成率溢价具有正向影响。在其他变量保持不变的情况下，高资本密集度企业劳动投入份额每增加1%，企业成本加成率提高0.005%，这说明劳动投入份额增加对企业成本加成溢价影响的"要素禀赋效应"超过了"成本效应"，但廉价劳动力优势对企业成本加成率的影响非常有限。低资本密集度企业劳动投入份额增加对企业成本加成率溢价具有负向影响。在其他变量保持不变的情况下，低资本密集度企业劳动投入份额每增加1%，企业成本加成率降低0.06%，这说明劳动投入份额增加对企业成本加成溢价影响的"成本效应"超过了"要素禀赋效应"，随着劳动力工资水平的上涨，低资本密集度企业的廉价劳动力优势不复存在。

从中间投入份额变量的结果来看，2006—2016年，上市公司制造业高资本密集度企业和低资本密集度企业中间投入份额增加对企业成本加成率溢价均具有负向影响，在其他变量保持不变的情况下，高资本密集度企业和低资本密集度企业中间投入份额每增加1%，企业成本加成率分别降低0.69%和0.44%。可见，2006—2016年，中间投入份额增长对企业成本加成率溢价影响的"成本效应"均超过了"专业化分工效应"，中间投入成本过高是中国制造业企业成本加成率下降的最重要原因。

从资本密集度变量的结果来看，2006—2016年，上市公司制造业高资本密集度企业和低资本密集度企业资本密集度增加对企业成本加成率溢价均具有正向影响，资本密集度增加对企业成本加成率溢价影响的"生产率提升效应"均超过了"成本效应"，在其他变量保持不变的情况下，高资本密集度企业和低资本密集度企业资本密集度每增加1%，企业成本加成率水平分别提高0.02%和0.03%。

从人均工资变量的结果来看，2006—2016年，上市公司制造业高资本密集度企业和低资本密集度企业人均工资水平增加对企业成本加成率溢价均具有负向影响。在其他变量保持不变的情况下，高资本密集度企业和低资本密集度企业人均工资水平每增加1%，企业成本加成率水平分别降低0.08%和0.11%。可见，2006—2016年，高资本密集度企业和低资本密集度企业人均工资增加对企业成本加成率溢价影响的"成本效应"均超过了"要素替代效应"和"创新激励效应"，工资水平的持续上涨进一步降低了我国制造业企业的成本加成率水平。

从资产负债率变量的结果来看，2006—2016年，上市公司制造业企业高资本密集度企业和低资本密集度企业资产负债率增加对企业成本加成率溢价均具有负向影响，融资活动对高资本密集度企业和低资本密集度企业成本加成率溢价影响的"成本效应"超过了"市场规模效应"，在其他变量保持不变的情况下，高资本密集度企业和低资本密集度企业资产负债率每增加1%，企业成本加成率水平分别降低0.009%和0.03%。

从生产率变量的结果来看，2006—2016年，上市公司制造业高资本密集度企业和低资本密集度企业生产率增长对企业成本加成率溢价均具有正向影响，在其他变量保持不变的情况下，高资本密集度企业和低资本密集度企业生产率水平每增加1%，企业成本加成率水平分别提高0.17%和0.34%。

（二）熟练劳动力密集度差异与企业获利能力

本书以熟练劳动力密集度的中位数为临界点，将2006—2016年上市公司制造业全部企业划分为熟练劳动力密集度高的企业和熟练劳动力密集度低的企业，分别代入式（3-53），实证检验贸易自由化对不同熟练劳动力密集度的企业获利能力的影响。

　　检验贸易开放对制造业企业获利能力的影响是否因企业熟练劳动力密集度差异而不同时，在面板模型参数估计方法的选择上，高熟练劳动力密集度企业和低熟练劳动力密集度企业出口成本加成方程中，F 检验的 p 值均为 0.00，拒绝联合回归模型的假设，Hausman 检验的 p 值均为 0.00，因此，高熟练劳动力密集度企业和低熟练劳动力密集度企业出口成本加成方程均采用固定效应模型进行估计，其检验结果分别如式（3-57）和式（3-58）所示。

$$\ln markup_{i,t} = 8.03 - 0.19\, Export_{i,t-1} - 0.02 \ln wshr_{i,t} - 0.57 \ln mshr_{i,t}$$
$$(2.47) \quad (-6.39) \quad\quad (-1.37) \quad\quad (-19.53)$$
$$+0.02 \ln kl_{i,t} - 0.08 \ln wl_{i,t} - 0.04 \ln dbastrt_{i,t} + 0.21 \ln tfp_{i,t}$$
$$(2.69) \quad (-7.78) \quad\quad (-3.78) \quad\quad (7.30)$$
$$-0.02\, size1_{i,t} + 0.004\, size2_{i,t} + 3.22\, area1_{i,t} + 3.54\, area2_{i,t}$$
$$(-0.68) \quad (0.16) \quad (21.42) \quad (20.00)$$
$$-0.02\, nature1_{i,t} + 0.01\, nature2_{i,t}$$
$$(-0.82) \quad\quad (0.35)$$
$$(3\text{-}57)$$

$$\ln markup_{i,t} = -4.66 - 0.16\, Export_{i,t-1} - 0.01 \ln wshr_{i,t} - 0.47 \ln mshr_{i,t}$$
$$(-1.78) \quad (-6.32) \quad\quad (-0.78) \quad\quad (-11.18)$$
$$+0.02 \ln kl_{i,t} - 0.09 \ln wl_{i,t} - 0.006 \ln dbastrt_{i,t} + 0.51 \ln tfp_{i,t}$$
$$(1.73) \quad (-7.48) \quad\quad (-0.58) \quad\quad (10.39)$$
$$+0.26\, size1_{i,t} + 0.22\, size2_{i,t} + 2.54\, area1_{i,t} + 2.88\, area2_{i,t}$$
$$(5.72) \quad (5.23) \quad (10.80) \quad (11.55)$$
$$+0.02\, nature1_{i,t} - 0.11\, nature2_{i,t}$$
$$(1.11) \quad\quad (-2.83)$$
$$(3\text{-}58)$$

　　式（3-57）和式（3-58）的拟合优度分别为 0.8877 和 0.9625，绝大部分变量 t 值的绝对值均显著大于 1.65，模型总体拟合效果良好。

从式（3-57）和式（3-58）可以看出，2006—2016 年，我国上市公司制造业企业中，高熟练劳动力密集度企业和低熟练劳动力密集度企业的出口成本加成率溢价系数 β 均显著为负，且高熟练劳动力密集度企业的出口成本加成率溢价系数小于低熟练劳动力密集度企业，说明高熟练劳动力密集度企业和低熟练劳动力密集度企业的出口均降低了成本加成率水平，高熟练劳动力密集度企业成本加成率水平下降的幅度最大。从总体上来说，2006—2016 年，在其他变量保持不变的情况下，高熟练劳动力密集度企业和低熟练劳动力密集度企业中，出口企业与同期的非出口企业相比，成本加成率水平分别低 19% 和 16%。

从劳动投入份额变量的结果来看，2006—2016 年，上市公司制造业高熟练劳动力密集度企业和低熟练劳动力密集度企业劳动投入份额增加对企业成本加成率溢价均具有负向影响。在其他变量保持不变的情况下，高熟练劳动力密集度企业和低熟练劳动力密集度企业劳动投入份额每增加 1%，企业成本加成率分别降低 0.02% 和 0.01%，这说明劳动投入份额增加对企业成本加成溢价影响的"成本效应"超过了"要素禀赋效应"，我国企业的廉价劳动力优势逐渐丧失。

从中间投入份额变量的结果来看，2006—2016 年，上市公司制造业高熟练劳动力密集度企业和低熟练劳动力密集度企业中间投入份额增加对企业成本加成率溢价均具有负向影响，在其他变量保持不变的情况下，高熟练劳动力密集度企业和低熟练劳动力密集度企业中间投入份额每增加 1%，企业成本加成率分别降低 0.57% 和 0.47%。可见，2006—2016 年，中间投入份额增长对企业成本加成率溢价影响的"成本效应"超过了"专业化分工效应"，中间投入成本过高是中国制造业企业成本加成率下降的最重要原因。

从资本密集度变量的结果来看，2006—2016 年，上市公司制造业高熟练劳动力密集度企业和低熟练劳动力密集度企业资本密集度增加对企业成本加成率溢价均具有正向影响，资本密集度增加对企业成本加成率溢价影响的"生产率提升效应"超过了"成本效应"，在其他变量保持不变的情况下，高熟练劳动力密集度企业和低熟练劳动力密集度企业资本密集度每增加1%，企业成本加成率水平均提高0.02%。

从人均工资变量的结果来看，2006—2016年，上市公司制造业高熟练劳动力密集度企业和低熟练劳动力密集度企业人均工资水平增加对企业成本加成率溢价均具有负向影响，人均工资对企业成本加成率溢价影响的"成本效应"均超过了"要素替代效应"和"创新激励效应"。2006—2016年，在其他变量保持不变的情况下，高熟练劳动力密集度企业和低熟练劳动力密集度企业人均工资水平每增加1%，企业成本加成率水平分别降低0.08%和0.09%。

从资产负债率变量的结果来看，2006—2016年，上市公司制造业企业高熟练劳动力密集度企业和低熟练劳动力密集度企业资产负债率增加对企业成本加成率溢价均具有负向影响，融资活动对高熟练劳动力密集度企业和低熟练劳动力密集度企业成本加成率溢价影响的"成本效应"均超过了"市场规模效应"，在其他变量保持不变的情况下，高熟练劳动力密集度企业和低熟练劳动力密集度企业资产负债率每增加1%，企业成本加成率水平分别降低0.04%和0.006%。

从生产率变量的结果来看，2006—2016年，上市公司制造业高熟练劳动力密集度企业和低熟练劳动力密集度企业生产率增长对企业成本加成率溢价均具有正向影响，在其他变量保持不变的情况下，高熟练劳动力密集度企业和低熟练劳动力密集度企业生产率水平每增加1%，企业成本加成率水平分别提高0.21%和0.51%。

总之，2006—2016年，随着我国市场全面对外开放，上市公司制造业不同要素密集度企业的成本加成率水平和获利能力均有所下降，且高资本密集度企业和高熟练劳动力密集度企业成本加成率水平的下降幅度大于低资本密集度企业和低熟练劳动力密集度企业。造成我国企业成本加成率水平下降，且比较优势企业成本加成率下降幅度较小的原因包括：

①我国制造业企业研发投入比重低、产品质量升级缓慢、"出口学习效应"微弱甚至为负，市场全面对外开放后，"生产率提升效应"和"创新效应"对成本加成率的正向影响小于"竞争效应"对成本加成率的负向影响，降低了制造业企业总体的成本加成率水平。我国的高资本密集度企业和高熟练劳动力密集度企业在国际市场上既不具备竞争优势，也不具备比较优势，贸易自由化的"竞争效应"更强，成本加成率水平下降的幅度更大。②我国加工贸易比重过高，即使是高资本密集度企业和高熟练劳动力密集度企业，大多也从事加工贸易，且高资本密集度企业和高熟练劳动力密集度企业进口中间投入的技术含量和产品价值更高，对企业成本加成率水平的负向影响最大。③我国各类要素密集度企业中普遍存在过度投资现象，投资规模扩大并没有提升企业的生产率水平，进而降低了人均资本水平提升对成本加成率溢价的促进作用。④企业对外出口中除了面对信用风险外，还可能遇到外汇风险、政治风险、法律风险等国内交易所不存在的风险，对外出口的融资成本更高、融资难度更大，各类要素密集度的出口企业融资活动的"成本效应"均超过了"市场规模效应"，因此，出口企业融资成本高、融资难现象的存在进一步降低了出口企业的成本加成率水平。⑤既定的比较优势下，同一产业内出口企业通常具有更高的资本密集度企业和更高熟练劳动力密集度，由式（3-55）~式（3-58）可以看出，高资本密集度企业和高熟练劳动力密度企业生产率水平提升对企业成本加成率溢价的促进作用小于低资本密集度企业和低熟练劳动力密集度企业，因此，市场全面开放后，高资本密集度企业和高熟练劳动力密集度企业成本加成率下降的幅度大于低资本密集度企业和低熟练劳动力密集度企业。

三、成长能力异质性与企业获利能力

贸易自由化对企业成本加成率和获利能力的影响因企业成长能力不同而异。朝阳产业或者新兴产业成长能力相对较强，大多数产品处于产品生命周期的创新阶段和成长阶段，技术水平相对领先，国际市场竞争加剧对高成长能力企业成本加成率的影响相对较小。与此相反，夕阳产业成长能力较弱，多数产品处于产品生命周期的成熟阶段，产品可替代性强，国际市场竞争加剧时，企业通常通过降低成本加成率的方式维持和扩大市场份额。因此，根据异质性企业贸易理论，无论是成长能力强的企业还是成长能力弱的企业，对外出口均能降低企业的成本加成率水平和获利能力，且成长能力强的企业相对于成长能力弱的企业来说，成本加成率水平和获利能力下降的程度更小。

本书运用三年利润平均增长率和营业收入增长率两个指标，以相应的中位数为临界点，将 2006—2016 年上市公司制造业全部企业划分为成长能力强的企业和成长能力弱的企业，分别代入式（3-53），实证检验贸易自由化对不同成长能力的企业获利能力的影响。

（一）利润增长率差异与企业获利能力

检验贸易开放对制造业企业获利能力的影响是否因企业利润增长率差异而不同时，在面板模型参数估计方法的选择上，高利润增长率企业和低利润增长率企业出口成本加成方程中，F 检验的 P 值均为 0.00，拒绝联合回归模型的假设，Hausman 检验的 P 值分别为 0.00 和 0.36，因此，高利润增长率企业和低利润增长率企业出口成本加成方程分别采用固定效应模型和随机效应模型进行估计，其检验结果分别如式（3-59）和式（3-60）所示。

$$\ln markup_{i,t} = 7.20 - 0.18\, Export_{i,t-1} - 0.03 \ln wshr_{i,t} - 0.55 \ln mshr_{i,t}$$
$$(1.22) \qquad (-2.79) \qquad\quad (-1.58) \qquad\quad (-15.41)$$
$$+ 0.03 \ln kl_{i,t} - 0.04 \ln wl_{i,t} - 0.03 \ln dbastrt_{i,t} + 0.08 \ln tfp_{i,t}$$
$$(1.88) \qquad (-2.91) \qquad\quad (-2.38) \qquad\quad (2.97)$$
$$+ 0.05\, size1_{i,t} + 0.06\, size2_{i,t} + 0.003\, area1_{i,t} + 0.24\, area2_{i,t}$$
$$(2.05) \qquad\quad (2.84) \qquad\quad (0.08) \qquad\quad (4.76)$$
$$- 0.07\, nature1_{i,t} - 0.03\, nature2_{i,t}$$
$$(-3.63) \qquad\quad (-1.81)$$

$$(3\text{-}59)$$

$$\ln \text{markup}_{i,t} = -6.82 - 0.22\,\text{Export}_{i,t-1} + 0.03\,\ln \text{wshr}_{i,t} - 0.59\,\ln \text{mshr}_{i,t}$$
$$\quad (-1.34) \qquad (-3.78) \qquad\qquad (2.09) \qquad\qquad (-13.64)$$
$$+ 0.03\,\ln \text{kl}_{i,t} - 0.08\,\ln \text{wl}_{i,t} - 0.02\,\ln \text{dbastrt}_{i,t} + 0.38\,\ln \text{tfp}_{i,t}$$
$$\quad (2.81) \qquad (-6.52) \qquad\quad (-1.43) \qquad\qquad (7.53)$$
$$+ 0.05\,\text{size}1_{i,t} + 0.01\,\text{size}2_{i,t} - 0.04\,\text{area}1_{i,t} + 0.01\,\text{area}2_{i,t}$$
$$\quad (1.58) \qquad\quad (0.42) \qquad\quad (-0.64) \qquad\quad (0.29)$$
$$+ 0.02\,\text{nature}1_{i,t} + 0.05\,\text{nature}2_{i,t}$$
$$\quad (1.29) \qquad\qquad (3.10)$$

$$(3-60)$$

式（3-59）和式（3-60）的拟合优度分别为 0.8515 和 0.9711，绝大部分变量 t 值的绝对值均显著大于 1.65，模型总体拟合效果良好。

从式（3-59）和式（3-60）可以看出，2006—2016 年，我国上市公司制造业企业中，高利润增长率企业和低利润增长率企业的出口成本加成率溢价系数 β 均显著为负，且高利润增长率企业的出口成本加成率溢价系数大于低利润增长率企业，说明高利润增长率企业和低利润增长率企业的出口均降低了成本加成率水平，低利润增长率企业成本加成率水平下降的幅度最大。从总体上来说，2006—2016 年，在其他变量保持不变的情况下，高利润增长率企业和低利润增长率企业中，出口企业与同期的非出口企业相比，成本加成率水平分别低 18% 和 22%。

从劳动投入份额变量的结果来看，2006—2016 年，上市公司制造业高利润增长率企业劳动投入份额增加对企业成本加成率溢价具有负向影响。在其他变量保持不变的情况下，高利润增长率企业劳动投入份额每增加 1%，企业成本加成率降低 0.03%，这说明劳动投入份额增加对高利润增长率企业成本加成溢价影响的"成本效应"超过了"要素禀赋效应"，我国高利润增长率企业的廉价劳动力优势逐渐丧失。低利润增长率企业劳动投入份额增加对企业成本加成率溢价具有正向影响。在其他变量保持不变的情况下，低利润增长率企业劳动投入份额每增加 1%，企业成本加成率提高 0.03%，这说明劳动投入份额增加对企业成本加成溢价影响的"要素禀赋效应"超过了"成本效应",廉价劳动力优势对我国低利润增长率企业成本加成率溢价起到微弱的促进作用。

从中间投入份额变量的结果来看,2006—2016年,上市公司制造业高利润增长率企业和低利润增长率企业中间投入份额增加对企业成本加成率溢价均具有负向影响,在其他变量保持不变的情况下,高利润增长率企业和低利润增长率企业中间投入份额每增加1%,企业成本加成率分别降低0.55%和0.59%。可见,2006—2016年,中间投入份额增长对企业成本加成率溢价影响的"成本效应"均超过了"专业化分工效应",中间投入成本过高是中国制造业企业成本加成率下降的最重要原因。

从资本密集度变量的结果来看,2006—2016年,上市公司制造业高利润增长率企业和低利润增长率企业资本密集度增加对企业成本加成率溢价均具有正向影响,资本密集度增加对企业成本加成率溢价影响的"生产率提升效应"超过了"成本效应",在其他变量保持不变的情况下,高利润增长率企业和低利润增长率企业资本密集度每增加1%,企业成本加成率水平均提高0.03%。

从人均工资变量的结果来看,2006—2016年,上市公司制造业高利润增长率企业和低利润增长率企业人均工资水平增加对企业成本加成率溢价均具有负向影响,人均工资增加对企业成本加成率溢价影响的"成本效应"均超过了"要素替代效应"和"创新激励效应"。2006—2016年,在其他变量保持不变的情况下,高利润增长率企业和低利润增长率企业人均工资水平每增加1%,企业成本加成率水平分别降低0.04%和0.08%。

从资产负债率变量的结果来看,2006—2016年,上市公司制造业企业高利润增长率企业和低利润增长率企业资产负债率增加对企业成本加成率溢价均具有负向影响,融资活动对高利润增长率企业和低利润增长率企业成本加成率溢价影响的"成本效应"均超过了"市场规模效应",在其他变量保持不变的情况下,高利润增长率企业和低利润增长率企业资产负债率每增加1%,企业成本加成率水平分别降低0.03%和0.02%。

从生产率变量的结果来看，2006—2016 年，上市公司制造业高利润增长率企业和低利润增长率企业生产率增长对企业成本加成率溢价均具有正向影响，在其他变量保持不变的情况下，高利润增长率企业和低利润增长率企业生产率水平每增加 1%，企业成本加成水平分别提高 0.08% 和 0.38%。

（二）营业收入增长率差异与企业获利能力

检验贸易开放对制造业企业获利能力的影响是否因企业营业收入增长率差异而不同时，在面板模型参数估计方法的选择上，高营业收入增长率企业和低营业收入增长率企业出口成本加成方程中，F 检验的 P 值均为 0.00，拒绝联合回归模型的假设，Hausman 检验的 P 值均为 0.00，因此，高营业收入增长率企业和低营业收入增长率企业出口成本加成方程均采用固定效应模型进行估计，其检验结果分别如式（3-61）和式（3-62）所示。

$$\ln \text{markup}_{i,t} = 3.03 - 0.18\,\text{Export}_{i,t-1} - 0.04\,\ln \text{wshr}_{i,t} - 0.53\,\ln \text{mshr}_{i,t}$$

$$\qquad\qquad (1.02) \qquad (-3.78) \qquad\quad (-2.33) \qquad\qquad (-14.68)$$

$$\qquad + 0.04\,\ln \text{k1}_{i,t} - 0.08\,\ln \text{wl}_{i,t} - 0.04\,\ln \text{dbastrt}_{i,t} + 0.15\,\ln \text{tfp}_{i,t}$$

$$\qquad\quad (3.02) \qquad (-4.24) \qquad\qquad (-2.27) \qquad\qquad (4.36)$$

$$\qquad + 0.0009\,\text{size}1_{i,t} + 0.04\,\text{size}2_{i,t} - 0.01\,\text{area}1_{i,t} + 0.25\,\text{area}2_{i,t}$$

$$\qquad\quad (0.04) \qquad\qquad (1.68) \qquad\quad (-0.34) \qquad\qquad (4.95)$$

$$\qquad - 0.03\,\text{nature}1_{i,t} - 0.009\,\text{nature}2_{i,t}$$

$$\qquad\quad (-1.72) \qquad\qquad (-0.52)$$

$$\hspace{9cm} （3\text{-}61）$$

$$\ln \text{markup}_{i,t} = -1.27 - 0.35\,\text{Export}_{i,t-1} - 0.03\,\ln \text{wshr}_{i,t} - 0.70\,\ln \text{mshr}_{i,t}$$

$$\qquad (-1.55) \qquad (-8.05) \qquad\quad (-2.35) \qquad\qquad (-22.04)$$

$$\qquad + 0.05\,\ln \text{k1}_{i,t} - 0.11\,\ln \text{wl}_{i,t} - 0.02\,\ln \text{dbastrt}_{i,t} + 0.25\,\ln \text{tfp}_{i,t}$$

$$\qquad\quad (4.05) \qquad (-7.57) \qquad\qquad (-2.44) \qquad\qquad (6.33)$$

$$\qquad + 0.06\,\text{size}1_{i,t} + 0.04\,\text{size}2_{i,t} + 3.94\,\text{area}1_{i,t} + 4.22\,\text{area}2_{i,t}$$

$$\qquad\quad (1.45) \qquad\qquad (0.99) \qquad\quad (19.35) \qquad\qquad (19.73)$$

$$\qquad + 0.01\,\text{nature}1_{i,t} + 0.03\,\text{nature}2_{i,t}$$

$$\qquad\quad (0.91) \qquad\qquad (1.57)$$

$$\hspace{9cm} （3\text{-}62）$$

式（3-61）和式（3-62）的拟合优度分别为 0.8221 和 0.9664，绝大部分变量 t 值的绝对值均显著大于 1.65，模型总体拟合效果良好。

从式（3-61）和式（3-62）可以看出，2006—2016 年，我国上市公司制造业企业中，高营业收入增长率企业和低营业收入增长率企业的出口成本加成率溢价系数 β 均显著为负，且高营业收入增长率企业的出口成本加成率溢价系数大于低营业收入增长率企业，说明高营业收入增长率企业和低营业收入增长率企业的出口均降低了成本加成率水平，低营业收入增长率企业成本加成率水平下降的幅度最大。从总体上来说，2006—2016 年，在其他变量保持不变的情况下，高营业收入增长率企业和低营业收入增长率企业中，出口企业与同期的非出口企业相比，成本加成率水平分别低 18% 和 35%。

从劳动投入份额变量的结果来看，2006—2016 年，上市公司制造业高营业收入增长率企业和低营业收入增长率企业劳动投入份额增加对企业成本加成率溢价均具有负向影响。在其他变量保持不变的情况下，高营业收入增长率企业和低营业收入增长率企业劳动投入份额每增加 1%，企业成本加成率分别降低 0.04% 和 0.03%，这说明劳动投入份额增加对企业成本加成溢价影响的"成本效应"超过了"要素禀赋效应"，我国企业的廉价劳动力优势逐渐丧失。

从中间投入份额变量的结果来看，2006—2016 年，上市公司制造业高营业收入增长率企业和低营业收入增长率企业中间投入份额增加对企业成本加成率溢价均具有负向影响，在其他变量保持不变的情况下，高营业收入增长率企业和低营业收入增长率企业中间投入份额每增加 1%，企业成本加成率分别降低 0.53% 和 0.70%。可见，2006—2016 年，中间投入份额增长对企业成本加成率溢价影响的"成本效应"均超过了"专业化分工效应"，中间投入成本过高是中国制造业企业成本加成率下降的最重要原因。

从资本密集度变量的结果来看，2006—2016 年，上市公司制造业高营业收入增长率企业和低营业收入增长率企业资本密集度增加对企业成本加成率溢价均具有正向影响，资本密集度增加对企业成本加成率溢价影响的"生产率提升效应"均超过了"成本效应"，在其他变量保持不变的情况下，高营业收入增长率企业和低营业收入增长率企业资本密集度每增加1%，企业成本加成率水平分别提高0.04%和0.05%。

从人均工资变量的结果来看，2006—2016年，上市公司制造业高营业收入增长率企业和低营业收入增长率企业人均工资水平增加对企业成本加成率溢价均具有负向影响，人均工资增加对企业成本加成率溢价影响的"成本效应"均超过了"要素替代效应"和"创新激励效应"。2006—2016年，在其他变量保持不变的情况下，高营业收入增长率企业和低营业收入增长率企业人均工资水平每增加1%，企业成本加成率水平分别降低0.08%和0.11%。

从资产负债率变量的结果来看，2006—2016年，上市公司制造业企业高营业收入增长率企业和低营业收入增长率企业资产负债率增加对企业成本加成率溢价均具有负向影响，融资活动对高营业收入增长率企业和低营业收入增长率企业成本加成率溢价影响的"成本效应"均超过了"市场规模效应"，在其他变量保持不变的情况下，高营业收入增长率企业和低营业收入增长率企业资产负债率每增加1%，企业成本加成率水平分别降低0.04%和0.02%。

从生产率变量的结果来看，2006—2016年，上市公司制造业高营业收入增长率企业和低营业收入增长率企业生产率增长对企业成本加成率溢价均具有正向影响，在其他变量保持不变的情况下，高营业收入增长率企业和低营业收入增长率企业生产率水平每增加1%，企业成本加成率水平分别提高0.15%和0.25%。

总之，2006—2016年，随着我国市场全面对外开放，上市公司制造业不同成长能力企业的成本加成率水平和获利能力均有所下降，且成长能力弱的企业成本加成率水平的下降幅度大于成长能力强的企业。造成我国企业成本加成率水平下降，且成长能力弱的企业成本加成率水平下降的幅度较大的原因包括：①处于产品生命周期成熟阶段的企业通常成长能力较弱，产品规格、质量、性能等长期保持不变，市场竞争加剧或者外部需求冲击发生变化时，企业更倾向于依靠降低成本加成率的方式来维持和扩大市场份额。②式（3-59）—式（3-62）中，中间投入份额增加对企业成本加成率下降的促进作用均远远大于劳动力投入份额变量的影响，这与我国不同成长阶段的企业均大量从事加工贸易密切相关。处于产品生命周期成熟阶段的低成长能力的企业对外出口更加依赖加工贸易，中间投入份额增加对企业成本加成率水平的负向影响更大。③我国不同成长能力的企业中普遍存在过度投资现象，投资规模扩大并没有提升企业的生产率水平，进而降低了人均资本水平提升对成本加成率溢价的促进作用。④企业对外出口的融资成本更高、融资难度更大，不同成长阶段的出口企业融资活动的"成本效应"均超过了"市场规模效应"，因此，出口企业融资成本高、融资难现象的存在进一步降低了出口企业的成本加成率水平。成长能力强的企业通常处于产品生命周期的创新和发展阶段，企业生产规模小，市场前景不稳定，融资风险与难度更高，融资成本增加对成长能力强的企业成本加成率水平的负向影响更大。

四、营运能力异质性与企业获利能力

营运能力反映了企业对经济资源管理、运用的效率高低。尽管国内市场全面对外开放以后，市场竞争加剧对不同营运能力企业的成本加成率水平均具有负向促进作用，但总体上来说，营运能力强的企业资产周转速度快、流动性高、偿债能力强、资产获取利润的速度快，当国际市场竞争加剧时，营运能力强的企业能够以更快的速度收回货款，避免或者减少企业成本加成率水平及获利能力的损失。

本书运用存货周转率和应收账款周转率两个指标，以相应的中位数为临界点，将2006—2016年上市公司制造业全部企业划分为营运能力强

的企业和营运能力弱的企业，分别代入式（3-53），实证检验贸易自由化对不同营运能力的企业获利能力的影响。

（一）存货周转率差异与企业获利能力

检验贸易开放对制造业企业获利能力的影响是否因企业存货周转率差异而不同时，在面板模型参数估计方法的选择上，高存货周转率企业和低存货周转率企业出口成本加成方程中，F检验的P值均为0.00，拒绝联合回归模型的假设，Hausman检验的P值分别为0.00和0.05，高存货周转率企业和低存货周转率企业出口成本加成方程均采用固定效应模型进行估计，其检验结果分别如式（3-63）和式（3-64）所示。

$$
\begin{aligned}
\ln \text{markup}_{i,t} = &-0.13 - 0.10\,\text{Export}_{i,t-1} - 0.03\,\ln \text{wshr}_{i,t} - 0.67\,\ln \text{mshr}_{i,t} \\
&\ (-1.01)\quad (-4.53)\qquad\quad (-2.99)\qquad\qquad (-25.28) \\
&+0.03\,\ln \text{kl}_{i,t} - 0.04\,\ln \text{wl}_{i,t} - 0.02\,\ln \text{dbastrt}_{i,t} + 0.12\,\ln \text{tfp}_{i,t} \\
&\ (2.89)\qquad (-3.55)\qquad\qquad (-1.68)\qquad\qquad (4.78) \\
&+0.07\,\text{size}1_{i,t} + 0.06\,\text{size}2_{i,t} + 0.02\,\text{area}1_{i,t} + 0.32\,\text{area}2_{i,t} \\
&\ (2.72)\qquad\quad (2.43)\qquad\quad (0.41)\qquad\quad (13.39) \\
&-0.03\,\text{nature}1_{i,t} - 0.02\,\text{nature}2_{i,t} \\
&\ (-2.22)\qquad\quad (-1.31)
\end{aligned}
$$

$$(3-63)$$

$$
\begin{aligned}
\ln \text{markup}_{i,t} = &\ 2.77 - 0.28\,\text{Export}_{i,t-1} - 0.04\,\ln \text{wshr}_{i,t} - 0.52\,\ln \text{mshr}_{i,t} \\
&\ (2.11)\quad (-5.79)\qquad\quad (-2.22)\qquad\qquad (-13.80) \\
&+0.03\,\ln \text{kl}_{i,t} - 0.11\,\ln \text{wl}_{i,t} - 0.02\,\ln \text{dbastrt}_{i,t} + 0.37\,\ln \text{tfp}_{i,t} \\
&\ (2.34)\qquad (-6.52)\qquad\qquad (-1.45)\qquad\qquad (8.66) \\
&+0.08\,\text{size}1_{i,t} + 0.10\,\text{size}2_{i,t} - 0.001\,\text{area}1_{i,t} + 0.16\,\text{area}2_{i,t} \\
&\ (1.97)\qquad\quad (2.66)\qquad\quad (-0.03)\qquad\quad (2.78) \\
&-0.01\,\text{nature}1_{i,t} + 0.04\,\text{nature}2_{i,t} \\
&\ (-0.45)\qquad\quad (1.34)
\end{aligned}
$$

$$(3-64)$$

式（3-63）和式（3-64）的拟合优度分别为0.8602和0.9397，绝大部分变量t值的绝对值均显著大于1.65，模型总体拟合效果良好。

从式（3-63）和式（3-64）可以看出，2006—2016年，我国上市公司制造业企业中，高存货周转率企业和低存货周转率企业的出口成本加成率溢价系数 β 均显著为负，且高存货周转率企业的出口成本加成率溢价系数大于低存货周转率企业，说明高存货周转率企业和低存货周转率企业的出口均降低了成本加成率水平，低存货周转率企业成本加成率水平下降的幅度最大。从总体上来说，2006—2016年，在其他变量保持不变的情况下，高存货周转率企业和低存货周转率企业中，出口企业与同期的非出口企业相比，成本加成率水平分别低10%和28%。

从劳动投入份额变量的结果来看，2006—2016年，上市公司制造业高存货周转率企业和低存货周转率企业劳动投入份额增加对企业成本加成率溢价均具有负向影响。在其他变量保持不变的情况下，高存货周转率企业和低存货周转率企业劳动投入份额每增加1%，企业成本加成率分别降低0.03%和0.04%，这说明劳动投入份额增加对企业成本加成溢价影响的"成本效应"超过了"要素禀赋效应"，我国企业的廉价劳动力优势逐渐丧失。

从中间投入份额变量的结果来看，2006—2016年，上市公司制造业高存货周转率企业和低存货周转率企业中间投入份额增加对企业成本加成率溢价均具有负向影响，在其他变量保持不变的情况下，高存货周转率企业和低存货周转率企业中间投入份额每增加1%，企业成本加成率分别降低0.67%和0.52%。可见，2006—2016年，中间投入份额增长对企业成本加成率溢价影响的"成本效应"均超过了"专业化分工效应"，中间投入成本过高是中国制造业企业成本加成率下降的最重要原因。

从资本密集度变量的结果来看，2006—2016年，上市公司制造业高存货周转率企业和低存货周转率企业资本密集度增加对企业成本加成率溢价均具有正向影响，资本密集度增加对企业成本加成率溢价影响的"生产率提升效应"均超过了"成本效应"，在其他变量保持不变的情况下，高存货周转率企业和低存货周转率企业资本密集度每增加1%，企业成本加成率水平均提高 0.03%。

从人均工资变量的结果来看，2006—2016 年，上市公司制造业高存货周转率企业和低存货周转率企业人均工资水平增加对企业成本加成率溢价均具有负向影响，人均工资增加对企业成本加成率溢价影响的"成本效应"均超过了"要素替代效应"和"创新激励效应"。2006—2016 年，在其他变量保持不变的情况下，高存货周转率企业和低存货周转率企业人均工资水平每增加 1%，企业成本加成率水平分别降低 0.04% 和 0.11%。

从资产负债率变量的结果来看，2006—2016 年，上市公司制造业企业高存货周转率企业和低存货周转率企业资产负债率增加对企业成本加成率溢价均具有负向影响，融资活动对高存货周转率企业和低存货周转率企业成本加成率溢价影响的"成本效应"均超过了"市场规模效应"，在其他变量保持不变的情况下，高存货周转率企业和低存货周转率企业资产负债率每增加 1%，企业成本加成率水平均降低 0.02%。

从生产率变量的结果来看，2006—2016 年，上市公司制造业高存货周转率企业和低存货周转率企业生产率增长对企业成本加成率溢价均具有正向影响，在其他变量保持不变的情况下，高存货周转率企业和低存货周转率企业生产率水平每增加 1%，企业成本加成率水平分别提高 0.12% 和 0.37%。

（二）应收账款周转率差异与企业获利能力

检验贸易开放对制造业企业获利能力的影响是否因企业应收账款周转率差异而不同时，在面板模型参数估计方法的选择上，高应收账款周转率企业和低应收账款周转率企业出口成本加成方程中，F 检验的 P 值均为 0.00，拒绝联合回归模型的假设，Hausman 检验的 P 值均为 0.00，因此，高应收账款周转率企业和低应收账款周转率企业出口成本加成方程均采用固定效应模型进行估计，其检验结果分别如式（3-65）和式（3-66）所示。

$$\ln \text{markup}_{i,t} = 4.93 - 0.23 \, \text{Export}_{i,t-1} - 0.03 \ln \text{wshr}_{i,t} - 0.51 \ln \text{mshr}_{i,t}$$
$$(2.24) \quad (-5.75) \quad\quad (-2.48) \quad\quad\quad (-15.99)$$
$$+ 0.04 \ln \text{kl}_{i,t} - 0.06 \ln \text{wl}_{i,t} - 0.03 \ln \text{dbastrt}_{i,t} + 0.30 \ln \text{tfp}_{i,t}$$
$$(5.07) \quad\quad\quad (-5.25) \quad\quad\quad (-3.12) \quad\quad\quad (9.80)$$
$$+ 0.20 \, \text{size}\,1_{i,t} + 0.18 \, \text{size}\,2_{i,t} + 0.04 \, \text{area}\,1_{i,t} + 0.19 \, \text{area}\,2_{i,t}$$
$$(8.07) \quad\quad (8.75) \quad\quad (0.86) \quad\quad (3.07)$$
$$- 0.02 \, \text{nature}\,1_{i,t} + 0.03 \, \text{nature}\,2_{i,t}$$
$$(-1.01) \quad\quad (1.05)$$

$$(3\text{-}65)$$

$$\ln \text{markup}_{i,t} = -13.15 - 0.33 \, \text{Export}_{i,t-1} + 0.01 \ln \text{wshr}_{i,t} - 0.58 \ln \text{mshr}_{i,t}$$
$$(-1.58) \quad (-9.31) \quad\quad (1.13) \quad\quad\quad (-17.37)$$
$$- 0.01 \ln \text{kl}_{i,t} - 0.08 \ln \text{wl}_{i,t} + 0.0008 \ln \text{dbastrt}_{i,t} + 0.31 \ln \text{tfp}_{i,t}$$
$$(-1.10) \quad\quad (-6.18) \quad\quad\quad (0.06) \quad\quad\quad (9.80)$$
$$+ 0.05 \, \text{size}\,1_{i,t} + 0.04 \, \text{size}\,2_{i,t} + 3.36 \, \text{area}\,1_{i,t} + 3.72 \, \text{area}\,2_{i,t}$$
$$(2.17) \quad\quad (1.91) \quad\quad (15.92) \quad\quad (16.13)$$
$$- 0.02 \, \text{nature}\,1_{i,t} - 0.05 \, \text{nature}\,2_{i,t}$$
$$(-1.18) \quad\quad (-2.52)$$

$$(3\text{-}66)$$

式（3-65）和式（3-66）的拟合优度分别为 0.9143 和 0.9514，绝大部分变量 t 值的绝对值均显著大于 1.65，模型总体拟合效果良好。

从式（3-65）和式（3-66）可以看出，2006—2016 年，我国上市公司制造业企业中，高应收账款周转率企业和低应收账款周转率企业的出口成本加成率溢价系数 β 均显著为负，且高应收账款周转率企业的出口成本加成率溢价系数大于低应收账款周转率企业，说明高应收账款周转率企业和低应收账款周转率企业的出口均降低了成本加成率水平，低应收账款周转率企业成本加成率水平下降的幅度最大。从总体上来说，2006—2016 年，在其他变量保持不变的情况下，高应收账款周转率企业和低应收账款周转率企业中，出口企业与同期的非出口企业相比，成本加成率水平分别低 23% 和 33%。

从劳动投入份额变量的结果来看，2006—2016 年，上市公司制造业高应收账款周转率企业劳动投入份额增加对企业成本加成率溢价具有负向影响。在其他变量保持不变的情况下，高应收账款周转率企业劳动投入份额每增加 1%，企业成本加成率降低 0.03%，这说明高应收账款周转率企业劳动投入份额增加对企业成本加成溢价影响的"成本效应"超过了"要素禀赋效应"。低应收账款周转率企业劳动投入份额增加对企业成本加成率溢价具有正向影响。在其他变量保持不变的情况下，低应收账款周转率企业劳动投入份额每增加 1%，企业成本加成率上升 0.01%，这说明低应收账款周转率企业劳动投入份额增加对企业成本加成溢价影响的"要素禀赋效应"超过了"成本效应"。

从中间投入份额变量的结果来看，2006—2016 年，上市公司制造业高应收账款周转率企业和低应收账款周转率企业中间投入份额增加对企业成本加成率溢价均具有负向影响，在其他变量保持不变的情况下，高应收账款周转率企业和低应收账款周转率企业中间投入份额每增加 1%，企业成本加成率分别降低 0.51% 和 0.58%。可见，2006—2016 年，中间投入份额增长对企业成本加成率溢价影响的"成本效应"均超过了"专业化分工效应"，中间投入成本过高是中国制造业企业成本加成率下降的最重要原因。

从资本密集度变量的结果来看，2006—2016 年，上市公司制造业高应收账款周转率企业资本密集度增加对企业成本加成率溢价具有正向影响，资本密集度增加对企业成本加成率溢价影响的"生产率提升效应"超过了"成本效应"，在其他变量保持不变的情况下，高应收账款周转率企业资本密集度每增加 1%，企业成本加成率水平提高 0.04%。低应收账款周转率企业资本密集度增加对企业成本加成率溢价具有正向影响，资本密集度增加对企业成本加成率溢价影响的"成本效应"超过了"生产率提升效应"，在其他变量保持不变的情况下，低应收账款周转率企业资本密集度每增加 1%，企业成本加成率水平降低 0.01%。

从人均工资变量的结果来看，2006—2016 年，上市公司制造业高应收账款周转率企业和低应收账款周转率企业人均工资水平增加对企业成本加成率溢价均具有负向影响，人均工资增加对企业成本加成率溢价影响的"成本效应"均超过了"要素替代效应"和"创新激励效应"。2006—2016 年，在其他变量保持不变的情况下，高应收账款周转率企业和低应收账款周转率企业人均工资水平每增加 1%，企业成本加成率水平分别降低 0.06% 和 0.08%。

从资产负债率变量的结果来看，2006—2016 年，上市公司制造业企业高应收账款周转率企业资产负债率增加对企业成本加成率溢价具有负向影响，融资活动对高应收账款周转率企业成本加成率溢价影响的"成本效应"超过了"市场规模效应"，在其他变量保持不变的情况下，高应收账款周转率企业资产负债率每增加 1%，企业成本加成率水平降低 0.03%。低应收账款周转率企业资产负债率增加对企业成本加成率溢价具有正向影响，融资活动对低应收账款周转率企业成本加成率溢价影响的"市场规模效应"超过了"成本效应"，在其他变量保持不变的情况下，低应收账款周转率企业资产负债率每增加 1%，企业成本加成率水平提高 0.0008%。

从生产率变量的结果来看，2006—2016 年，上市公司制造业高应收账款周转率企业和低应收账款周转率企业生产率增长对企业成本加成率溢价均具有正向影响，在其他变量保持不变的情况下，高应收账款周转率企业和低应收账款周转率企业生产率水平每增加 1%，企业成本加成率水平分别提高 0.30% 和 0.31%。

总之，2006—2016 年，随着我国市场全面对外开放，上市公司制造业不同营运能力企业的成本加成率水平和获利能力均有所下降，且营运能力弱的企业成本加成率水平的下降幅度大于营运能力强的企业。造成我国企业成本加成率水平下降，且营运能力弱的企业成本加成率水平下降的幅度较大的原因包括：①营运能力弱的企业资产周转速度慢、流动性低、偿债能力弱，当国际市场竞争加剧时，营运能力弱的企业为快速收回货款、降低利润损失，不得不更大程度的降低企业的成本加成率水平。②式（3-63）—式（3-66）中，中间投入份额增加对企业成本加成率下降的促进作用均远远大于劳动力投入份额变量的影响，这与我国不同营运能力的企业均大量从事加工贸易密切相关。③我国不同营运能力的企业中普遍存在过度投资现象，投资规模扩大并没有提升企业的生产率水平，进而降低了人均资本水平提升对成本加成率溢价的促进作用。④企业对外出口的融资成本更高、融资难度更大，不同营运能力的出口企业融资活动的"成本效应"均超过了"市场规模效应"，因此，出口企业融资成本高、融资难现象的存在进一步降低了出口企业的成本加成率水平。

五、内源性融资能力异质性与企业获利能力

内源性融资能力是指企业内部融通资金的能力，具有自主性强、融资成本低得特点。贸易自由化对企业成本加成率的影响因企业内源性融资能力的不同而异。当国内市场全面对外开放以后，市场竞争加剧，企业通常以降低成本加成率的方式来维持和扩大市场份额，部分成本加成率低的企业因外部需求冲击或者资金周转不畅而被迫退出市场。内源性融资能力强的企业可以运用自有资金进行融资，融资资金使用时具有很大的自主性，只要股东大会或董事会批准即可，基本不受外界的制约和影响，可以及时应对可预见或者突发性的外部需求冲击，而不必大幅度降低成本加成率水平。因此，贸易自由化下，内源性融资能力强的企业成本加成率下降的程度小于内源性融资能力弱的企业。

本书以清偿比率和股东权益比率的中位数为临界点，将2006—2016年上市公司制造业全部企业划分为内源性融资能力强的企业和内源性融资能力弱的企业，分别代入式（3-53），实证检验贸易自由化对不同内源性融资能力的企业获利能力的影响。

（一）清偿比率差异与企业获利能力

检验贸易开放对制造业企业获利能力的影响是否因企业清偿比率差异而不同时，在面板模型参数估计方法的选择上，高清偿比率企业和低清偿比率企业出口成本加成方程中，F检验的P值均为0.00，拒绝联合

回归模型的假设，Hausman 检验的 P 值分别为 0.08 和 0.00，高清偿比率企业和低清偿比率企业出口成本加成方程均采用固定效应模型进行估计，其检验结果分别如式（3-67）和式（3-68）所示。

$$\ln \text{markup}_{i,t} = -2.44 - 0.38 \, \text{Export}_{i,t-1} + 0.007 \ln \text{wshr}_{i,t} - 0.69 \ln \text{mshr}_{i,t}$$
$$\quad (-1.08) \qquad (-11.77) \qquad (0.74) \qquad (-27.13)$$
$$+ 0.04 \ln \text{kl}_{i,t} - 0.05 \ln \text{wl}_{i,t} - 0.04 \ln \text{dbastrt}_{i,t} + 0.17 \ln \text{tfp}_{i,t}$$
$$\quad (5.00) \qquad (-3.97) \qquad (-3.41) \qquad (5.79)$$
$$+ 0.10 \, \text{size} 1_{i,t} + 0.08 \, \text{size} 2_{i,t} - 0.26 \, \text{area} 1_{i,t} + 0.42 \, \text{area} 2_{i,t}$$
$$\quad (4.77) \qquad (4.51) \qquad (-4.93) \qquad (11.62)$$
$$- 0.02 \, \text{nature} 1_{i,t} - 0.006 \, \text{nature} 2_{i,t}$$
$$\quad (-1.79) \qquad (-0.42)$$

$$（3-67）$$

$$\ln \text{markup}_{i,t} = -1.39 - 0.40 \, \text{Export}_{i,t-1} - 0.01 \ln \text{wshr}_{i,t} - 0.61 \ln \text{mshr}_{i,t}$$
$$\quad (-1.06) \qquad (-9.74) \qquad (-0.99) \qquad (-17.80)$$
$$+ 0.004 \ln \text{kl}_{i,t} - 0.05 \ln \text{wl}_{i,t} - 0.02 \ln \text{dbastrt}_{i,t} + 0.24 \ln \text{tfp}_{i,t}$$
$$\quad (0.34) \qquad (-3.24) \qquad (-1.31) \qquad (6.95)$$
$$+ 0.08 \, \text{size} 1_{i,t} + 0.09 \, \text{size} 2_{i,t} + 0.02 \, \text{area} 1_{i,t} + 1.49 \, \text{area} 2_{i,t}$$
$$\quad (1.84) \qquad (2.19) \qquad (0.26) \qquad (12.53)$$
$$+ 0.0005 \, \text{nature} 1_{i,t} - 0.06 \, \text{nature} 2_{i,t}$$
$$\quad (0.02) \qquad (-1.66)$$

$$（3-68）$$

式（3-67）和式（3-68）的拟合优度分别为 0.9060 和 0.9216，绝大部分变量 t 值的绝对值均显著大于 1.65，模型总体拟合效果良好。

从式（3-67）和式（3-68）可以看出，2006—2016 年，我国上市公司制造业企业中，高清偿比率企业和低清偿比率企业的出口成本加成率溢价系数 β 均显著为负，且高清偿比率企业的出口成本加成率溢价系数大于低清偿比率企业，说明高清偿比率企业和低清偿比率企业的出口均降低了成本加成率水平，低清偿比率企业成本加成率水平下降的幅度最大。从总体上来说，2006—2016 年，在其他变量保持不变的情况下，高清偿比率企业和低清偿比率企业中，出口企业与同期的非出口企业相比，成本加成率水平分别低 38 和 40%。

从劳动投入份额变量的结果来看，2006—2016 年，上市公司制造业高清偿比率企业劳动投入份额增加对企业成本加成率溢价具有正向影响。在其他变量保持不变的情况下，高清偿比率企业劳动投入份额每增加 1%，企业成本加成率提高 0.007%，这说明高清偿比率企业劳动投入份额增加对企业成本加成溢价影响的"要素禀赋效应"超过了"成本效应"。低清偿比率企业劳动投入份额增加对企业成本加成率溢价具有负向影响。在其他变量保持不变的情况下，低清偿比率企业劳动投入份额每增加 1%，企业成本加成率下降 0.01%，这说明低清偿比率企业劳动投入份额增加对企业成本加成溢价影响的"成本效应"超过了"要素禀赋效应"。

从中间投入份额变量的结果来看，2006—2016 年，上市公司制造业高清偿比率企业和低清偿比率企业中间投入份额增加对企业成本加成率溢价均具有负向影响，在其他变量保持不变的情况下，高清偿比率企业和低清偿比率企业中间投入份额每增加 1%，企业成本加成率分别降低 0.69% 和 0.61%。可见，2006—2016 年，中间投入份额增长对企业成本加成率溢价影响的"成本效应"均超过了"专业化分工效应"，中间投入成本过高是中国制造业企业成本加成率下降的最重要原因。

从资本密集度变量的结果来看，2006—2016 年，上市公司制造业高清偿比率企业和低清偿比率企业资本密集度增加对企业成本加成率溢价均具有正向影响，资本密集度增加对企业成本加成率溢价影响的"生产率提升效应"均超过了"成本效应"，在其他变量保持不变的情况下，高清偿比率企业和低清偿比率企业资本密集度每增加 1%，企业成本加成率水平分别提高 0.04% 和 0.004%。

从人均工资变量的结果来看，2006—2016 年，上市公司制造业高清偿比率企业和低清偿比率企业人均工资水平增加对企业成本加成率溢价均具有负向影响，人均工资增加对企业成本加成率溢价影响的"成本效应"均超过了"要素替代效应"和"创新激励效应"。2006—2016 年，在其他变量保持不变的情况下，高清偿比率企业和低清偿比率企业人均工资水平每增加 1%，企业成本加成率水平均降低 0.05%。

从资产负债率变量的结果来看，2006—2016 年，上市公司制造业企业高清偿比率企业和低清偿比率企业资产负债率增加对企业成本加成率溢价均具有负向影响，融资活动对企业成本加成率溢价影响的"成本效应"均超过了"市场规模效应"，在其他变量保持不变的情况下，高清偿比率企业和低清偿比率企业资产负债率每增加 1%，企业成本加成率水平分别降低 0.04% 和 0.02%。

从生产率变量的结果来看，2006—2016 年，上市公司制造业高清偿比率企业和低清偿比率企业生产率增长对企业成本加成率溢价均具有正向影响，在其他变量保持不变的情况下，高清偿比率企业和低清偿比率企业生产率水平每增加 1%，企业成本加成率水平分别提高 0.17% 和 0.24%。

（二）股东权益比率差异与企业获利能力

检验贸易开放对制造业企业获利能力的影响是否因企业股东权益比率差异而不同时，在面板模型参数估计方法的选择上，高股东权益比率企业和低股东权益比率企业出口成本加成方程中，F 检验的 P 值均为 0.00，拒绝联合回归模型的假设，Hausman 检验的 P 值均为 0.00，因此，高股东权益比率企业和低股东权益比率企业出口成本加成方程均采用固定效应模型进行估计，其检验结果分别如式（3-69）和式（3-70）所示。

$$\ln \text{markup}_{i,t} = 7.30 - 0.22\,\text{Export}_{i,t-1} - 0.04\,\ln \text{wshr}_{i,t} - 0.59\,\ln \text{mshr}_{i,t}$$
$$\qquad\quad (1.32) \qquad (-4.57) \qquad\quad (-2.72) \qquad\qquad (-19.40)$$
$$\qquad + 0.02\,\ln \text{kl}_{i,t} - 0.09\,\ln \text{wl}_{i,t} - 0.01\,\ln \text{dbastrt}_{i,t} + 0.20\,\ln \text{tfp}_{i,t}$$
$$\qquad\quad (2.08) \qquad (-6.57) \qquad\qquad (-1.47) \qquad\qquad (5.94)$$
$$\qquad - 0.006\,\text{size}1_{i,t} + 0.01\,\text{size}2_{i,t} - 0.02\,\text{area}1_{i,t} + 0.27\,\text{area}2_{i,t}$$
$$\qquad\quad (-0.14) \qquad\quad (0.34) \qquad\qquad (-0.66) \qquad\quad (4.55)$$
$$\qquad + 0.005\,\text{nature}1_{i,t} + 0.006\,\text{nature}2_{i,t}$$
$$\qquad\qquad (0.18) \qquad\qquad\quad (0.16)$$

$$\qquad\qquad\qquad\qquad\qquad\qquad\qquad\qquad\qquad (3\text{-}69)$$

$$\ln \text{markup}_{i,t} = -12.94 - 0.26 \, \text{Export}_{i,t-1} - 0.009 \ln \text{wshr}_{i,t} - 0.71 \ln \text{mshr}_{i,t}$$
$$(-1.51) \quad\quad (-9.07) \quad\quad\quad (-0.73) \quad\quad\quad\quad (-30.00)$$
$$+0.03 \ln \text{kl}_{i,t} - 0.06 \ln \text{wl}_{i,t} - 0.03 \ln \text{dbastrt}_{i,t} + 0.25 \ln \text{tfp}_{i,t}$$
$$(3.79) \quad\quad (-5.56) \quad\quad\quad (-2.29) \quad\quad\quad (7.77)$$
$$+0.11 \, \text{size} \, 1_{i,t} + 0.11 \, \text{size} \, 2_{i,t} - 0.31 \, \text{area} \, 1_{i,t} + 0.05 \, \text{area} \, 2_{i,t}$$
$$(4.67) \quad\quad (5.77) \quad\quad\quad (-6.07) \quad\quad\quad (1.66)$$
$$-0.01 \, \text{nature} \, 1_{i,t} + 0.03 \, \text{nature} \, 2_{i,t}$$
$$(-0.82) \quad\quad\quad (1.38)$$

$$（3-70）$$

式（3-69）和式（3-70）的拟合优度分别为 0.8786 和 0.9649，绝大部分变量 t 值的绝对值均显著大于 1.65，模型总体拟合效果良好。

从式（3-69）和式（3-70）可以看出，2006—2016 年，我国上市公司制造业企业中，高股东权益比率企业和低股东权益比率企业的出口成本加成率溢价系数 β 均显著为负，且高股东权益比率企业的出口成本加成率溢价系数大于低股东权益比率企业，说明高股东权益比率企业和低股东权益比率企业的出口均降低了成本加成率水平，低股东权益比率企业成本加成率水平下降的幅度最大。从总体上来说，2006—2016 年，在其他变量保持不变的情况下，高股东权益比率企业和低股东权益比率企业中，出口企业与同期的非出口企业相比，成本加成率水平分别低 22 和 26%。

从劳动投入份额变量的结果来看，2006—2016 年，上市公司制造业高股东权益比率企业和低股东权益比率企业劳动投入份额增加对企业成本加成率溢价均具有负向影响。在其他变量保持不变的情况下，高股东权益比率企业和低股东权益比率企业劳动投入份额每增加 1%，企业成本加成率分别下降 0.04% 和 0.009%，这说明高股东权益比率企业和低股东权益比率企业劳动投入份额增加对企业成本加成溢价影响的"成本效应"均超过了"要素禀赋效应"。

从中间投入份额变量的结果来看，2006—2016 年，上市公司制造业高股东权益比率企业和低股东权益比率企业中间投入份额增加对企业成本加成率溢价均具有负向影响,在其他变量保持不变的情况下,高股东权益比率企业和低股东权益比率企业中间投入份额每增加1%,企业成本加成率分别降低0.59%和0.71%。可见,2006~2016年,中间投入份额增长对企业成本加成率溢价影响的"成本效应"均超过了"专业化分工效应",中间投入成本过高是中国制造业企业成本加成率下降的最重要原因。

从资本密集度变量的结果来看,2006—2016年,上市公司制造业高股东权益比率企业和低股东权益比率企业资本密集度增加对企业成本加成率溢价均具有正向影响,资本密集度增加对企业成本加成率溢价影响的"生产率提升效应"均超过了"成本效应",在其他变量保持不变的情况下,高股东权益比率企业和低股东权益比率企业资本密集度每增加1%,企业成本加成率水平分别提高0.02%和0.03%。

从人均工资变量的结果来看,2006—2016年,上市公司制造业高股东权益比率企业和低股东权益比率企业人均工资水平增加对企业成本加成率溢价均具有负向影响,人均工资增加对企业成本加成率溢价影响的"成本效应"均超过了"要素替代效应"和"创新激励效应"。2006—2016年,在其他变量保持不变的情况下,高股东权益比率企业和低股东权益比率企业人均工资水平每增加1%,企业成本加成率水平分别降低0.09%和0.06%。

从资产负债率变量的结果来看,2006—2016年,上市公司制造业企业高股东权益比率企业和低股东权益比率企业资产负债率增加对企业成本加成率溢价均具有负向影响,融资活动对企业成本加成率溢价影响的"成本效应"均超过了"市场规模效应",在其他变量保持不变的情况下,高股东权益比率企业和低股东权益比率企业资产负债率每增加1%,企业成本加成率水平分别降低0.01%和0.03%。

从生产率变量的结果来看,2006—2016年,上市公司制造业高股东权益比率企业和低股东权益比率企业生产率增长对企业成本加成率溢价均具有正向影响,在其他变量保持不变的情况下,高股东权益比率企业和低股东权益比率企业生产率水平每增加1%,企业成本加成率水平分别提高 0.20% 和 0.25%。

总之，2006—2016 年，随着我国市场全面对外开放，上市公司制造业不同内源性融资能力企业的成本加成率水平和获利能力均有所下降，且内源性融资能力弱的企业成本加成率水平的下降幅度大于内源性融资能力强的企业。造成我国企业成本加成率水平下降，且内源性融资能力弱的企业成本加成率水平下降的幅度较大的原因包括：①内源性融资能力弱的企业融资成本高、对外部融资的依赖性强，当国际市场竞争加剧或者不可预料的外部需求冲击发生时，内源性融资能力弱的企业为维持市场份额，不得不更大程度的降低企业的成本加成率水平，部分内源性融资能力极弱的企业退出市场。②式（3-67）—式（3-70）中，中间投入份额增加对企业成本加成率下降的促进作用均远远大于劳动力投入份额变量的影响，这与我国不同内源性融资能力的企业均大量从事加工贸易密切相关。③我国不同内源性融资能力的企业中普遍存在过度投资现象，投资规模扩大并没有提升企业的生产率水平，进而降低了人均资本水平提升对成本加成率溢价的促进作用。④企业对外出口的融资成本更高、融资难度更大，不同内源性融资能力的出口企业融资活动的"成本效应"均超过了"市场规模效应"，因此，出口企业融资成本高、融资难现象的存在进一步降低了出口企业的成本加成率水平。⑤式（3-67）—式（3-70）中，"出口学习效应"和"创新效应"带来的生产率增长是促进企业成本加成率溢价的主要因素，但其影响远远小于劳动力投入和中间投入成本增长对企业成本加成率溢价的负面影响。

第六节 政策建议

以梅里兹（Melitz，2003）、梅里兹和奥塔维亚诺（Melitz and Ottaviano，2008）为代表的内生可变成本加成的异质性企业贸易理论模型有四个基本假设：首先，出口产品的生产过程中涉及的产品价值链的每一个环节都在本国内部完成。其次，对外出口与国内销售相比要承担额外的贸易成本。再次，国内外市场的竞争环境相同。最后，内销产品和出口产品不存在质量差异。基于这四个基本假设，梅里兹（Melitz，2003）、梅里兹和奥塔维亚诺（Melitz and Ottaviano，2008）分别得出出口企业与非出口企业相比具有更高的生产率水平和成本加成率水平的结论。由于数据时间范围的限制，国内学者采用2001—2007年中国工业企业数据库或2001—2005年中国海关数据库进行企业出口与生产率之间关系、出口与成本加成率之间关系的实证研究表明，中国企业的出口并不满足梅里兹（Melitz，2003）、梅里兹和奥塔维亚诺（Melitz and Ottaviano，2008）模型的四个基本假设，企业出口同时存在"生产率悖论"和"低加成率陷阱"的现象。然而，我国遵守入世时所作的承诺，在2006年以后全面开放国内市场，市场竞争机制日趋完善、国内市场分割现象有所缓解、加工贸易比重逐渐减少。企业出口所面对的内外部经济环境发生剧烈的变化后，企业自身的运行机制也会发生深刻的变化。本书运用2006—2016年中国上市公司制造业企业的数据重新检验了企业出口与生产率以及企业出口与成本加成率之间的相关关系，结果证实：尽管2006年以后，我国企业的出口开始遵循"自选择效应"机制，并在进入出口市场后，获得了微弱的"出口学习效应"，但由于我国出口产品大多是低质量低技术水平的劳动力密集型产品，出口产品在国内市场的需求强度高于其在国际市场上的需求强度，我国企业出口仍然存在"低加成率陷阱"现象，贸易自由化程度提升以后，出口市场过度的"竞争效应"进一步降低了出口企业的成本加成率水平和获利能力，我国在国际分工中赚取的利润份额越来越小。为此，可采取以下措施促进企业出口成本加成率溢价系数由负转正，推动企业出口走出"低加成率陷阱"。

一、提升我国产业的价值链地位

在产品的国际分工链条中，从研发设计、零部件生产，到加工组装、营销等不同的环节，企业获取的成本加成率水平不同。我国企业长期从事产品价值链中成本加成率水平最低的加工组装环节，是企业出口深陷"低加成率陷阱"的最主要原因。近年来，以物联网、大数据、人工智能为代表的新一轮科技革命与产业革命，推动了全球价值链的不断深化与重塑。掌握全球价值链核心环节的国家，不仅可以获取最优化的经济效益，还可以在未来价值链发展方向上拥有主导权和话语权；处于价值链底端的国家，随着出口规模的扩大，企业的定价能力和获利能力不断下降，并且在未来价值链发展方向上长期处于被动地位。因此，我国应当把握全球价值链重塑的机遇，一方面通过提高自主创新能力促进我国产业迈向全球价值链的中高端，另一方面通过向周边国家或地区转移产业，加强产业全球布局，利用区域合作的价值链或者生产网络来提升我国在全球价值链体系中的地位。

二、改进出口产品质量

我国许多企业质量意识淡薄，没有真正树立起"质量就是企业的生命"的观念，质量管理水平低，片面追求数量而忽视产品质量，生产经营中的短期行为比较严重，导致企业的市场竞争力以及成本加成率水平不断下降。随着原材料和劳动力成本的不断攀升，低生产率、低质量产品的生产企业成本加成率转正为负，被迫退出出口市场，我国正处于出口转型升级的关键时期。同时，从消费者需求角度来看，中国已经跨入中等收入国家水平，随着人均收入水平的提高，消费者越来越注重产品的质量需求，为企业生产高质量、高成本加成率的产品提供了广阔的市场空间。因此，我国应采取多举措来加强产品质量提升。例如，着重提高重点产业以及区域的质量竞争力，提升出口产品品牌效应，推广先进的质量管理体系，不断提高企业质量技术创新能力，完善宏观质量监管机制，提升事中事后监管能力，进一步巩固质量共治格局等。

三、培育高端生产要素

生产要素结构与企业的成本加成率水平密切相关。从式（3-37）—式（3-40）中可以看出，2006—2016年，尽管我国上市公司制造业企业中，低资本密集度企业和低熟练劳动力密集度企业的出口均陷入了"低加成率陷阱"，但是，高资本密集度企业和高熟练劳动力密集度企业中，出口企业的成本加成率高于非出口企业。可见，转变生产要素结构，提高资本和熟练劳动力的要素投入比重，有利于提升中国制造业企业的成本加成率水平，扭转我国企业出口增收不增利的不利局面。随着中国经济步入新常态，中国的生产要素结构发生了重大变化。就劳动力而言，在人口红利逐渐消失的同时，劳动人口的素质与效率逐步提升。就资本而言，在互联网与大数据时代，资本的流动以前所未有的方式在全球范围内为生产要素的优化组合提供有效支持。但从整体上来说，我国生产要素的质量和生产要素的效率均与发达国家存在很大的差距。为把握时代机遇，培育高端生产要素以推动生产要素的供给侧结构型改革，可采取以下措施：第一，升级资本，引导制造业企业引进符合行业需求的、能提高产能利用效率的高端机器设备和生产技术，提升企业的生产效率；第二，通过加大高等教育和职业教育的投入力度，提高劳动力质量，进而更好地发挥劳动力在生产中的作用，推动劳动力市场由"人口红利"走向"人才红利"，增强自身的吸收能力，从而在国际市场上获取更多的知识溢出；第三，建立健全专利保护机制，保障企业创新投入的经济效益，使企业敢于创新并乐于创新，提升创新产出水平和产品的市场定价能力。

四、加大成长性企业的扶持力度

企业的不同成长阶段成本加成率水平和成本加成运行机制各不相同。式（3-41）—式（3-44）中，2006—2016年，我国上市公司制造业高利润增长率企业中，出口企业的成本加成率高于非出口企业，低利润增长率企业和不同营业收入增长率企业的出口均陷入"低加成率陷阱"。从整体上来说，成长性强的企业出口成本加成率扭曲的程度小于成长性弱的企业。式（3-59）—式（3-62）中，2006—2016 年，随着我国市场全面对外开放，上市公司制造业不同成长能力企业的成本加成率水平和获利能力均有所下降，且成长能力强的企业成本加成率水平的下降幅度小于成长能力弱的企业。可见，成长能力强的企业出口成本加成运行机制更加健全，企业获利能力受"竞争效应"冲击的负向影响相对较小。成长能力强的企业是真正具有出口成本加成溢价潜能的企业，但这类企业通常处于产品生命周期的初始阶段，企业规模小、资金实力弱、市场营销渠道不畅。为此，政府应该加大对高成长性企业的扶持力度，优化营商环境，营造鼓励创新创业氛围，完善人才引进机制，让高成长性企业茁壮成长。

五、提升企业的营运能力

边际成本不仅取决于企业的生产率水平，还与企业的管理效率密切相关。营运能力是体现企业资产管理效率的重要指标。式（3-45）—式（3-48）中，2006—2016 年，我国上市公司制造业不同营运能力企业的出口均陷入"低加成率陷阱"，但高营运能力企业出口成本加成率扭曲的程度较小；式（3-63）—式（3-66）中，2006—2016 年，随着我国市场全面对外开放，上市公司制造业不同营运能力企业的成本加成率水平和获利能力均有所下降，但营运能力强的企业成本加成率水平的下降幅度小于营运能力弱的企业。可见，营运能力强的企业出口成本加成运行机制更加健全，企业获利能力受"竞争效应"冲击的负向影响相对较小。为提升营运能力，以此推动出口成本加成率溢价，企业可采用开发与出口适销产品、淘汰技术落后产品、针对市场状况及时调整库存结构、对资信良好具有长期业务往来的客户采用汇款或付款交单方式进行结算、对新客户及资信不高的客户采用信用证方式进行结算等措施。

六、提高内源性资本的使用效率

近年来，我国企业的融资渠道呈现多样化的发展趋势，但是，绝大部分企业的资本结构仍然是内源性的资本。式（3-49）和式（3-52）中，2006—2016年，我国上市公司制造业不同内源性融资能力企业的出口均陷入"低加成率陷阱"，但内源性融资能力强的企业出口成本加成率扭曲的程度较小；式（3-67）和式（3-70）中，2006—2016年，随着我国市场全面对外开放，上市公司制造业不同内源性融资能力企业的成本加成率水平和获利能力均有所下降，但内源性融资能力强的企业成本加成率水平的下降幅度小于内源性融资能力弱的企业。可见，内源性融资能力强的企业出口成本加成运行机制更加健全，企业获利能力受"竞争效应"冲击的负向影响相对较小。因此，采取强化资金的使用及管理、建立健全有效的风险防范控制及预警制度等措施提高内源性资本的使用效率，有利于推动我国企业出口成本加成率溢价，提高企业在国际市场竞争中的获利能力。

第四章　竞争能力异质性、工资差异、 企业的出口选择与工资溢价

入世以来，中国出口贸易发展的速度堪称奇迹。出口贸易的快速发展不仅能够促进我国的经济发展，还对我国劳动者的工资水平产生了重要影响。根据斯托尔珀——萨缪尔森定理，从国家层面上来看，贸易自由化会使得一国出口行业中密集使用的生产要素的报酬提高，进口竞争行业中密集使用的生产要素的报酬降低。那么，贸易自由化对一国出口行业中出口企业和非出口企业的工资水平是否具有相同的影响呢？伯纳德和詹森（Bernard 和 Jensen，1995）、埃尔普曼等（Helpman et al.，2012）、韦胡根（Verhoogen，2008）、赵春燕和黄汉民（2013）分别使用美国、巴西、墨西哥和中国微观层面的数据实证研究了出口对企业工资水平的影响，发现出口企业比非出口企业支付更高的工资。然而，出口工资溢价可能来源于两个方面的作用。一方面来自"自选择效应"，即出口企业在进入国际市场之前就比非出口企业具有更高的工资水平；另一方面来自"出口学习效应"，即出口行为促进了企业工资水平的提高。企业进入国际市场后，面临更为激烈的竞争和更为苛刻的市场需求，同时也比国内的非出口企业得到了更多的学习先进技术和管理经验的机会，这促使出口企业更快成长，提高效率，支付更高的工资（赵春燕和黄汉民，2013）。现有文献为理解贸易和工资之间的关系提供了多维度的分析视角。然而，微观企业层面关于我国贸易和工资之间关系的研究明显不足，且国内相关研究使用的多是 1999—2007 年中国工业企业数据库，

2006年入世保护期满以后中国市场全面对外开放，企业出口规模和员工工资水平都发生了实质性的变化，国内相关研究的实证分析结果对我国现阶段出口与企业工资水平之间相互关系的解释力度不足。因此，本书使用2001—2016年中国上市公司制造业企业数据，在异质性企业贸易理论框架下，实证分析了出口行为和工资溢价之间的内在联系，丰富了对出口工资溢价的研究，为正确理解贸易和收入变动这一备受全球关注的问题提供来自发展中国家的经验证据，为全面评价出口贸易对收入分配的影响提供了新的思路。

第一节　出口工资溢价的理论基础

Meltiz（2003）模型假定产品的生产中仅投入劳动力一种生产要素，企业生产率水平决定了企业间边际成本及竞争力的差异。伯纳德等（Bernard et al.，2007）以梅里兹（Melitz，2003）模型和H-O模型为基础，假设两个国家均存在两个垄断竞争部门，每个部门同时使用资本和劳动两种生产要素，部门内部产品要素密集度不存在差异，国家间要素禀赋的差异决定了部门的比较优势，企业生产率水平决定了部门内部企业的出口状态。纳米尼等（Namini et al.，2014）扩展了伯纳德等（Bernard et al.，2007）模型，通过分析企业间要素密集度的差异，说明部门内部企业的出口状态不仅取决于生产率水平，还取决于企业的要素密集度。异质性企业贸易理论文献从"自选择效应"和"出口学习效应"两个维度概括了出口与工资溢价之间的相互作用机制。

一、"自选择效应"与工资溢价

自选择效应是指生产率高的企业由于自身的优势优先进入出口市场的现象。由于存在出口固定成本，同一产业内熟练劳动力密集度高的企业更有可能服务出口市场，熟练劳动力相对于非熟练劳动力具有更高的工资水平，因此，在企业进入国际市场之前，出口企业通常比非出口企业具有更高的工资水平。贸易自由化的自选择行为沿着两个维度对企业的工资水平产生影响。首先，出口规模扩张加剧了要素市场的竞争，并进而提高熟练劳动力的工资水平，这将对熟练劳动力密集型产品的生产企业产生消极影响，并将对非熟练劳动力密集型产品的生产企业产生积极影响，两类企业的要素密集度差异越大，影响越强，迫使一些熟练劳动力密集型产品的生产企业退出市场。其次，熟练劳动力密集型企业和非熟练劳动力密集型企业内，每一个具有同样要素密集度的企业，企业的自选择行为引致非出口企业退出市场。尽管第二个过程提升了部门的生产率和工资水平，但第一个过程对部门生产率和工资水平的影响是模糊的，同一产业内内企业间要素密集度的差异越大，贸易自由化所导致的部门生产率和工资水平提升的程度越小。要素市场竞争抑制了贸易自由化对部门生产率提升的促进作用以及对实际收入的影响。

二、"出口学习效应"与工资溢价

出口学习效应是指企业出口以后，通过学习与吸收经验，接受国外研发技术外溢，提升自身企业生产率的现象。出口学习效应表明企业出口以后有能力支付给工人更高的工资水平。在这里，工资溢价被理解成企业出口的结果，起作用的机制是生产率机制。具体影响路径包括：贸易自由化后，出口企业扩大了生产规模，他们更有可能在给定的技能溢价下升级技术。由于出口企业和非出口企业在技术强度上存在差异，这种技术转换会改变相对的技能需求，同时也导致了技能溢价，劳动力通过调整他们的教育或技能积累来应对贸易自由化对技能需求的冲击；同时，出口企业为保持生产优势，还可以通过向国外消费者和供应商学习先进的技术和管理经验，进一步获得生产率和技能溢价；此外，企业进入国际市场后会面临更大的竞争压力，迫使企业不断地通过技术升级或者创新提高自身的生产率，并因此提高熟练劳动力的相对需求和技能溢价。

第二节 制造业企业工资水平的进一步考察

本章的数据来源于 RESSET 锐思数据库以及上海证券交易所和深圳
证券交易所网站提供的 2006—2016 年上市公司制造业企业年度财务报
告。首先，从整体上检验 2006—2016 年上市公司制造业企业总体及各类
制造业企业中是否存在出口工资溢价现象。

一、制造业企业工资水平现状

假设企业在 2006—2016 年间只要有一年出口即为出口企业，
2006—2016 年，一年也没有出口的企业为非出口企业。采用当年年末支
付给职工以及为职工支付的现金代表年度工资水平，逐年计算我国上市
公司制造业企业总体、非出口企业和出口企业的平均人均工资水平，则
2006—2016 年我国上市公司制造业企业人均工资水平的变化趋势如图
4-1 所示。

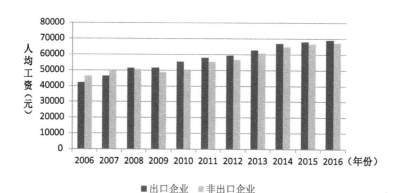

图 4-1 2006—2016 年上市公司制造业企业人均工资

从图 4-1 中可以看出，从整体上来说，2006—2016 年，我国上市公
司制造业企业中，无论是出口企业，还是非出口企业，人均工资水平均

具有逐年上升的增长趋势。2006—2016 年，制造业企业总体、出口企业和非出口企业的人均工资水平分别上升了 55.67%、63.59% 和 45.11%。与异质性企业贸易理论的预测相符，除 2006 年和 2007 年外，上市公司制造业企业中出口企业的人均工资水平均高于非出口企业，即企业出口中存在工资溢价现象。

二、制造业企业工资水平的行业特征

本书根据国民经济行业分类（GB/T4754-2017）对照表，将中国上市公司制造业企业分为 26 类（烟草制造业除外），分类汇总了各行业的人均工资水平、出口企业和非出口企业的人均工资水平，如表 4-1 所示。总体上来说，2006—2016 年，上市公司制造业企业的人均工资水平为56934 元。黑色金属冶炼及压延加工业、有色金属冶炼及压延加工业和专用设备制造业等重工业的人均工资水平最高，分别达到了制造业企业总体人均工资水平的 1.17 倍、1.13 倍和 1.10 倍；纺织业、纺织服装、鞋、帽制造业、皮革、毛皮、羽毛（绒）及其制品业、文教体育用品制造业、化学纤维制造业等轻工业的人均工资水平最低。从各行业内部构成来看，2006~2016 年，上市公司制造业产业中，除食品制造业、饮料制造业、木材加工及木、竹、藤、棕、草制品业、家具制造业、化学原料及化学制品制造业、有色金属冶炼及压延加工业和通用设备制造业外，其他产业中企业出口均存在工资溢价现象。

表 4-1 2006—2016 年上市公司制造业企业分行业人均工资 （单位：元）

行业	企业数	全部企业工资	出口企业工资	非出口企业工资
农副食品加工业	39	56035	59802	49598
食品制造业；饮料制造业	25	57082	55132	61666
纺织业；纺织服装、鞋、帽制造业；皮革、毛皮、羽毛（绒）及其制品业	75	46245	47539	33258

续表

行业	企业数	全部企业工资	出口企业工资	非出口企业工资
木材加工及木、竹、藤、棕、草制品业；家具制造业	8	54411	50367	57718
造纸及纸制品业；印刷业和记录媒介的复制	36	56831	63134	53157
文教体育用品制造业	11	40488	42156	39571
石油加工、炼焦及核燃料加工业	18	56810	67076	54128
化学原料及化学制品制造业	165	50917	50805	51249
化学纤维制造业	24	42538	42883	39655
医药制造业	145	52062	58582	44932
橡胶制品业；塑料制品业	47	57196	59756	47888
非金属矿物制品业	74	53084	54364	51530
黑色金属冶炼及压延加工业	29	66652	68310	60690
有色金属冶炼及压延加工业	55	64340	67722	61128
金属制品业	54	62518	63176	61032
通用设备制造业	102	61170	59923	68055
专用设备制造业	128	62623	62713	62600
电气机械及器材制造业	168	53084	58237	46255
通信设备、计算机及其他电子设备制造业	211	62306	69619	60691
交通运输设备制造业	110	59644	60086	57765
仪器仪表制造业	30	54910	55996	52233

第三节　竞争能力异质性与工资水平的自选择

通过以上的描述性统计分析可以看出，2006—2016 年我国上市公司制造业企业中，出口企业的人均工资水平高于非出口企业。那么，出口企业是在出口之前人均工资水平高于非出口企业，还是在出口之后人均工资水平高于非出口企业呢？如果出口企业是在出口之前人均工资水平高于非出口企业，说明我国高工资企业自选择进入出口市场；如果出口企业在出口之后人均工资水平高于非出口企业，说明"出口学习效应"有助于出口企业获得工资溢价。本书利用 2006~2016 年我国上市公司制造业的分类数据，来进一步检验企业出口与人均工资水平之间的相互作用关系。

为此，本书将通过式（4-1）来检验 2006 年中国市场全面对外开放以后上市公司制造业企业中是否存在高工资的企业自选择进入出口市场的现象。

$$\ln \mathrm{wl}_{i,t-3} = \alpha + \beta \, \mathrm{Export}_{i,t} + \gamma_1 \, \mathrm{prfrt}_{i,t-3} + \gamma_2 \ln \mathrm{tfp}_{i,t-3} + \gamma_3 \ln \mathrm{age}_{i,t-3} + \gamma_4 \ln \mathrm{age2}_{i,t-3}$$
$$+ \gamma_5 \ln \mathrm{dbastrt}_{i,t-3} + \gamma_6 \ln \mathrm{l}_{i,t-3} + \gamma_7 \ln \mathrm{kl}_{i,t-3} + \eta \, \mathrm{Control}_{i,t-3} + \varepsilon_{i,t}$$

$$(4-1)$$

式（4-1）中，i 表示企业，t 表示年份，$\mathrm{Export}_{i,t}$ 表示企业 i 在 t 年的出口状态，当企业 i 在 $t=0$ 时不出口，在第 t 年仍然不出口时，Export=0；当企业 i 在 $t=0$ 时不出口，在第 t 年开始出口时，Export=1。$\mathrm{prfrt}_{i,t-3}$ 表示企业 i 在第 $t-3$ 年的利润率，用主营业务利润 / 主营业务收入来表示。$\ln \mathrm{tfp}_{i,t-3}$ 表示企业 i 在 $t-3$ 年的生产率水平。$\ln \mathrm{age}_{i,t-3}$、$\ln \mathrm{age2}_{i,t-3}$ 分别表示企业 i 在 $t-3$ 期上市年限（统计年份 – 上市年份）和上市年限平方的对数值。$\ln \mathrm{dbastrt}_{i,t-3}$ 表示企业 i 在 $t-3$ 期资产负债率的对数值，资产负债率用总负债比上总资产表示。$\ln \mathrm{l}_{i,t-3}$ 表示企业 i 在 $t-3$ 期劳动投入的对数值，劳动投入用员工人数表示。$\ln \mathrm{kl}_{i,t-3}$ 表示企业 i 第 $t-3$ 年的资本密集度的对数值，即当期资本投入与企业员工总数的比重。当期资本投入采用永续盘存法进行计算，具体公式为：$K_{i,t}=K_{i,t-1}+I_{i,t}-D_{i,t}$。其中，$K_{i,t}$、$K_{i,t-1}$ 分别表示企业 i 在 t 期和 $t-1$ 期的资本存量净值，对于首次出现在数据库的年份对应的固定资产净值按照固定资产投资价格指数折算成初期的实际值作为该企业的初始资本存量。$I_{i,t}$ 表示企业 i 在 t 期新增的固定资产投资，用相邻两年固定资产原值的差按照固定资产投资价格指数折算成初期的实际值后，作为企业的实际投资额。$D_{i,t}$ 表示企业 i 在 t 期固定资产投资的折旧，用企业经过固定资产投资价格指数折算的当期折旧额表示。Control 表示控制标量，包括两个企业规模 size、两个企业所有制 nature

和两个地区 area 虚拟变量。企业规模 size 参照工业和信息化部、国家统计局、国家发展和改革委员会、财政部 2011 年制定的《关于印发中小企业划型标准规定的通知》，划分为大型企业、中型企业和小型企业①。如果 size1=1，且 size2=0，则为大型企业；如果 size1=0，且 size2=1，则为中型企业；如果 size1=0，且 size2=0，则为小型企业。本书根据企业所处地区的经济发展水平，将全国 30 个省区市划分为东部地区、中部地区和西部地区。如果 area1=1，且 area2=0，则为东部地区；如果 area1=0，且 area2=1，则为中部地区；如果 area1=0，且 area2=0，则为西部地区。按照所有制类型，根据企业的绝对控股情况，将制造业上市公司全部企业划分为国有企业、外商投资企业和民营企业。如果 nature1=1，且 nature2=0，则为国有企业；如果 nature1=0，且 nature2=1，则为外商投资企业；如果 nature1=0，且 nature2=0，则为民营企业。

根据理论预期：①β 的估计值显示了同一产业内出口企业在从事出口活动三年前与同期非出口企业人均工资水平的差异。按照异质性企业贸易理论，人均工资水平高的企业自选择进入国际市场，因此，$\beta > 0$。②利润率对人均工资的影响是双重的，一方面具有较高利润率的企业往往有能力为职工支付更高的工资，另一方面，工资是企业（尤其是劳动力密集型企业）的重要成本组成，利润率高往往代表劳动力的成本低。如果前者占优时，$\gamma_1 > 0$，如果后者占优时，$\gamma_1 < 0$。③生产率体现了企业的绩效水平，生产率高的企业能获得更高的利润，从而有能力为员工支付更高的工资，因此，$\gamma_2 > 0$。④企业上市年限与工资水平之间呈倒 U 型关系，即 $\gamma_3 > 0$，$\gamma_4 < 0$。企业上市年限越长，管理经验越丰富，经营状况越趋于稳定，越能够促进劳动力报酬的提升；超过临界年份以后，随着企业上市时间的增加，各行业员工的工资具有递减的边际效应。⑤资

---

① 主营业务收入大于 40000 万元、且职工人员大于 1000 人的企业为大型企业，主营业务收入在 2000 万元与 40000 万元之间、企业职工人数在 300 人与 1000 人之间的企业为中型企业，主营业务收入小于 2000 万元、且职工人数小于 300 人的企业为小型企业。

产负债率对人均工资水平的影响是双重的。一方面，企业负债比重越高，为使用资本付出的成本越多，其用于支付工资的利润剩余就越少，使得工资降低；另一方面，资产负债率反映了企业的融资能力，资产负债率越高，企业的融资能力越强。在激烈的市场竞争中，若能领先同行快速筹集资金，将有利于企业扩大市场规模，产生规模经济效应，提升企业的获利能力，从而有能力支付更高的工资水平。⑥劳动投入规模越高，企业的工资水平越低，即$\gamma_6 < 0$。⑦资本密集度高的企业通常支付更高的工资水平，即$\gamma_7 > 0$。原因在于：一方面，资本密集度高的企业往往采用比较先进的生产技术和机器设备，因此需要具有一定专业技能的高技能劳动力。为了进一步提高企业生产率，资本密集度高的企业会支付更高的工资以吸引高技能劳动者向资本密集型行业集中；另一方面，与低资本密集度企业相比，高资本密集度企业的工资在总成本中所占的比例较小，因而，企业更愿意支付较高的工资，以激励员工努力工作获得更高的绩效。

一、工资水平与制造业企业总体出口自选择行为

在面板模型参数估计方法的选择上，制造业企业总体工资自选择方程中，F检验的p值均为0.00，拒绝联合回归模型的假设，Hausman检验的p值均为0.00，制造业企业总体工资自选择方程采用固定效应模型进行估计，其检验结果如式（4-2）所示。

$$\ln \text{wl}_{i,t-3} = -25.99 + 0.12 \text{Export}_{i,t} - 0.006 \text{prfrt}_{i,t-3} + 0.28 \ln \text{tfp}_{i,t-3}$$
$$(-2.84) \quad\quad (4.21) \quad\quad (-2.23) \quad\quad (1.66)$$
$$-1.03 \ln \text{age}_{i,t-3} + 0.26 \ln \text{age2}_{i,t-3} + 0.02 \ln \text{dbastrt}_{i,t-3} - 0.08 \ln l_{i,t-3}$$
$$(-1.73) \quad\quad (2.17) \quad\quad (0.53) \quad\quad (-1.50)$$
$$+0.08 \ln \text{kl}_{i,t-3} + 10.90 \text{area1}_{i,t-3} + 10.87 \text{area2}_{i,t-3} + 0.19 \text{size1}_{i,t-3}$$
$$(2.34) \quad\quad (15.86) \quad\quad (16.39) \quad\quad (2.97)$$
$$+0.16 \text{size2}_{i,t-3} + 11.10 \text{nature1}_{i,t-3} + 0.04 \text{nature2}_{i,t-3}$$
$$(3.87) \quad\quad (13.66) \quad\quad (0.73)$$

$$(4-2)$$

式（4-2）的拟合优度为 0.9999，除 ln dbastrt$_{i,t-3}$、lnl$_{i,t-3}$ 和 nature2$_{i,t-3}$ 变量外，式（4-2）中所有变量 t 值的绝对值均显著大于 1.65，模型总体拟合效果良好。

式（4-2）中，制造业企业总体的出口工资溢价系数 β 显著为正，说明 2006—2016 年，我国上市公司制造业企业的出口中存在工资自选择行为。从总体上来说，2006—2016 年，在其他变量保持不变的情况下，出口企业在出口前三年与同期的非出口企业相比，工资水平高 12%。

从利润率变量的结果来看，2006—2016 年，利润率增加对制造业企业总体的工资溢价具有负向影响。在其他变量保持不变的情况下，利润率每增加 1%，企业工资水平下降 0.006%。这体现了制造业企业利润微薄，企业依靠压缩工人工资水平的方式来获得利润提升的现实。

从生产率变量的结果来看，2006—2016 年，我国上市公司制造业企业总体生产率增长对企业工资溢价具有正向影响，在其他变量保持不变的情况下，生产率每增加 1%，会使得企业工资水平提高 0.28%。

从上市年限变量的结果来看，与理论预期相反，2006—2016 年，我国上市公司制造业企业总体上市年限一次项系数为负，二次项系数为正，上市年限与工资水平之间呈 U 型关系。上市初期，为了使得财务报表体现良好的业绩，企业通常以降低用工成本的方法来提高利润率，随着企业上市年限的增长，企业的管理经验越发丰富，经营状况越趋于稳定，越能够促进劳动力报酬的提升。在其他变量保持不变的情况下，上市初期企业经营年限每增加 1%，工资水平降低 1.03%；上市中后期企业经营年限每增加 1%，工资水平提高 0.26%。

从资产负债率变量的结果来看，2006—2016 年，我国上市公司制造业企业总体资产负债率增加对企业工资溢价具有正向影响。在其他变量保持不变的情况下，资产负债率每增加 1%，企业工资水平提高 0.02%。

从劳动投入规模变量的结果来看，2006—2016 年，我国上市公司制造业企业总体劳动投入规模增加对企业工资溢价具有负向影响。在其他变量保持不变的情况下，劳动投入规模每增加1%，企业工资水平降低0.08%。

从人均资本变量的结果来看，2006—2016年，我国上市公司制造业企业总体生产率增长对企业工资溢价具有正向影响，在其他变量保持不变的情况下，人均资本每增加1%，使得企业工资水平提高0.08%。

式（4-2）的分析表明，2006—2016年，我国上市公司制造业企业中存在高工资企业自选择进入出口市场的现象。企业工资水平的高低不仅受生产率水平的影响，还与成长能力、营运能力、要素密集度、融资能力等竞争能力因素密切相关，那么，竞争能力差异能否影响不同工资水平企业的自选择行为，需要实证数据的进一步检验。

二、要素密集度异质性与工资水平的自选择

梅里兹（Melitz，2003）假设同一产业内企业间仅存在生产率的差异，由于企业出口存在固定成本，只有生产率高的企业才能够跨越出口门槛生产率水平，进入出口市场。哈里根和雷谢夫（Harrigan and Reshef，2003）认为资本密集度、熟练劳动力密集度与生产率之间成正相关关系，同一产业内最具竞争力的企业也是资本密集度和熟练劳动力密集度最高的企业，因此，资本密集度和熟练劳动力密集度高的企业"自选择效应"更强，出口企业工资溢价的程度更大。

（一）资本密集度差异与工资自选择

本书以资本密集度的中位数为临界点，将2006—2016年上市公司制造业全部企业划分为资本密集度高的企业和资本密集度低的企业，分别代入式（4-1），实证检验资本密集度差异对企业工资自选择行为的影响。

在面板模型参数估计方法的选择上，高资本密集度企业和低资本密集度企业工资自选择方程中，F检验的P值均为0.00，拒绝联合回归模型的假设，Hausman检验的P值均为0.00，高资本密集度企业和低资本密集度企业工资自选择方程均采用固定效应模型进行估计，其检验结果分别如式（4-3）和式（4-4）所示。

$$\ln wl_{i,t-3} = -15.05 + 0.10\, Export_{i,t} - 0.003\, prfrt_{i,t-3} + 0.27 \ln tfp_{i,t-3}$$
$$(-1.80)\quad\ (1.93)\qquad\ (-1.70)\qquad\quad (2.48)$$
$$-1.89 \ln age_{i,t-3} + 0.67 \ln age2_{i,t-3} + 0.01 \ln dbastrt_{i,t-3} - 0.47 \ln l_{i,t-3}$$
$$(-3.60)\qquad\qquad (6.28)\qquad\qquad (0.55)\qquad\qquad (-10.32)$$
$$+0.11 \ln k l_{i,t-3} - 0.31\, area1_{i,t-3} - 4.73\, area2_{i,t-3} + 0.19\, size1_{i,t-3}$$
$$(2.78)\qquad\quad (-2.06)\qquad\quad (-9.65)\qquad\quad (2.00)$$
$$+0.13\, size2_{i,t-3} - 0.15\, nature1_{i,t-3} + 0.22\, nature2_{i,t-3}$$
$$(1.62)\qquad\qquad (-2.49)\qquad\qquad (3.33)$$

$$(4-3)$$

$$\ln wl_{i,t-3} = -10.38 + 0.14\, Export_{i,t} - 0.002\, prfrt_{i,t-3} + 0.26 \ln tfp_{i,t-3}$$
$$(-2.20)\quad\ (2.69)\qquad\ (-1.33)\qquad\quad (2.00)$$
$$-2.41 \ln age_{i,t-3} + 0.76 \ln age2_{i,t-3} + 0.33 \ln dbastrt_{i,t-3} - 0.54 \ln l_{i,t-3}$$
$$(-3.52)\qquad\qquad (5.33)\qquad\qquad (4.89)\qquad\qquad (-8.34)$$
$$+0.15 \ln k l_{i,t-3} + 7.45\, area1_{i,t-3} + 6.81\, area2_{i,t-3} + 0.17\, size1_{i,t-3}$$
$$(2.79)\qquad\quad (12.10)\qquad\quad (8.50)\qquad\quad (1.59)$$
$$+0.15\, size2_{i,t-3} - 0.15\, nature1_{i,t-3} + 0.29\, nature2_{i,t-3}$$
$$(2.35)\qquad\qquad (-1.95)\qquad\qquad (2.31)$$

$$(4-4)$$

式（4-3）和式（4-4）的拟合优度分别为 0.9994 和 0.9933，除式（4-3）中的 $\ln dbastrt_{i,t-3}$、$size2_{i,t-3}$ 变量和式（4-4）中的 $prfrt_{i,t-3}$、$size1_{i,t-3}$ 变量外，式（4-3）和式（4-4）中其他变量 t 值的绝对值均显著大于 1.65，模型总体拟合效果良好。

式（4-3）和式（4-4）中，上市公司制造业高资本密集度企业和低资本密集度企业的出口工资溢价系数 β 显著为正，说明 2006—2016 年，我国上市公司制造业高资本密集度企业和低资本密集度企业的出口中均存在工资自选择行为。从总体上来说，2006—2016 年，在其他变量保持不变的情况下，高资本密集度企业和低资本密集度企业中，出口企业在出口前三年与同期的非出口企业相比，工资水平分别高 10% 和 14%。

从利润率变量的结果来看，2006—2016 年，利润率增加对我国上市公司制造业高资本密集度企业和低资本密集度企业的工资溢价均具有负向影响。在其他变量保持不变的情况下，利润率每增加 1%，高资本密集度企业和低资本密集度企业工资水平分别下降 0.003% 和 0.002%，高资本密集度企业更加依靠压缩工人工资水平的方式来获得利润提升。

从生产率变量的结果来看，2006—2016 年，我国上市公司制造业高资本密集度企业和低资本密集度企业生产率增长对企业工资溢价均具有正向影响，在其他变量保持不变的情况下，高资本密集度企业和低资本密集度企业生产率每增加 1%，分别使得企业工资水平提高 0.27% 和 0.26%。

从上市年限变量的结果来看，与理论预期相反，2006—2016 年，我国上市公司制造业高资本密集度企业和低资本密集度企业上市年限一次项系数为负，二次项系数为正，上市年限与工资水平之间呈 U 型关系。上市初期，为了使得财务报表体现良好的业绩，企业通常以降低用工成本的方法来提高利润率，随着企业上市年限的增长，企业的管理经验越发丰富，经营状况越趋于稳定，越能够促进劳动力报酬的提升。在其他变量保持不变的情况下，上市初期高资本密集度企业和低资本密集度企业经营年限每增加 1%，企业工资水平分别降低 1.89% 和 2.41%；上市中后期高资本密集度企业和低资本密集度企业经营年限每增加 1%，企业工资水平分别提高 0.67% 和 0.76%。

从资产负债率变量的结果来看，2006—2016 年，我国上市公司制造业高资本密集度企业和低资本密集度企业资产负债率增加对企业工资溢价具有正向影响。在其他变量保持不变的情况下，高资本密集度企业和低资本密集度企业资产负债率每增加 1%，企业工资水平分别提高 0.01% 和 0.33%。

从劳动投入规模变量的结果来看，2006—2016 年，我国上市公司制造业高资本密集度企业和低资本密集度企业劳动投入规模增加对企业工资溢价具有负向影响。在其他变量保持不变的情况下，高资本密集度企业和低资本密集度企业劳动投入规模每增加 1%，企业工资水平分别降低 0.47% 和 0.54%。

从人均资本变量的结果来看，2006—2016 年，我国上市公司制造业高资本密集度企业和低资本密集度企业人均资本增长对企业工资溢价具有正向影响，在其他变量保持不变的情况下，高资本密集度企业和低资本密集度企业人均资本每增加 1%，企业工资水平分别提高 0.11% 和 0.15%。

（二）熟练劳动力密集度差异与工资自选择

本书以熟练劳动力密集度的中位数为临界点，将 2006—2016 年上市公司制造业全部企业划分为熟练劳动力密集度高的企业和熟练劳动力密集度低的企业，分别代入式（4-1），实证检验熟练劳动力密集度差异对企业工资自选择行为的影响。

在面板模型参数估计方法的选择上，高熟练劳动力密集度企业和低熟练劳动力密集度企业工资自选择方程中，F 检验的 P 值均为 0.00，拒绝联合回归模型的假设，Hausman 检验的 P 值均为 0.00，高熟练劳动力密集度企业和低熟练劳动力密集度企业工资自选择方程均采用固定效应模型进行估计，其检验结果分别如式（4-5）和式（4-6）所示。

$$
\begin{aligned}
\ln wl_{i,t-3} = &-11.08 + 0.06 \, Export_{i,t} - 0.003 \, prfrt_{i,t-3} + 0.33 \ln tfp_{i,t-3} \\
&\quad (-2.14) \quad\quad (2.19) \quad\quad\quad (-2.13) \quad\quad\quad\quad (3.61) \\
&-0.23 \ln age_{i,t-3} + 0.28 \ln age2_{i,t-3} - 0.004 \ln dbastrt_{i,t-3} - 0.32 \ln l_{i,t-3} \\
&\quad (-0.95) \quad\quad\quad (5.24) \quad\quad\quad\quad (-0.21) \quad\quad\quad\quad (-6.94) \\
&+0.006 \ln kl_{i,t-3} + 2.65 \, area1_{i,t-3} + 2.40 \, area2_{i,t-3} + 0.16 \, size1_{i,t-3} \\
&\quad (0.25) \quad\quad\quad\quad (7.64) \quad\quad\quad\quad (6.63) \quad\quad\quad\quad (2.09) \\
&+0.07 \, size2_{i,t-3} - 0.20 \, nature1_{i,t-3} + 0.27 \, nature2_{i,t-3} \\
&\quad (1.17) \quad\quad\quad\quad (-1.78) \quad\quad\quad\quad (2.43)
\end{aligned}
$$

$$(4-5)$$

$$
\begin{aligned}
\ln wl_{i,t-3} = &-5.06 + 0.11 \, Export_{i,t} - 0.003 \, prfrt_{i,t-3} + 0.28 \ln tfp_{i,t-3} \\
&\quad (-2.07) \quad\quad (1.76) \quad\quad\quad (-2.23) \quad\quad\quad\quad (2.78) \\
&-3.31 \ln age_{i,t-3} + 0.89 \ln age2_{i,t-3} + 0.07 \ln dbastrt_{i,t-3} - 0.41 \ln l_{i,t-3} \\
&\quad (-6.60) \quad\quad\quad (8.60) \quad\quad\quad\quad (3.10) \quad\quad\quad\quad (-7.42) \\
&+0.17 \ln kl_{i,t-3} + 1.06 \, area1_{i,t-3} - 4.05 \, area2_{i,t-3} + 0.40 \, size1_{i,t-3} \\
&\quad (4.40) \quad\quad\quad\quad (6.69) \quad\quad\quad\quad (-8.60) \quad\quad\quad\quad (5.40) \\
&+0.38 \, size2_{i,t-3} + 0.09 \, nature1_{i,t-3} + 0.17 \, nature2_{i,t-3} \\
&\quad (6.15) \quad\quad\quad\quad (1.46) \quad\quad\quad\quad (4.00)
\end{aligned}
$$

$$(4-6)$$

式（4-5）和式（4-6）的拟合优度分别为 0.9995 和 0.9984，除式（4-5）中的 $\ln age_{i,t-3}$、$\ln dbastrt_{i,t-3}$、$\ln kl_{i,t-3}$、$size2_{i,t-3}$ 变量和式（4-6）中的 $nature1_{i,t-3}$ 变量外，式（4-5）和式（4-6）中其他变量 t 值的绝对值均显著大于 1.65，模型总体拟合效果良好。

式（4-5）和式（4-6）中，上市公司制造业高熟练劳动力密集度企业和低熟练劳动力密集度企业的出口工资溢价系数 β 显著为正，说明 2006—2016 年，我国上市公司制造业高熟练劳动力密集度企业和低熟练劳动力密集度企业的出口中均存在工资自选择行为。从总体上来说，2006—2016 年，在其他变量保持不变的情况下，高熟练劳动力密集度企业和低熟练劳动力密集度企业中，出口企业在出口前三年与同期的非出口企业相比，工资水平分别高 6% 和 11%。

从利润率变量的结果来看，2006—2016 年，利润率增加对我国上市公司制造业高熟练劳动力密集度企业和低熟练劳动力密集度企业的工资溢价均具有负向影响。在其他变量保持不变的情况下，利润率每增加 1%，高熟练劳动力密集度企业和低熟练劳动力密集度企业工资水平均下降 0.003%，说明我国企业存在依靠压缩工人工资水平的方式来获得利润提升的现象。

从生产率变量的结果来看，2006—2016 年，我国上市公司制造业高熟练劳动力密集度企业和低熟练劳动力密集度企业生产率增长对企业工资溢价均具有正向影响，在其他变量保持不变的情况下，高熟练劳动力密集度企业和低熟练劳动力密集度企业生产率每增加 1%，分别使得企业工资水平提高 0.33% 和 0.28%。

从上市年限变量的结果来看，与理论预期相反，2006—2016 年，我国上市公司制造业高熟练劳动力密集度企业和低熟练劳动力密集度企业上市年限一次项系数为负，二次项系数为正，上市年限与工资水平之间呈 U 型关系。在其他变量保持不变的情况下，上市初期高熟练劳动力密集度企业和低熟练劳动力密集度企业经营年限每增加 1%，企业工资水平分别降低

0.23% 和 3.31%；上市中后期高熟练劳动力密集度企业和低熟练劳动力密集度企业经营年限每增加 1%，企业工资水平分别提高 0.28% 和 0.89%。

从资产负债率变量的结果来看，2006—2016 年，我国上市公司制造业高熟练劳动力密集度企业资产负债率增加对企业工资溢价具有负向影响。在其他变量保持不变的情况下，高熟练劳动力密集度企业资产负债率每增加 1%，企业工资水平降低 0.004%。我国上市公司制造业低熟练劳动力密集度企业资产负债率增加对企业工资溢价具有正向影响。在其他变量保持不变的情况下，低熟练劳动力密集度企业资产负债率每增加 1%，企业工资水平提高 0.07%。

从劳动投入规模变量的结果来看，2006—2016 年，我国上市公司制造业高熟练劳动力密集度企业和低熟练劳动力密集度企业劳动投入规模增加对企业工资溢价具有负向影响。在其他变量保持不变的情况下，高熟练劳动力密集度企业和低熟练劳动力密集度企业劳动投入规模每增加 1%，企业工资水平分别降低 0.32% 和 0.41%。

从人均资本变量的结果来看，2006—2016 年，我国上市公司制造业高熟练劳动力密集度企业和低熟练劳动力密集度企业人均资本增长对企业工资溢价具有正向影响，在其他变量保持不变的情况下，高熟练劳动力密集度企业和低熟练劳动力密集度企业人均资本每增加 1%，企业工资水平分别提高 0.006% 和 0.17%。

由此，可得出以下结论：①由式（4-3）和式（4-4）可知，2006—2016 年，我国上市公司制造业不同资本密集度企业出口前均存在工资溢价，但由于我国企业获利能力低、企业长期依靠压缩工人工资水平的方式来获得利润提升，利润率和工资水平之间成反比关系，因此，与理论预期相反，高资本密集度出口企业出口前工资溢价程度小于低资本密集度企业。由式（4-5）和式（4-6）可知，2006—2016 年，我国上市公司制造业不同熟练劳动力密集度企业进入国际市场之前均存在工资溢价，但由于高熟练劳动力密集度企业的出口中生产率的"自选择效应"弱于低熟练劳动力密集度企业，高熟练劳动力密集度企业出口前工资溢价的程度小于低熟练劳动力密集度企业。②不同要素密集度企业并非以提高产品附加值的方式提高盈利能力，而是以降低工资水平的方式提高利润率。③上市初期，为了使得财务报表体现良好的业绩，低资本密集度企业、低熟练劳动力密集度企业更加以降低劳动力成本的方法来提高利润率，上市年限与工资水平呈负相关。随着企业上市年限的增长，企业的管理经验越发丰富，经营状况越趋于稳定，越能够促进劳动力报酬的提升。

三、成长能力异质性与工资水平的自选择

不同成长能力的企业中，出口企业和非出口企业的工资水平之间存在显著的差异。朝阳产业或者新兴产业成长能力相对较强，大多数产品处于产品生命周期的创新阶段和成长阶段，产品缺乏稳定的销售渠道，为研制新产品、开拓国际市场，成长能力强的企业更倾向于以高报酬来吸引优秀的人才。与此相反，夕阳产业成长能力较弱，多数产品处于产品生命周期的成熟阶段，产品市场营销渠道稳定，企业缺乏创新的动力，往往采用低工资的策略来降低劳动力成本。因此，根据异质性企业贸易理论，无论是成长能力强的企业还是成长能力弱的企业，对外出口均需承担额外的贸易成本，只有高生产率、高工资水平的企业才能进入国际市场，且成长能力强的企业相对于成长能力弱的企业来说，出口企业与非出口企业之间工资水平的差异更大。

本书运用三年利润平均增长率和营业收入增长率两个指标，以相应的中位数为临界点，将 2006—2016 年上市公司制造业全部企业划分为成长能力强的企业和成长能力弱的企业，分别代入式（4-1），实证检验成长能力差异对企业工资自选择行为的影响。

（一）利润增长率差异与工资自选择

在面板模型参数估计方法的选择上，高利润增长率企业和低利润增长率企业工资自选择方程中，F 检验的 P 值均为 0.00，拒绝联合回归模型的假设，Hausman 检验的 P 值分别为 0.00 和 0.01，高利润增长率企业

和低利润增长率企业工资自选择方程均采用固定效应模型进行估计,其检验结果分别如式(4-7)和式(4-8)所示。

$$\ln \text{wl}_{i,t-3} = -28.44 + 0.16\,\text{Export}_{i,t} - 0.009\,\text{prfrt}_{i,t-3} + 0.51\ln \text{tfp}_{i,t-3}$$
$$(-3.33)\qquad(4.29)\qquad\quad(-3.56)\qquad\qquad(5.61)$$
$$-2.00\ln \text{age}_{i,t-3} + 0.65\ln \text{age}2_{i,t-3} + 0.007\ln \text{dbastrt}_{i,t-3} - 0.40\ln 1_{i,t-3}$$
$$(-2.45)\qquad\qquad(3.78)\qquad\qquad(0.23)\qquad\qquad(-8.12)$$
$$+0.01\ln \text{kl}_{i,t-3} - 2.33\,\text{area}1_{i,t-3} + 1.79\,\text{area}2_{i,t-3} + 0.29\,\text{size}1_{i,t-3}$$
$$(0.31)\qquad\quad(-7.65)\qquad\qquad(8.38)\qquad\qquad(4.30)$$
$$+0.25\,\text{size}2_{i,t-3} + 15.36\,\text{nature}1_{i,t-3} + 12.62\,\text{nature}2_{i,t-3}$$
$$(4.60)\qquad\qquad(5.67)\qquad\qquad\quad(4.99)$$

$$(4\text{-}7)$$

$$\ln \text{wl}_{i,t-3} = 16.31 - 0.09\,\text{Export}_{i,t} - 0.01\,\text{prfrt}_{i,t-3} + 1.14\ln \text{tfp}_{i,t-3}$$
$$(2.06)\quad(-0.35)\qquad\quad(-3.69)\qquad\qquad(4.10)$$
$$+6.07\ln \text{age}_{i,t-3} - 0.84\ln \text{age}2_{i,t-3} - 0.26\ln \text{dbastrt}_{i,t-3} - 0.27\ln 1_{i,t-3}$$
$$(3.44)\qquad\qquad(-2.60)\qquad\qquad(-3.19)\qquad\qquad(-2.21)$$
$$+0.11\ln \text{kl}_{i,t-3} - 5.20\,\text{area}1_{i,t-3} - 4.40\,\text{area}2_{i,t-3} + 0.26\,\text{size}1_{i,t-3}$$
$$(1.72)\qquad\quad(-5.26)\qquad\qquad(-5.49)\qquad\qquad(0.42)$$
$$+0.16\,\text{size}2_{i,t-3} + 0.47\,\text{nature}1_{i,t-3} + 0.17\,\text{nature}2_{i,t-3}$$
$$(0.30)\qquad\qquad(1.29)\qquad\qquad\quad(1.57)$$

$$(4\text{-}8)$$

式(4-7)和式(4-8)的拟合优度均为0.9999,除式(4-7)中的 $\ln \text{dbastrt}_{i,t-3}$、$\ln \text{kl}_{i,t-3}$ 变量和式(4-8)中的 $\text{Export}_{i,t-3}$、规模和所有制变量外,式(4-7)和式(4-8)中其他变量 t 值的绝对值均显著大于1.65,模型总体拟合效果良好。

式(4-7)和式(4-8)中,上市公司制造业高利润增长率企业和低利润增长率企业的出口工资溢价系数 β 显著为正,说明2006~2016年,我国上市公司制造业高利润增长率企业和低利润增长率企业的出口中均存在工资自选择行为。从总体上来说,2006—2016年,在其他变量保持不变的情况下,高利润增长率企业和低利润增长率企业中,出口企业在出口前三年与同期的非出口企业相比,工资水平分别高6%和11%。

从利润率变量的结果来看，2006—2016 年，利润率增加对我国上市公司制造业高利润增长率企业和低利润增长率企业的工资溢价均具有负向影响。在其他变量保持不变的情况下，利润率每增加 1%，高利润增长率企业和低利润增长率企业工资水平分别下降 0.009% 和 0.01%，说明我国企业存在依靠压缩工人工资水平的方式来获得利润提升的现象。

从生产率变量的结果来看，2006—2016 年，我国上市公司制造业高利润增长率企业和低利润增长率企业生产率增长对企业工资溢价均具有正向影响，在其他变量保持不变的情况下，高利润增长率企业和低利润增长率企业生产率每增加 1%，分别使得企业工资水平提高 0.51% 和 1.14%。

从上市年限变量的结果来看，2006—2016 年，我国上市公司制造业高利润增长率企业上市年限一次项系数为负，二次项系数为正，上市年限与工资水平之间呈 U 型关系。在其他变量保持不变的情况下，上市初期高利润增长率企业经营年限每增加 1%，企业工资水平降低 2%；上市中后期高利润增长率企业经营年限每增加 1%，企业工资水平提高 0.65%。2006—2016 年，我国上市公司制造业低利润增长率企业上市年限一次项系数为正，二次项系数为负，上市年限与工资水平之间呈倒 U 型关系。在其他变量保持不变的情况下，上市初期低利润增长率企业经营年限每增加 1%，企业工资水平提高 6.07%；上市中后期低利润增长率企业经营年限每增加 1%，企业工资水平降低 0.84%。

从资产负债率变量的结果来看，2006—2016 年，我国上市公司制造业高利润增长率企业资产负债率增加对企业工资溢价具有正向影响。在其他变量保持不变的情况下，高利润增长率企业资产负债率每增加 1%，企业工资水平提高 0.007%。我国上市公司制造业低利润增长率企业资产负债率增加对企业工资溢价具有负向影响。在其他变量保持不变的情况下，低利润增长率企业资产负债率每增加 1%，企业工资水平降低 0.26%。

从劳动投入规模变量的结果来看，2006—2016 年，我国上市公司制造业高利润增长率企业和低利润增长率企业劳动投入规模增加对企业工资溢价具有负向影响。在其他变量保持不变的情况下，高利润增长率企业和低利润增长率企业劳动投入规模每增加 1%，企业工资水平分别降低 0.40% 和 0.27%。

从人均资本变量的结果来看，2006—2016 年，我国上市公司制造业高利润增长率企业和低利润增长率企业人均资本增长对企业工资溢价具有正向影响，在其他变量保持不变的情况下，高利润增长率企业和低利润增长率企业人均资本每增加 1%，企业工资水平分别提高 0.01% 和 0.11%。

（二）营业收入增长率差异与工资自选择

在面板模型参数估计方法的选择上，高营业收入增长率企业和低营业收入增长率企业工资自选择方程中，F 检验的 P 值均为 0.00，拒绝联合回归模型的假设，Hausman 检验的 P 值均为 0.00，高营业收入增长率企业和低营业收入增长率企业工资自选择方程均采用固定效应模型进行估计，其检验结果分别如式（4-9）和式（4-10）所示。

$$
\begin{aligned}
\ln wl_{i,t-3} = &-20.52+0.14\ \mathrm{Export}_{i,t}-0.006\ \mathrm{prfrt}_{i,t-3}+0.77\ \ln \mathrm{tfp}_{i,t-3}\\
&(-1.77)\quad\ (1.85)\qquad\quad (-1.57)\qquad\qquad (4.58)\\
&-0.34\ \ln \mathrm{age}_{i,t-3}+0.27\ \ln \mathrm{age}2_{i,t-3}+0.03\ \ln \mathrm{dbastrt}_{i,t-3}-0.50\ \ln l_{i,t-3}\\
&\ \ (-0.64)\qquad\qquad (1.93)\qquad\qquad (0.87)\qquad\qquad (-7.82)\\
&+0.07\ \ln \mathrm{kl}_{i,t-3}+12.18\ \mathrm{area}1_{i,t-3}+11.08\ \mathrm{area}2_{i,t-3}+0.31\ \mathrm{size}1_{i,t-3}\\
&\ \ (1.71)\qquad\quad (11.92)\qquad\qquad (12.23)\qquad\qquad (3.46)\\
&+0.22\ \mathrm{size}2_{i,t-3}-1.65\ \mathrm{nature}1_{i,t-3}+11.28\ \mathrm{nature}2_{i,t-3}\\
&\ \ (3.58)\qquad\quad (-4.99)\qquad\qquad (12.45)
\end{aligned}
$$

$$（4-9）$$

$$
\begin{aligned}
\ln wl_{i,t-3} = &-16.72+0.10\ \mathrm{Export}_{i,t}-0.002\ \mathrm{prfrt}_{i,t-3}+0.31\ \ln \mathrm{tfp}_{i,t-3}\\
&(-2.54)\quad (3.82)\qquad\quad (-1.78)\qquad\qquad (3.16)\\
&-1.75\ \ln \mathrm{age}_{i,t-3}+0.60\ \ln \mathrm{age}2_{i,t-3}+0.06\ \ln \mathrm{dbastrt}_{i,t-3}-0.40\ \ln l_{i,t-3}\\
&\ \ (-3.80)\qquad\qquad (6.38)\qquad\qquad (2.19)\qquad\qquad (-6.12)\\
&+0.12\ \ln \mathrm{kl}_{i,t-3}+4.09\ \mathrm{area}1_{i,t-3}+0.72\ \mathrm{area}2_{i,t-3}+0.25\ \mathrm{size}1_{i,t-3}\\
&\ \ (3.72)\qquad\quad (8.45)\qquad\qquad (4.20)\qquad\qquad (4.06)\\
&+0.29\ \mathrm{size}2_{i,t-3}+2.08\ \mathrm{nature}1_{i,t-3}+0.11\ \mathrm{nature}2_{i,t-3}\\
&\ \ (7.70)\qquad\quad (5.89)\qquad\qquad (10.47)
\end{aligned}
$$

$$（4-10）$$

式（4-9）和式（4-10）的拟合优度分别为 0.9997 和 0.9513，除式（4-7）中的 ln dbastrt$_{i,t-3}$、ln kl$_{i,t-3}$ 变量和式（4-8）中的 Export$_{i,t}$、规模和所有制变量外，式（4-7）和式（4-8）中其他变量 t 值的绝对值均显著大于 1.65，模型总体拟合效果良好。

式（4-9）和式（4-10）中，上市公司制造业高营业收入增长率企业和低营业收入增长率企业的出口工资溢价系数 β 显著为正，说明 2006—2016 年，我国上市公司制造业高营业收入增长率企业和低营业收入增长率企业的出口中均存在工资自选择行为。从总体上来说，2006—2016 年，在其他变量保持不变的情况下，高营业收入增长率企业和低营业收入增长率企业中，出口企业在出口前三年与同期的非出口企业相比，工资水平分别高 14% 和 10%。

从利润率变量的结果来看，2006—2016 年，利润率增加对我国上市公司制造业高营业收入增长率企业和低营业收入增长率企业的工资溢价均具有负向影响。在其他变量保持不变的情况下，利润率每增加 1%，高营业收入增长率企业和低营业收入增长率企业工资水平分别下降 0.006% 和 0.002%，说明高营业收入增长率企业更加依靠压缩工人工资水平来获得利润提升。

从生产率变量的结果来看，2006—2016 年，我国上市公司制造业高营业收入增长率企业和低营业收入增长率企业生产率增长对企业工资溢价均具有正向影响，在其他变量保持不变的情况下，高营业收入增长率企业和低营业收入增长率企业生产率每增加 1%，分别使得企业工资水平提高 0.77% 和 0.31%。

从上市年限变量的结果来看，与理论预期相反，2006—2016 年，我国上市公司制造业高营业收入增长率企业和低营业收入增长率企业上市年限一次项系数为负，二次项系数为正，上市年限与工资水平之间呈"U"型关系。在其他变量保持不变的情况下，上市初期高营业收入增长率企业和低营业收入增长率企业经营年限每增加 1%，企业工资水平分别降低 0.34% 和 1.75%；上市中后期高营业收入增长率企业和低营业收入增长率企业经营年限每增加 1%，企业工资水平分别提高 0.27% 和 0.60%。

从资产负债率变量的结果来看，2006—2016 年，我国上市公司制造业高营业收入增长率企业和低营业收入增长率企业资产负债率增加均对企业工资溢价具有正向影响。在其他变量保持不变的情况下，高营业收入增长率企业和低营业收入增长率企业资产负债率每增加 1%，企业工资水平分别提高 0.03% 和 0.06%。

从劳动投入规模变量的结果来看，2006—2016 年，我国上市公司制造业高营业收入增长率企业和低营业收入增长率企业劳动投入规模增加均对企业工资溢价具有负向影响。在其他变量保持不变的情况下，高营业收入增长率企业和低营业收入增长率企业劳动投入规模每增加 1%，企业工资水平分别降低 0.50% 和 0.40%。

从人均资本变量的结果来看，2006—2016 年，我国上市公司制造业高营业收入增长率企业和低营业收入增长率企业人均资本增长对企业工资溢价均具有正向影响，在其他变量保持不变的情况下，高营业收入增长率企业和低营业收入增长率企业人均资本每增加 1%，企业工资水平分别提高 0.07% 和 0.12%。

由此，可得出以下结论：①由式（4-7）—式（4-10）可知，2006—2016 年，我国上市公司制造业高利润增长率企业以及不同营业收入增长率企业出口前存在工资溢价，低利润增长率企业出口前工资溢价系数显著为负。与理论预期相符，成长能力强的企业相对于成长能力弱的企业来说，出口前工资溢价的程度更大。②不同成长能力企业并非以提高产品附加值的方式提高盈利能力，而是以降低工资水平的方式提高利润率。③低利润增长率企业上市年限与工资水平呈倒"U"型关系，高利润增长率企业以及不同营业收入增长率企业上市初期为了使得财务报表体现良好的业绩，以降低劳动力成本的方法来提高利润率，上市年限与工资水平呈 U 型关系。

四、营运能力异质性与工资水平的自选择

营运能力体现企业的管理效率，营运能力强的企业管理效率高，更有能力克服出口固定成本，进入国际市场，即出口企业相对于非出口企业具有更高的营运能力。同时，营运能力强的企业盈利能力亦强，有能力为员工支付更高的工资。因此，营运能力强的企业相对于营运能力弱的企业工资水平的"自选择效应"更显著。

本书运用存货周转率和应收账款周转率两个指标，以相应的中位数为临界点，将 2006—2016 年上市公司制造业全部企业划分为营运能力强的企业和营运能力弱的企业，分别代入式（4-1），实证检验营运能力差异对企业工资自选择的影响。

（一）存货周转率差异与工资自选择

在面板模型参数估计方法的选择上，高存货周转率企业和低存货周转率企业工资自选择方程中，F 检验的 P 值均为 0.00，拒绝联合回归模型的假设，Hausman 检验的 P 值均为 0.00，高存货周转率和低存货周转率工资自选择方程均采用固定效应模型进行估计，其检验结果分别如式（4-11）和式（4-12）所示。

$$\ln \text{wl}_{i,t-3} = -5.18 + 0.08 \text{ Export}_{i,t} - 0.004 \text{ prfrt}_{i,t-3} + 0.29 \ln \text{tfp}_{i,t-3}$$
$$(-2.60) \quad (1.69) \quad (-2.21) \quad (3.50)$$
$$-2.38 \ln \text{age}_{i,t-3} + 0.64 \ln \text{age2}_{i,t-3} + 0.02 \ln \text{dbastrt}_{i,t-3} - 0.35 \ln l_{i,t-3}$$
$$(-1.79) \quad (1.92) \quad (0.55) \quad (-6.32)$$
$$+0.12 \ln \text{kl}_{i,t-3} - 1.05 \text{ area1}_{i,t-3} - 1.11 \text{ area2}_{i,t-3} - 0.01 \text{ size1}_{i,t-3}$$
$$(3.82) \quad (-1.78) \quad (-6.12) \quad (-0.12)$$
$$+0.08 \text{ size2}_{i,t-3} + 0.25 \text{ nature1}_{i,t-3} + 0.30 \text{ nature2}_{i,t-3}$$
$$(1.77) \quad (1.98) \quad (3.31)$$

（4-11）

$$
\begin{aligned}
\ln \mathrm{wl}_{i,t-3} = {} & -10.29 + 0.09\,\mathrm{Export}_{i,t} - 0.005\,\mathrm{prfrt}_{i,t-3} + 0.39\ln \mathrm{tfp}_{i,t-3} \\
& (-1.97) \quad\ (2.79) \qquad\ (-4.15) \qquad\qquad (5.17) \\
& -0.76\ln \mathrm{age}_{i,t-3} + 0.46\ln \mathrm{age}\,2_{i,t-3} + 0.04\ln \mathrm{dbastrt}_{i,t-3} - 0.37\ln \mathrm{l}_{i,t-3} \\
& \quad (-4.07) \qquad\qquad (9.92) \qquad\qquad (2.09) \qquad\qquad (-8.05) \\
& +0.06\ln \mathrm{kl}_{i,t-3} - 3.44\,\mathrm{area}\,1_{i,t-3} - 3.43\,\mathrm{area}\,2_{i,t-3} + 0.09\,\mathrm{size}\,1_{i,t-3} \\
& \quad (2.04) \qquad (-13.66) \qquad\quad (-14.76) \qquad\quad (1.30) \\
& +0.08\,\mathrm{size}\,2_{i,t-3} - 0.15\,\mathrm{nature}\,1_{i,t-3} + 0.19\,\mathrm{nature}\,2_{i,t-3} \\
& \quad (1.05) \qquad\quad (-1.77) \qquad\qquad (1.46)
\end{aligned}
$$

$$(4\text{-}12)$$

公式（4-11）和公式（4-12）的拟合优度分别为 0.9996 和 0.9992，除公式（4-11）中的 $\ln \mathrm{dbastrt}_{i,t-3}$、$\mathrm{size}1_{i,t-3}$ 变量和公式（4-12）中的 $\mathrm{size}1_{i,t-3}$、$\mathrm{size}2_{i,t-3}$ 和 $\mathrm{nature}2_{i,t-3}$ 变量外，公式（4-11）和公式（4-12）中其他变量 t 值的绝对值均显著大于 1.65，模型总体拟合效果良好。

公式（4-11）和公式（4-12）中，上市公司制造业高存货周转率企业和低存货周转率企业的出口工资溢价系数 β 显著为正，说明 2006—2016 年，我国上市公司制造业高存货周转率企业和低存货周转率企业的出口中均存在工资自选择行为。从总体上来说，2006—2016 年，在其他变量保持不变的情况下，高存货周转率企业和低存货周转率企业中，出口企业在出口前三年与同期的非出口企业相比，工资水平分别高 8% 和 9%。

从利润率变量的结果来看，2006—2016 年，利润率增加对我国上市公司制造业高存货周转率企业和低存货周转率企业的工资溢价均具有负向影响。在其他变量保持不变的情况下，利润率每增加 1%，高存货周转率企业和低存货周转率企业工资水平分别下降 0.004% 和 0.005%，说明低存货周转率企业更加依靠压缩工人工资水平来获得利润提升。

从生产率变量的结果来看，2006—2016 年，我国上市公司制造业高存货周转率企业和低存货周转率企业生产率增长对企业工资溢价均具有正向影响，在其他变量保持不变的情况下，高存货周转率企业和低存货周转率企业生产率每增加 1%，分别使得企业工资水平提高 0.29% 和 0.39%。

从上市年限变量的结果来看，与理论预期相反，2006—2016 年，我国上市公司制造业高存货周转率企业和低存货周转率企业上市年限一次项系数为负，二次项系数为正，上市年限与工资水平之间呈"U"型关系。在其他变量保持不变的情况下，上市初期高存货周转率企业和低存货周转率企业经营年限每增加 1%，企业工资水平分别降低 2.38% 和 0.76%；上市中后期高存货周转率企业和低存货周转率企业经营年限每增加 1%，企业工资水平分别提高 0.64% 和 0.46%。

从资产负债率变量的结果来看，2006—2016 年，我国上市公司制造业高存货周转率企业和低存货周转率企业资产负债率增加均对企业工资溢价具有正向影响。在其他变量保持不变的情况下，高存货周转率企业和低存货周转率企业资产负债率每增加 1%，企业工资水平分别提高 0.02% 和 0.04%。

从劳动投入规模变量的结果来看，2006—2016 年，我国上市公司制造业高存货周转率企业和低存货周转率企业劳动投入规模增加均对企业工资溢价具有负向影响。在其他变量保持不变的情况下，高存货周转率企业和低存货周转率企业劳动投入规模每增加 1%，企业工资水平分别降低 0.35% 和 0.37%。

从人均资本变量的结果来看，2006—2016 年，我国上市公司制造业高存货周转率企业和低存货周转率企业人均资本增长对企业工资溢价均具有正向影响，在其他变量保持不变的情况下，高存货周转率企业和低存货周转率企业人均资本每增加 1%，企业工资水平分别提高 0.12% 和 0.06%。

（二）应收账款周转率差异与工资自选择

在面板模型参数估计方法的选择上，高应收账款周转率企业和低应收账款周转率企业工资自选择方程中，F 检验的 P 值均为 0.00，拒绝联合回归模型的假设，Hausman 检验的 P 值均为 0.00，高应收账款周转率和低应收账款周转率工资自选择方程均采用固定效应模型进行估计，其检验结果分别如式（4-13）和式（4-14）所示。

$$\ln \text{wl}_{i,t-3} = -10.28 + 0.04 \text{ Export}_{i,t} - 0.003 \text{ prfrt}_{i,t-3} + 0.39 \ln \text{tfp}_{i,t-3}$$
$$\quad (-1.96) \quad\quad (0.94) \quad\quad (-1.86) \quad\quad\quad (3.74)$$
$$\quad -2.47 \ln \text{age}_{i,t-3} + 0.71 \ln \text{age2}_{i,t-3} - 0.02 \ln \text{dbastrt}_{i,t-3} - 0.12 \ln l_{i,t-3}$$
$$\quad\quad (-3.00) \quad\quad\quad (4.37) \quad\quad\quad (-0.73) \quad\quad\quad (-1.90)$$
$$\quad +0.19 \ln \text{kl}_{i,t-3} - 1.75 \text{ area1}_{i,t-3} + 6.88 \text{ area2}_{i,t-3} + 0.16 \text{ size1}_{i,t-3}$$
$$\quad\quad (4.97) \quad\quad\quad (-5.49) \quad\quad\quad (7.25) \quad\quad\quad (1.65)$$
$$\quad +0.15 \text{ size2}_{i,t-3} - 0.04 \text{ nature1}_{i,t-3} + 0.16 \text{ nature2}_{i,t-3}$$
$$\quad\quad (2.37) \quad\quad\quad (-0.65) \quad\quad\quad (2.66)$$

$$(4\text{-}13)$$

$$\ln \text{wl}_{i,t-3} = -9.97 + 0.11 \text{ Export}_{i,t} - 0.006 \text{ prfrt}_{i,t-3} + 0.99 \ln \text{tfp}_{i,t-3}$$
$$\quad (-1.08) \quad\quad (1.70) \quad\quad (-3.84) \quad\quad\quad (6.79)$$
$$\quad -1.61 \ln \text{age}_{i,t-3} + 0.50 \ln \text{age2}_{i,t-3} + 0.04 \ln \text{dbastrt}_{i,t-3} - 0.46 \ln l_{i,t-3}$$
$$\quad\quad (-2.18) \quad\quad\quad (2.69) \quad\quad\quad (0.70) \quad\quad\quad (-8.56)$$
$$\quad +0.15 \ln \text{kl}_{i,t-3} + 0.35 \text{ area1}_{i,t-3} - 2.54 \text{ area2}_{i,t-3} - 2.44 \text{ size1}_{i,t-3}$$
$$\quad\quad (3.35) \quad\quad\quad (1.27) \quad\quad\quad (-3.04) \quad\quad\quad (-3.03)$$
$$\quad -2.53 \text{ size2}_{i,t-3} + 0.01 \text{ nature1}_{i,t-3} + 0.06 \text{ nature2}_{i,t-3}$$
$$\quad\quad (-3.16) \quad\quad\quad (0.10) \quad\quad\quad (2.31)$$

$$(4\text{-}14)$$

式（4-13）和式（4-14）的拟合优度分别为 0.9994 和 0.9938，除式（4-13）中的 $\text{Export}_{i,t}$、$\ln \text{dbastrt}_{i,t-3}$、$\text{naturel}_{i,t-3}$ 变量和式（4-14）中的 $\ln \text{dbastrt}_{i,t-3}$、$\text{area1}_{i,t-3}$、$\text{nature1}_{i,t-3}$ 变量外，式（4-13）和式（4-14）中其他变量 t 值的绝对值均显著大于 1.65，模型总体拟合效果良好。

式（4-13）和式（4-14）中，上市公司制造业高应收账款周转率企业和低应收账款周转率企业的出口工资溢价系数 β 显著为正，说明 2006—2016 年，我国上市公司制造业高应收账款周转率企业和低应收账款周转率企业的出口中均存在工资自选择行为。从总体上来说，2006—2016 年，在其他变量保持不变的情况下，高应收账款周转率企业和低应收账款周转率企业中，出口企业在出口前三年与同期的非出口企业相比，工资水平分别高 4% 和 11%。

从利润率变量的结果来看，2006—2016 年，利润率增加对我国上市公司制造业高应收账款周转率企业和低应收账款周转率企业的工资溢价均具有负向影响。在其他变量保持不变的情况下，利润率每增加 1%，高应收账款周转率企业和低应收账款周转率企业工资水平分别下降 0.003% 和 0.006%，说明低应收账款周转率企业更加依靠压缩工人工资水平来获得利润提升。

从生产率变量的结果来看，2006—2016 年，我国上市公司制造业高应收账款周转率企业和低应收账款周转率企业生产率增长对企业工资溢价均具有正向影响，在其他变量保持不变的情况下，高应收账款周转率企业和低应收账款周转率企业生产率每增加 1%，分别使得企业工资水平提高 0.39% 和 0.99%。

从上市年限变量的结果来看，与理论预期相反，2006—2016 年，我国上市公司制造业高应收账款周转率企业和低应收账款周转率企业上市年限一次项系数为负，二次项系数为正，上市年限与工资水平之间呈 U 型关系。在其他变量保持不变的情况下，上市初期高应收账款周转率企业和低应收账款周转率企业经营年限每增加 1%，企业工资水平分别降低 2.47% 和 1.61%；上市中后期高应收账款周转率企业和低应收账款周转率企业经营年限每增加 1%，企业工资水平分别提高 0.71% 和 0.50%。

从资产负债率变量的结果来看，2006—2016 年，我国上市公司制造业高应收账款周转率企业资产负债率增加均对企业工资溢价具有负向影响。在其他变量保持不变的情况下，高应收账款周转率企业资产负债率每增加 1%，企业工资水平下降 0.02%。我国上市公司制造业低应收账款周转率企业资产负债率增加对企业工资溢价具有正向影响。在其他变量保持不变的情况下，低应收账款周转率企业资产负债率每增加 1%，企业工资水平提高 0.04%。

从劳动投入规模变量的结果来看，2006—2016 年，我国上市公司制造业高应收账款周转率企业和低应收账款周转率企业劳动投入规模增加均对企业工资溢价具有负向影响。在其他变量保持不变的情况下，高应收账款周转率企业和低应收账款周转率企业劳动投入规模每增加 1%，企业工资水平分别降低 0.12% 和 0.46%。

从人均资本变量的结果来看，2006—2016 年，我国上市公司制造业高应收账款周转率企业和低应收账款周转率企业人均资本增长对企业工资溢价均具有正向影响，在其他变量保持不变的情况下，高应收账款周转率企业和低应收账款周转率企业人均资本每增加 1%，企业工资水平分别提高 0.19% 和 0.15%。

由此，可得出以下结论：① 由式（4-11）—式（4-14）可知，2006—2016 年，我国上市公司制造业不同营运能力出口企业在出口前均存在工资溢价，但由于高营运能力企业上市初期为提高业绩水平，更加依靠于降低工资水平的方式来提高利润率，因此，高营运能力出口企业出口前工资溢价程度弱于低营运能力企业。②高营运能力企业融资活动的"规模经济效应"较弱，"成本效应"较强，融资活动对高营运能力企业工资溢价的促进作用小于低营运能力企业。③低营运能力企业劳动投入规模增加对企业工资溢价的抑制作用更强。⑤高营运能力企业人均资本增加对企业工资溢价的促进作用更强。

五、内源性融资能力异质性与工资水平的自选择

内源性融资是企业不断将自身的留存收益和折旧转化为投资的过程，也是企业挖掘内部资金潜力，提高内部资金使用效率的过程。内源性融资能力强的企业留存收益比重高，可用于支付员工工资的资金相对较少。因此，根据异质性企业贸易理论，无论是内源性融资能力强的企业，还是内源性融资能力弱的企业，出口企业相对于非出口企业均具有更强的内源性融资能力，内源性融资能力强的企业工资"自选择效应"相对较弱。

本书以清偿比率和股东权益比率的中位数为临界点，将 2006—2016 年上市公司制造业全部企业划分为内源性融资能力强的企业和内源性融资能力弱的企业，分别代入式（4-15），实证检验内源性融资能力差异对企业工资自选择行为的影响。

（一）清偿比率差异与工资自选择

在面板模型参数估计方法的选择上，高清偿比率企业和低清偿比率企业工资自选择方程中，F 检验的 P 值均为 0.00，拒绝联合回归模型的假设，Hausman 检验的 P 值分别为 0.01 和 0.00，高清偿比率和低清偿比率工资自选择方程均采用固定效应模型进行估计，其检验结果分别如式（4-15）和式（4-16）所示。

$$\ln \text{wl}_{i,t-3} = -16.11 + 0.13 \, \text{Export}_{i,t} - 0.0004 \, \text{prfrt}_{i,t-3} + 0.56 \ln \text{tfp}_{i,t-3}$$
$$\quad (-2.98) \quad (1.80) \quad (-0.28) \quad (5.64)$$
$$\quad -1.33 \ln \text{age}_{i,t-3} + 0.56 \ln \text{age2}_{i,t-3} + 0.05 \ln \text{dbastrt}_{i,t-3} - 0.45 \ln l_{i,t-3}$$
$$\quad (-3.31) \quad (7.01) \quad (0.53) \quad (-7.56)$$
$$\quad +0.11 \ln \text{kl}_{i,t-3} - 3.07 \, \text{area1}_{i,t-3} - 1.90 \, \text{area2}_{i,t-3} + 0.21 \, \text{size1}_{i,t-3}$$
$$\quad (2.84) \quad (-7.62) \quad (-4.51) \quad (2.45)$$
$$\quad +0.17 \, \text{size2}_{i,t-3} - 0.08 \, \text{nature1}_{i,t-3} + 0.16 \, \text{nature2}_{i,t-3}$$
$$\quad (3.11) \quad (-0.82) \quad (2.36)$$
$$\tag{4-15}$$

$$\ln \text{wl}_{i,t-3} = -3.86 + 0.13 \, \text{Export}_{i,t} - 0.005 \, \text{prfrt}_{i,t-3} + 0.38 \ln \text{tfp}_{i,t-3}$$
$$\quad (-1.38) \quad (4.02) \quad (-4.05) \quad (4.92)$$
$$\quad -1.78 \ln \text{age}_{i,t-3} + 0.61 \ln \text{age2}_{i,t-3} + 0.04 \ln \text{dbastrt}_{i,t-3} - 0.30 \ln l_{i,t-3}$$
$$\quad (-2.96) \quad (5.13) \quad (2.49) \quad (-6.42)$$
$$\quad +0.09 \ln \text{kl}_{i,t-3} - 1.69 \, \text{area1}_{i,t-3} - 0.32 \, \text{area2}_{i,t-3} + 0.24 \, \text{size1}_{i,t-3}$$
$$\quad (3.12) \quad (-9.32) \quad (-2.16) \quad (3.66)$$
$$\quad +0.18 \, \text{size2}_{i,t-3} + 0.16 \, \text{nature1}_{i,t-3} + 0.25 \, \text{nature2}_{i,t-3}$$
$$\quad (3.80) \quad (1.21) \quad (1.95)$$
$$\tag{4-16}$$

式（4-15）和式（4-16）的拟合优度分别为 0.9987 和 0.9997，除式（4-15）中的 $\text{prfrt}_{i,t-3}$、$\ln \text{dbastrt}_{i,t-3}$、$\text{nature1}_{i,t-3}$ 变量和式（4-16）中的 $\text{nature1}_{i,t-3}$ 变量外，式（4-15）和式（4-16）中其他变量 t 值的绝对值均显著大于 1.65，模型总体拟合效果良好。

式（4-15）和式（4-16）中，上市公司制造业高清偿比率企业和低清偿比率企业的出口工资溢价系数 β 显著为正，说明 2006—2016 年，我国上市公司制造业高清偿比率企业和低清偿比率企业的出口中均存在工资自选择行为。从总体上来说，2006—2016 年，在其他变量保持不变的情况下，高清偿比率企业和低清偿比率企业中，出口企业在出口前三年与同期的非出口企业相比，工资水平均高 13%。

从利润率变量的结果来看，2006—2016 年，利润率增加对我国上市公司制造业高清偿比率企业和低清偿比率企业的工资溢价均具有负向影响。在其他变量保持不变的情况下，利润率每增加 1%，高清偿比率企业和低清偿比率企业工资水平分别下降 0.0004% 和 0.005%，说明低清偿比率企业更加依靠压缩工人工资水平来获得利润提升。

从生产率变量的结果来看，2006—2016 年，我国上市公司制造业高清偿比率企业和低清偿比率企业生产率增长对企业工资溢价均具有正向影响，在其他变量保持不变的情况下，高清偿比率企业和低清偿比率企业生产率每增加 1%，分别使得企业工资水平提高 0.56% 和 0.38%。

从上市年限变量的结果来看，与理论预期相反，2006—2016 年，我国上市公司制造业高清偿比率企业和低清偿比率企业上市年限一次项系数为负，二次项系数为正，上市年限与工资水平之间呈 U 型关系。在其他变量保持不变的情况下，上市初期高清偿比率企业和低清偿比率企业经营年限每增加 1%，企业工资水平分别降低 1.33% 和 1.78%；上市中后期高清偿比率企业和低清偿比率企业经营年限每增加 1%，企业工资水平分别提高 0.56% 和 0.61%。

从资产负债率变量的结果来看，2006—2016 年，我国上市公司制造业高清偿比率企业资产负债率增加均对企业工资溢价具有负向影响。在其他变量保持不变的情况下，高清偿比率企业资产负债率每增加 1%，企业工资水平下降 0.02%。我国上市公司制造业低清偿比率企业资产负债率增加对企业工资溢价具有正向影响。在其他变量保持不变的情况下，低清偿比率企业资产负债率每增加 1%，企业工资水平提高 0.04%。

从劳动投入规模变量的结果来看，2006—2016 年，我国上市公司制造业高清偿比率企业和低清偿比率企业劳动投入规模增加均对企业工资溢价具有负向影响。在其他变量保持不变的情况下，高清偿比率企业和低清偿比率企业劳动投入规模每增加1%，企业工资水平分别降低0.45%和0.30%。

从人均资本变量的结果来看，2006—2016年，我国上市公司制造业高清偿比率企业和低清偿比率企业人均资本增长对企业工资溢价均具有正向影响，在其他变量保持不变的情况下，高清偿比率企业和低清偿比率企业人均资本每增加1%，企业工资水平分别提高0.11%和0.09%。

（二）股东权益比率差异与工资自选择

在面板模型参数估计方法的选择上，高股东权益比率企业和低股东权益比率企业工资自选择方程中，F检验的P值均为0.00，拒绝联合回归模型的假设，Hausman检验的P值分别为0.01和0.00，高股东权益比率和低股东权益比率工资自选择方程均采用固定效应模型进行估计，其检验结果分别如式（4-17）和式（4-18）所示。

$$
\begin{aligned}
\ln \mathrm{wl}_{i,t-3} = &-5.57 + 0.13\,\mathrm{Export}_{i,t} - 0.003\,\mathrm{prfrt}_{i,t-3} + 0.33\,\ln\mathrm{tfp}_{i,t-3} \\
& (-2.54) \quad (4.35) \quad\quad (-2.17) \quad\quad\quad (4.24) \\
& -0.91\,\ln\mathrm{age}_{i,t-3} + 0.44\,\ln\mathrm{age}2_{i,t-3} + 0.06\,\ln\mathrm{dbastrt}_{i,t-3} - 0.35\,\ln\mathrm{l}_{i,t-3} \\
& (-1.50) \quad\quad\quad (3.85) \quad\quad\quad (3.51) \quad\quad\quad (-8.71) \\
& +0.07\,\ln\mathrm{kl}_{i,t-3} + 9.21\,\mathrm{area}1_{i,t-3} + 11.46\,\mathrm{area}2_{i,t-3} + 0.20\,\mathrm{size}1_{i,t-3} \\
& (2.50) \quad\quad (12.52) \quad\quad (16.11) \quad\quad\quad (3.09) \\
& +0.15\,\mathrm{size}2_{i,t-3} - 1.79\,\mathrm{nature}1_{i,t-3} + 0.34\,\mathrm{nature}2_{i,t-3} \\
& (3.18) \quad\quad (-6.90) \quad\quad (2.69)
\end{aligned}
$$

$$（4-17）$$

$$
\begin{aligned}
\ln \mathrm{wl}_{i,t-3} = &-15.45 + 0.13\,\mathrm{Export}_{i,t} - 0.0006\,\mathrm{prfrt}_{i,t-3} + 0.57\,\ln\mathrm{tfp}_{i,t-3} \\
& (-2.87) \quad (1.80) \quad\quad (-0.44) \quad\quad\quad (5.73) \\
& -1.22\,\ln\mathrm{age}_{i,t-3} + 0.54\,\ln\mathrm{age}2_{i,t-3} + 0.03\,\ln\mathrm{dbastrt}_{i,t-3} - 0.47\,\ln\mathrm{l}_{i,t-3} \\
& (-3.07) \quad\quad\quad (6.94) \quad\quad\quad (0.30) \quad\quad\quad (-7.43) \\
& +0.08\,\ln\mathrm{kl}_{i,t-3} + 16.49\,\mathrm{area}1_{i,t-3} + 12.69\,\mathrm{area}2_{i,t-3} - 4.74\,\mathrm{size}1_{i,t-3} \\
& (2.10) \quad\quad (15.87) \quad\quad (15.52) \quad\quad\quad (-11.27) \\
& -4.79\,\mathrm{size}2_{i,t-3} - 0.08\,\mathrm{nature}1_{i,t-3} + 0.16\,\mathrm{nature}2_{i,t-3} \\
& (-11.46) \quad\quad (-0.84) \quad\quad (2.34)
\end{aligned}
$$

$$（4-18）$$

式（4-17）和式（4-18）的拟合优度分别为 0.9998 和 0.9987，除式（4-17）中的 $\ln age_{i,t-3}$ 变量和式（4-18）中的 $prfrt_{i,t-3}$、$nature1_{i,t-3}$ 变量外，式（4-17）和式（4-18）中其他变量 t 值的绝对值均显著大于 1.65，模型总体拟合效果良好。

式（4-17）和式（4-18）中，上市公司制造业高股东权益比率企业和低股东权益比率企业的出口工资溢价数 β 显著为正，说明 2006—2016 年，我国上市公司制造业高股东权益比率企业和低股东权益比率企业的出口中均存在工资自选择行为。从总体上来说，2006—2016 年，在其他变量保持不变的情况下，高股东权益比率企业和低股东权益比率企业中，出口企业在出口前三年与同期的非出口企业相比，工资水平均高 13%。

从利润率变量的结果来看，2006—2016 年，利润率增加对我国上市公司制造业高股东权益比率企业和低股东权益比率企业的工资溢价均具有负向影响。在其他变量保持不变的情况下，利润率每增加 1%，高股东权益比率企业和低股东权益比率企业工资水平分别下降 0.003% 和 0.0006%，说明高股东权益比率企业更加依靠压缩工人工资水平来获得利润提升。

从生产率变量的结果来看，2006—2016 年，我国上市公司制造业高股东权益比率企业和低股东权益比率企业生产率增长对企业工资溢价均具有正向影响，在其他变量保持不变的情况下，高股东权益比率企业和低股东权益比率企业生产率每增加 1%，分别使得企业工资水平提高 0.33% 和 0.57%。

从上市年限变量的结果来看，与理论预期相反，2006—2016 年，我国上市公司制造业高股东权益比率企业和低股东权益比率企业上市年限一次项系数为负，二次项系数为正，上市年限与工资水平之间呈"U"型关系。在其他变量保持不变的情况下，上市初期高股东权益比率企业和低股东权益比率企业经营年限每增加 1%，企业工资水平分别降低 0.91% 和 1.22%；上市中后期高股东权益比率企业和低股东权益比率企业经营年限每增加 1%，企业工资水平分别提高 0.44% 和 0.54%。

从资产负债率变量的结果来看，2006—2016 年，我国上市公司制造业高股东权益比率企业和低股东权益比率企业资产负债率增加均对企业工资溢价具有正向影响。在其他变量保持不变的情况下，高股东权益比率企业和低股东权益比率企业资产负债率每增加 1%，企业工资水平分别提高 0.06% 和 0.03%。

从劳动投入规模变量的结果来看，2006—2016 年，我国上市公司制造业高股东权益比率企业和低股东权益比率企业劳动投入规模增加均对企业工资溢价具有负向影响。在其他变量保持不变的情况下，高股东权益比率企业和低股东权益比率企业劳动投入规模每增加 1%，企业工资水平分别降低 0.35% 和 0.47%。

从人均资本变量的结果来看，2006—2016 年，我国上市公司制造业高股东权益比率企业和低股东权益比率企业人均资本增长对企业工资溢价均具有正向影响，在其他变量保持不变的情况下，高股东权益比率企业和低股东权益比率企业人均资本每增加 1%，企业工资水平分别提高 0.07% 和 0.08%。

由此，可得出以下结论：①由式（4-15）和式（4-18）可知，2006—2016 年，我国上市公司制造业不同内源性融资能力出口企业进入国际市场之前均存在工资溢价，但内源性融资能力对企业工资溢价的影响不显著。②不同内源性融资能力企业并非以提高产品附加值的方式提高盈利能力，而是以降低工资水平的方式提高利润率。③上市初期，为了使得财务报表体现良好的业绩，低内源性融资能力企业更加以降低劳动力成本的方法来提高利润率，上市年限与工资水平呈负相关。随着企业上市年限的增长，企业的管理经验越发丰富，经营状况越趋于稳定，越能够促进劳动力报酬的提升。

第四节　竞争能力异质性与工资溢价

与自选择效应的模型不同，本节的出口学习效应模型主要用来检验企业在出口之后，相对于非出口企业来说，会不会通过国际市场而学习到先进的管理经验和更高的技术，从而间接提高企业的工资水平，即企业在出口后是否能够获得工资溢价。具体模型如式（4-19）所示。

$$\ln wl_{i,t} = \alpha + \beta \, Export_{i,t} + \gamma_1 \, prfrt_{i,t} + \gamma_2 \ln tfp_{i,t} + \gamma_3 \ln age_{i,t} + \gamma_4 \ln age2_{i,t}$$
$$+ \gamma_5 \ln dbastrt_{i,t} + \gamma_6 \ln l_{i,t} + \gamma_6 \ln kl_{i,t} + \eta \, Control_{i,t} + \varepsilon_{i,t}$$

（4-19）

式（4-19）中，i 表示企业，t 表示年份，$Export_{i,t}$ 表示企业 i 在 t 年的出口状态，当企业 i 在 $t=0$ 时不出口，在第 t 年仍然不出口时，$Export=0$；当企业 i 在 $t=0$ 时不出口，在第 t 年开始出口时，$Export=1$。$prfrt_{i,t}$ 表示企业 i 在第 t 年的利润率，用主营业务利润／主营业务收入来表示。$\ln tfp_{i,t}$ 表示企业 i 在 t 年的生产率水平。$\ln age_{i,t-3}$、$\ln age2_{i,t-3}$ 分别表示企业 i 在 $t-3$ 期上市年限（统计年份－上市年份）和上市年限平方的对数值。$\ln dbastrt_{i,t}$ 表示企业 i 在 t 期资产负债率的对数值，资产负债率用总负债比上总资产表示。$\ln l_{i,t}$ 表示企业 i 在 t 期劳动投入的对数值，劳动投入用员工人数表示。$\ln kl_{i,t}$ 表示企业 i 第 t 年的资本密集度的对数值，即当期资本投入与企业员工总数的比重。当期资本投入采用永续盘存法进行计算，具体公式为：$K_{i,t} = K_{i,t-1} + I_{i,t} - D_{i,t}$。其中，$K_{i,t}$、$K_{i,t-1}$ 分别表示企业 i 在 t 期和 $t-1$ 期的资本存量净值，对于首次出现在数据库的年份对应的固定资产净值按照固定资产投资价格指数折算成初期的实际值作为该企业的初始资本存量。$I_{i,t}$ 表示企业 i 在 t 期新增的固定资产投资，用相邻两年固定资产原值的差按照固定资产投资价格指数折算成初期的实际值后，作为企业的实际投资额。$D_{i,t}$ 表示企业 i 在 t 期固定资产投资的折旧，用企业经过固定资产投资价格指数折算的当期折旧额表示。Control 表示控制标量，包括两个企业规模 size、两个企业所有制 nature 和两个地区 area 虚拟变量。企业规模 size 参照工业和信息化部、国家统计局、国家发展和改革委员会、财政部 2011 年制定的《关于印发中小企业划型标准规定的通知》，划分为大型企业、中型企业和小型企业①。如果size1=1，且size2=0，则为大型企业；如果size1=0，且size1=0，则为中型企业；如果size1=0，且size2=0，则为小型企业。本书根据企业所处地区的经济发展水平，将全国30个省区市划分为东部地区、中部地区和西部地区。如果area1=1，且area2=0，则为东部地区；如果area1=0，且area2=1，则为中部地区；如果area2=0，且area2=0，则为西部地区。按照所有制类型，根据企业的绝对控股情况，将制造业上市公司全部企业划分为国有企业、外商投资企业和民营企业。如果nature1=1，且nature2=0，则为国有企业；如果nature1=0，且nature2=1，则为外商投资企业；如果nature1=0，且nature2=0，则为民营企业。

根据理论预期：①β的估计值显示了同一产业内出口企业在从事出口活动三年前与同期非出口企业人均工资水平的差异。按照异质性企业贸易理论，人均工资水平高的企业自选择进入国际市场，因此，$\beta > 0$。②利润率对人均工资的影响是双重的，一方面，具有较高利润率的企业往往有能力为职工支付更高的工资；另一方面，工资是企业（尤其是劳动力密集型企业）的重要成本组成，利润率高往往代表劳动力的成本低。如果前者占优时，$\gamma_1 > 0$，如果后者占优时，$\gamma_1 < 0$。③生产率体现了企业的绩效水平，生产率高的企业能获得更高的利润，从而有能力为员工支付更高的工资，因此，$\gamma_2 > 0$。④企业上市年限与工资水平之间呈倒U型关系，即$\gamma_3 > 0$，$\gamma_4 < 0$。企业上市年限越长，管理经验越丰富，经营状况越趋于稳定，越能够促进劳动力报酬的提升；超过临界年份以后，随着企业上市时间的增加，各行业员工的工资具有递减的边际效应。⑤资产负债率与人均工资水平之间呈负相关关系，即$\gamma_6 < 0$。原因是：企业负债比重越高，为使用资本付出的成本越多，其用于支付工资的利润

---

① 主营业务收入大于40000万元、且职工人员大于1000人的企业为大型企业，主营业务收入在2000万元与40000万元之间、企业职工人数在300人与1000人之间的企业为中型企业，主营业务收入小于2000万元、且职工人数小于300人的企业为小型企业。

剩余就越少，使得工资降低。⑥劳动投入规模越高，企业的工资水平越低，即 $\gamma_6 < 0$。⑦资本密集度高的企业通常支付更高的工资水平，即 $\gamma_7 > 0$。原因在于：一方面，资本密集度高的企业往往采用比较先进的生产技术和机器设备，因此需要具有一定专业技能的高技能劳动力。为了进一步提高企业生产率，资本密集度高的企业会支付更高的工资以吸引高技能劳动者向资本密集型行业集中；另一方面，与低资本密集度企业相比，高资本密集度企业的工资在总成本中所占的比例较小，因而，企业更愿意支付较高的工资，以激励员工努力工作获得更高的绩效。

一、贸易开放对制造业企业总体工资溢价的影响

在面板模型参数估计方法的选择上，制造业企业总体工资溢价方程中，F 检验的 p 值均为 0.00，拒绝联合回归模型的假设，Hausman 检验的 p 值均为 0.00，制造业企业总体工资溢价方程均采用固定效应模型进行估计，其检验结果如式（4-20）所示。

$$\ln \text{wl}_{i,t} = -3.12 + 0.13\,\text{Export}_{i,t} - 0.002\,\text{prfrt}_{i,t} + 0.49\ln \text{tfp}_{i,t}$$
$$\quad\;\; (-1.06) \qquad (6.09) \qquad\quad (-4.35) \qquad\quad (10.20)$$
$$\quad\; -2.44\ln \text{age}_{i,t} + 0.69\ln \text{age2}_{i,t} + 0.05\ln \text{dbastrt}_{i,t} - 0.27\ln l_{i,t}$$
$$\quad\;\; (-10.49) \qquad\quad (15.27) \qquad\quad (2.17) \qquad\quad\;\; (-14.76)$$
$$\quad\; +0.18\ln \text{kl}_{i,t} - 0.07\,\text{area1}_{i,t} - 1.10\,\text{area2}_{i,t} + 0.03\,\text{size1}_{i,t}$$
$$\quad\;\; (10.82) \qquad\quad (-0.28) \qquad\quad (-3.65) \qquad\quad (0.37)$$
$$\quad\; -0.10\,\text{size2}_{i,t} + 0.06\,\text{nature1}_{i,t} + 0.10\,\text{nature2}_{i,t}$$
$$\quad\;\; (-1.71) \qquad\quad (0.99) \qquad\quad (1.91)$$

$$(4\text{-}20)$$

式（4-20）的拟合优度分别为 0.8551，除 $\text{size1}_{i,t}$、$\text{area}_{i,t}$、$\text{nature1}_{i,t}$ 变量外，式（4-20）中其他变量 t 值的绝对值均显著大于 1.65，模型总体拟合效果良好。

式（4-20）中，制造业企业总体的出口工资溢价系数 β 显著为正，说明 2006—2016 年，我国上市公司制造业企业因出口而获得工资溢价。

从总体上来说，2006—2016 年，在其他变量保持不变的情况下，出口企业与同期的非出口企业相比，工资水平高 13%。

从利润率变量的结果来看，2006—2016 年，利润率增加对制造业企业总体的工资溢价具有负向影响。在其他变量保持不变的情况下，利润率每增加 1%，企业工资水平下降 0.002%。这体现了制造业企业利润微薄，企业依靠压缩工人工资水平的方式来获得利润提升的现实。

从生产率变量的结果来看，2006—2016 年，我国上市公司制造业企业总体生产率增长对企业工资溢价具有正向影响，在其他变量保持不变的情况下，生产率每增加 1%，会使得企业工资水平提高 0.49%。

从上市年限变量的结果来看，与理论预期相反，2006—2016 年，我国上市公司制造业企业总体上市年限一次项系数为负，二次项系数为正，上市年限与工资水平之间呈 "U" 型关系。上市初期，为了使得财务报表体现良好的业绩，企业通常以降低用工成本的方法来提高利润率，随着企业上市年限的增长，企业的管理经验越发丰富，经营状况越趋于稳定，越能够促进劳动力报酬的提升。在其他变量保持不变的情况下，上市初期企业经营年限每增加 1%，工资水平降低 2.44%；上市中后期企业经营年限每增加 1%，工资水平提高 0.69%。

从资产负债率变量的结果来看，2006—2016 年，我国上市公司制造业企业总体资产负债率增加对企业工资溢价具有正向影响。在其他变量保持不变的情况下，资产负债率每增加 1%，企业工资水平提高 0.05%。

从劳动投入规模变量的结果来看，2006—2016 年，我国上市公司制造业企业总体劳动投入规模增加对企业工资溢价具有负向影响。在其他变量保持不变的情况下，劳动投入规模每增加 1%，企业工资水平降低 0.27%。

从人均资本变量的结果来看，2006—2016 年，我国上市公司制造业企业总体生产率增长对企业工资溢价具有正向影响，在其他变量保持不变的情况下，人均资本每增加 1%，使得企业工资水平提高 0.18%。

式（4-20）的分析表明，2006—2016年，我国上市公司制造业企业因出口而获得工资溢价。企业工资溢价不仅受生产率水平的影响，还与成长能力、营运能力、要素密集度、融资能力等竞争能力因素密切相关，那么，竞争能力差异能否影响不同企业的工资溢价，需要实证数据的进一步检验。

二、要素密集度异质性与工资溢价

根据斯托伯—萨缪尔森定理，当仅考虑国家间要素禀赋的差异时，假设同一部门内所有企业均是同质的，国际贸易将导致每个国家丰富要素的报酬上升、稀缺要素的报酬下降，即贸易自由化将导致劳动力丰富的国家工资上涨、熟练劳动力稀缺的国家技能溢价。哈里根和雷谢夫（Harrigan and Reshef，2003）在对称性国家的假设下，认为同一部门内部企业间同时存在生产率和要素密集度异质，且资本密集度、熟练劳动力密集度与生产率之间成正相关关系。同一产业内最具竞争力的企业也是资本密集度和熟练劳动力密集度最高的企业。贸易成本下降后，面对激烈的进口竞争，同一产业内成本最低、资本密集度和熟练劳动力密集度最高的企业转向服务出口市场，资本密集度和熟练劳动力密集度相对低的企业规模缩减，资本密集度和熟练劳动力密集度最低的企业退出市场。贸易自由化直接导致贸易规模的增加以及对资本和熟练劳动力需求的上升，从而使得非熟练劳动力的工资水平下降，熟练劳动力的工资水平上升。伯纳德等（Bernard et al.，2007）将梅里兹（Melitz，2003）模型与赫克歇尔—俄林—萨缪尔森模型联系起来，同时考虑国家间的要素禀赋差异以及企业间的生产率差异和要素密集度差异。认为当国家间相对要素禀赋不同时，贸易自由化导致熟练劳动力稀缺的国家技能溢价上升的程度更大。哈利法（Khalifa，2016）认为由于资本、熟练劳动力与生产率水平之间具有互补性，资本密集度和熟练劳动力密集度高的企业在贸易自由化下获得的"出口学习效应"最强，熟练劳动力工资水平溢价程度最高。

（一）资本密集度差异与出口后工资溢价

本书以资本密集度的中位数为临界点，将2006—2016年上市公司制造业全部企业划分为资本密集度高的企业和资本密集度低的企业，分别代入式（4-19），实证检验资本密集度差异对企业出口后工资溢价的影响。

在面板模型参数估计方法的选择上，高资本密集度企业和低资本密集度企业工资溢价方程中，F检验的P值均为0.00，拒绝联合回归模型的假设，Hausman检验的P值均为0.00，高资本密集度企业和低资本密集度企业工资溢价方程均采用固定效应模型进行估计，其检验结果分别如式（4-21）和式（4-22）所示。

$$\ln wl_{i,t} = -3.65 + 0.06\,\text{Export}_{i,t} - 0.001\,\text{prfrt}_{i,t} + 0.35\,\ln \text{tfp}_{i,t}$$
$$(-1.51) \qquad (2.44) \qquad\quad (-2.84) \qquad\quad (6.34)$$
$$-1.95\,\ln \text{age}_{i,t} + 0.60\,\ln \text{age2}_{i,t} + 0.05\,\ln \text{dbastrt}_{i,t} - 0.23\,\ln l_{i,t}$$
$$(-5.43) \qquad\quad (9.24) \qquad\qquad (1.78) \qquad\qquad (-10.34)$$
$$+0.26\,\ln \text{kl}_{i,t} - 0.07\,\text{area1}_{i,t} + 0.68\,\text{area2}_{i,t} - 0.13\,\text{size1}_{i,t}$$
$$(10.14) \qquad (-0.31) \qquad\quad (2.53) \qquad\quad (-1.47)$$
$$-0.18\,\text{size2}_{i,t} - 0.07\,\text{nature1}_{i,t} + 0.03\,\text{nature2}_{i,t}$$
$$(-2.27) \qquad\quad (-1.20) \qquad\qquad (0.44)$$

$$(4-21)$$

$$\ln wl_{i,t} = 3.19 + 0.13\,\text{Export}_{i,t} - 0.002\,\text{prfrt}_{i,t} + 0.44\,\ln \text{tfp}_{i,t}$$
$$(2.45) \qquad (4.98) \qquad\quad (-2.36) \qquad\quad (5.21)$$
$$-3.40\,\ln \text{age}_{i,t} + 0.86\,\ln \text{age2}_{i,t} + 0.05\,\ln \text{dbastrt}_{i,t} - 0.21\,\ln l_{i,t}$$
$$(-10.44) \qquad\quad (13.46) \qquad\qquad (1.82) \qquad\qquad (-6.75)$$
$$+0.15\,\ln \text{kl}_{i,t} - 0.88\,\text{area1}_{i,t} - 13.47\,\text{area2}_{i,t} + 0.18\,\text{size1}_{i,t}$$
$$(4.98) \qquad (-7.62) \qquad\quad (-16.33) \qquad\quad (2.57)$$
$$+0.12\,\text{size2}_{i,t} - 0.08\,\text{nature1}_{i,t} + 0.01\,\text{nature2}_{i,t}$$
$$(2.17) \qquad\quad (-0.85) \qquad\qquad (0.13)$$

$$(4-22)$$

式（4-21）和式（4-22）的拟合优度分别为0.8957和0.8997，除式（4-21）中的 $\text{size1}_{i,t}$ 和所有制变量以及式（4-22）中的所有制变量外，式

（4-21）和式（4-22）中其他变量 t 值的绝对值均显著大于 1.65，模型总体拟合效果良好。

式（4-21）和式（4-22）中，高资本密集度企业和低资本密集度企业的出口工资溢价系数 β 均显著为正，说明 2006~2016 年，我国上市公司制造业高资本密集度企业和低资本密集度企业因出口而获得工资溢价。从总体上来说，2006—2016 年，在其他变量保持不变的情况下，高资本密集度企业和低资本密集度企业中，出口企业与同期的非出口企业相比，工资水平分别高 6% 和 13%。

从利润率变量的结果来看，2006—2016 年，利润率增加对高资本密集度企业和低资本密集度企业的工资溢价均具有负向影响。在其他变量保持不变的情况下，高资本密集度企业和低资本密集度企业利润率每增加 1%，企业工资水平分别下降 0.001% 和 0.002%。

从生产率变量的结果来看，2006—2016 年，我国上市公司制造业高资本密集度企业和低资本密集度企业生产率增长对企业工资溢价均具有正向影响，在其他变量保持不变的情况下，高资本密集度企业和低资本密集度企业生产率每增加 1%，企业工资水平均提高 0.05%。

从上市年限变量的结果来看，与理论预期相反，2006—2016 年，我国上市公司制造业高资本密集度企业和低资本密集度企业上市年限一次项系数为负，二次项系数为正，上市年限与工资水平之间呈"U"型关系。在其他变量保持不变的情况下，上市初期高资本密集度企业和低资本密集度企业经营年限每增加 1%，企业工资水平分别降低 1.95% 和 3.40%；上市中后期高资本密集度企业和低资本密集度企业经营年限每增加 1%，企业工资水平分别提高 0.60% 和 0.86%。

从资产负债率变量的结果来看，2006—2016 年，我国上市公司制造业高资本密集度企业和低资本密集度企业资产负债率增加对企业工资溢价具有正向影响。在其他变量保持不变的情况下，高资本密集度企业和低资本密集度企业资产负债率每增加 1%，企业工资水平均提高 0.05%。

从劳动投入规模变量的结果来看，2006—2016 年，我国上市公司制造业高资本密集度企业和低资本密集度企业劳动投入规模增加对企业工资溢价均具有负向影响。在其他变量保持不变的情况下，高资本密集度企业和低资本密集度企业劳动投入规模每增加 1%，企业工资水平分别降低 0.23% 和 0.21%。

从人均资本变量的结果来看，2006—2016 年，我国上市公司制造业高资本密集度企业和低资本密集度企业生产率增长对企业工资溢价具有正向影响，在其他变量保持不变的情况下，高资本密集度企业和低资本密集度企业人均资本每增加 1%，企业工资水平分别提高 0.26% 和 0.15%。

（二）熟练劳动力密集度差异与出口后工资溢价

本书以熟练劳动力密集度的中位数为临界点，将 2006—2016 年上市公司制造业全部企业划分为熟练劳动力密集度高的企业和熟练劳动力密集度低的企业，分别代入式（4-19），实证检验熟练劳动力密集度差异对企业出口后工资溢价的影响。

在面板模型参数估计方法的选择上，高熟练劳动力密集度企业和低熟练劳动力密集度企业工资溢价方程中，F 检验的 P 值均为 0.00，拒绝联合回归模型的假设，Hausman 检验的 P 值均为 0.00，高熟练劳动力密集度企业和低熟练劳动力密集度企业工资溢价方程均采用固定效应模型进行估计，其检验结果分别如式（4-23）和式（4-24）所示。

$$\ln \mathrm{wl}_{i,t} = 2.24 + 0.13\,\mathrm{Export}_{i,t} - 0.0008\,\mathrm{prfrt}_{i,t} + 0.34\ln \mathrm{tfp}_{i,t}$$
$$\quad(2.04)\quad\quad(3.86)\quad\quad\quad(-1.83)\quad\quad\quad\quad(5.37)$$
$$\quad -1.39\ln \mathrm{age}_{i,t} + 0.46\ln \mathrm{age}\,2_{i,t} + 0.07\ln \mathrm{dbastrt}_{i,t} - 0.23\ln 1_{i,t}$$
$$\quad(-4.12)\quad\quad\quad(6.91)\quad\quad\quad\quad(2.17)\quad\quad\quad\quad(-7.96)$$
$$\quad +0.19\ln \mathrm{kl}_{i,t} - 0.37\,\mathrm{area}\,1_{i,t} - 7.96\,\mathrm{area}\,2_{i,t} + 0.08\,\mathrm{size}\,1_{i,t}$$
$$\quad(8.70)\quad\quad\quad(-4.31)\quad\quad\quad(-9.50)\quad\quad\quad(1.05)$$
$$\quad -0.03\,\mathrm{size}\,2_{i,t} - 0.05\,\mathrm{nature}\,1_{i,t} + 0.11\,\mathrm{nature}\,2_{i,t}$$
$$\quad(-0.57)\quad\quad\quad(-0.71)\quad\quad\quad(1.68)$$

$$(4-23)$$

$$\ln \text{wl}_{i,t} = -7.93 + 0.08 \text{ Export}_{i,t} - 0.002 \text{ prfrt}_{i,t} + 0.44 \ln \text{tfp}_{i,t}$$
$$(-1.83) \qquad (2.65) \qquad\quad (-2.23) \qquad\quad (4.59)$$
$$-3.88 \ln \text{age}_{i,t} + 0.96 \ln \text{age}2_{i,t} + 0.02 \ln \text{dbastrt}_{i,t} - 0.36 \ln l_{i,t}$$
$$(-8.67) \qquad\quad (11.57) \qquad\qquad (0.49) \qquad\quad (-8.81)$$
$$+0.13 \ln \text{kl}_{i,t} + 3.15 \text{ area}1_{i,t} + 2.76 \text{ area}2_{i,t} + 0.23 \text{ size}1_{i,t}$$
$$(3.57) \qquad\quad (7.15) \qquad\qquad (7.45) \qquad\quad (1.72)$$
$$+0.23 \text{ size}2_{i,t} + 0.19 \text{ nature}1_{i,t} - 0.03 \text{ nature}2_{i,t}$$
$$(1.90) \qquad\qquad (1.51) \qquad\qquad (-0.27)$$

$$(4\text{-}24)$$

式（4-23）和式（4-24）的拟合优度分别为 0.9559 和 0.8713，除式（4-23）中的规模和 nature1$_{i,t}$ 变量以及式（4-24）中的 1n dbastrt$_{i,t}$ 和所有制变量外，式（4-23）和式（4-24）中其他变量 t 值的绝对值均显著大于 1.65，模型总体拟合效果良好。

式（4-23）和式（4-24）中，高熟练劳动力密集度企业和低熟练劳动力密集度企业的出口工资溢价系数 β 均显著为正，说明 2006—2016 年，我国上市公司制造业高熟练劳动力密集度企业和低熟练劳动力密集度企业因出口而获得工资溢价。从总体上来说，2006—2016 年，在其他变量保持不变的情况下，高熟练劳动力密集度企业和低熟练劳动力密集度企业中，出口企业与同期的非出口企业相比，工资水平分别高 13% 和 8%。

从利润率变量的结果来看，2006—2016 年，利润率增加对高熟练劳动力密集度企业和低熟练劳动力密集度企业的工资溢价均具有负向影响。在其他变量保持不变的情况下，高熟练劳动力密集度企业和低熟练劳动力密集度企业利润率每增加 1%，企业工资水平分别下降 0.0008% 和 0.002%。

从生产率变量的结果来看，2006—2016 年，我国上市公司制造业高熟练劳动力密集度企业和低熟练劳动力密集度企业生产率增长对企业工资溢价均具有正向影响，在其他变量保持不变的情况下，高熟练劳动力密集度企业和低熟练劳动力密集度企业生产率每增加 1%，企业工资水平均分别提高 0.34% 和 0.44%。

从上市年限变量的结果来看，与理论预期相反，2006—2016 年，我国上市公司制造业高熟练劳动力密集度企业和低熟练劳动力密集度企业上市年限一次项系数为负，二次项系数为正，上市年限与工资水平之间呈 U 型关系。在其他变量保持不变的情况下，上市初期高熟练劳动力密集度企业和低熟练劳动力密集度企业经营年限每增加 1%，企业工资水平分别降低 1.39% 和 3.88%；上市中后期高熟练劳动力密集度企业和低熟练劳动力密集度企业经营年限每增加 1%，企业工资水平分别提高 0.46% 和 0.96%。

从资产负债率变量的结果来看，2006—2016 年，我国上市公司制造业高熟练劳动力密集度企业和低熟练劳动力密集度企业资产负债率增加对企业工资溢价具有正向影响。在其他变量保持不变的情况下，高熟练劳动力密集度企业和低熟练劳动力密集度企业资产负债率每增加 1%，企业工资水平分别提高 0.07% 和 0.02%。

从劳动投入规模变量的结果来看，2006—2016 年，我国上市公司制造业高熟练劳动力密集度企业和低熟练劳动力密集度企业劳动投入规模增加对企业工资溢价均具有负向影响。在其他变量保持不变的情况下，高熟练劳动力密集度企业和低熟练劳动力密集度企业劳动投入规模每增加 1%，企业工资水平分别降低 0.23% 和 0.36%。

从人均资本变量的结果来看，2006—2016 年，我国上市公司制造业高熟练劳动力密集度企业和低熟练劳动力密集度企业生产率增长对企业工资溢价具有正向影响，在其他变量保持不变的情况下，高熟练劳动力密集度企业和低熟练劳动力密集度企业人均资本每增加 1%，企业工资水平分别提高 0.19% 和 0.13%。

由此，可得出以下结论：①由式（4-21）和式（4-22）可知，2006—2016 年，我国上市公司制造业不同资本密集度企业进入国际市场之后均存在工资溢价。由于低资本密集度企业获得的"出口学习效应"

大于高资本密集度企业，低资本密集度企业出口后工资溢价程度更大。由式（4-23）和式（4-24）可知，2006—2016 年，我国上市公司制造业不同熟练劳动力密集度企业出口后均存在工资溢价，但由于高熟练劳动力密集度企业的出口中存在"出口学习效应"，低熟练劳动力密集度企业出口生产率溢价系数为负，因此，高熟练劳动力密集度企业因出口而获得的工资溢价程度大于低熟练劳动力密集度企业。②低资本密集度企业和低熟练劳动力密集度企业更加依靠降低工资水平的方式来提高利润率。③上市初期，为了使得财务报表体现良好的业绩，低资本密集度企业、低熟练劳动力密集度企业更加以降低劳动力成本的方法来提高利润率，上市年限与工资水平呈负相关。随着企业上市年限的增长，企业的管理经验越发丰富，经营状况越趋于稳定，越能够促进劳动力报酬的提升。

三、成长能力异质性与工资溢价

贸易自由化对企业工资溢价的影响因企业成长能力不同而异。朝阳产业或者新兴产业成长能力相对较强，企业技术水平相对领先，产品多数处于产品生命周期的创新阶段和成长阶段，企业进入国际市场以后，接触到的消费者和同类产品的竞争者较少，因而，通过出口获得的生产率提升和工资溢价相对较少。与此相反，夕阳产业成长能力较弱，产品多数处于产品生命周期的成熟阶段，尽管企业的技术水平落后，吸收能力较弱，但是，企业进入国际市场以后，能够接触到众多的消费者和同类产品的竞争者，从而获得更高的生产率提升和工资溢价。因此，根据异质性企业贸易理论，无论是成长能力强的企业还是成长能力弱的企业，对外出口均能获得工资溢价，且成长能力强的企业获得的工资溢价相对较少。

本书运用三年利润平均增长率和营业收入增长率两个指标，以相应的中位数为临界点，将 2006—2016 年上市公司制造业全部企业划分为成长能力强的企业和成长能力弱的企业，分别代入式（4-19），实证检验贸易自由化对不同成长能力的企业工资溢价的影响。

（一）利润增长率差异与出口后工资溢价

在面板模型参数估计方法的选择上，高利润增长率企业和低利润增长率企业工资溢价方程中，F 检验的 P 值均为 0.00，拒绝联合回归模型的假设，Hausman 检验的 P 值均为 0.00，高利润增长率企业和低利润增长率企业工资溢价方程均采用固定效应模型进行估计，其检验结果分别如式（4-25）和式（4-26）所示。

$$\ln wl_{i,t} = 2.01 + 0.15\, Export_{i,t} - 0.003\, prfrt_{i,t} + 0.49 \ln tfp_{i,t}$$
$$\quad (2.26) \quad (4.98) \quad\quad (-1.85) \quad\quad (7.46)$$
$$\quad -1.51 \ln age_{i,t} + 0.51 \ln age2_{i,t} + 0.04 \ln dbastrt_{i,t} - 0.22 \ln l_{i,t}$$
$$\quad (-4.59) \quad\quad (7.71) \quad\quad (1.08) \quad\quad (-8.27)$$
$$\quad +0.15 \ln kl_{i,t} + 2.10\, area1_{i,t} - 6.14\, area2_{i,t} - 0.06\, size1_{i,t}$$
$$\quad (6.49) \quad\quad (6.49) \quad\quad (-10.98) \quad\quad (-0.62)$$
$$\quad -0.11\, size2_{i,t} + 0.06\, nature1_{i,t} + 0.14\, nature2_{i,t}$$
$$\quad (-1.16) \quad\quad (0.63) \quad\quad (2.03)$$

$$（4\text{-}25）$$

$$\ln wl_{i,t} = -3.62 + 0.02\, Export_{i,t} - 0.001\, prfrt_{i,t} + 0.36 \ln tfp_{i,t}$$
$$\quad (-2.02) \quad (0.44) \quad\quad (-3.00) \quad\quad (4.82)$$
$$\quad -2.99 \ln age_{i,t} + 0.79 \ln age2_{i,t} + 0.04 \ln dbastrt_{i,t} - 0.29 \ln l_{i,t}$$
$$\quad (-9.21) \quad\quad (12.99) \quad\quad (1.45) \quad\quad (-8.99)$$
$$\quad +0.18 \ln kl_{i,t} + 3.01\, area1_{i,t} + 1.93\, area2_{i,t} - 0.05\, size1_{i,t}$$
$$\quad (8.48) \quad\quad (10.18) \quad\quad (6.10) \quad\quad (-0.59)$$
$$\quad -0.09\, size2_{i,t} + 0.11\, nature1_{i,t} + 0.19\, nature2_{i,t}$$
$$\quad (-1.30) \quad\quad (2.04) \quad\quad (3.7)$$

$$（4\text{-}26）$$

式（4-25）和式（4-26）的拟合优度分别为 0.8762 和 0.9104，除式（4-25）中的 $\ln dbastrt_{i,t}$、$nature1_{i,t}$ 和规模变量以及式（4-26）中的 $Export_{i,t}$、$\ln dbastrt_{i,t}$ 和规模变量外，式（4-25）和式（4-26）中其他变量 t 值的绝对值均显著大于 1.65，模型总体拟合效果良好。

式（4-25）和式（4-26）中，高利润增长率企业和低利润增长率企业的出口工资溢价系数 β 均显著为正，说明 2006—2016 年，我国上市公司制造业高利润增长率企业和低利润增长率企业因出口而获得工资溢价。从总体上来说，2006—2016 年，在其他变量保持不变的情况下，高利润增长率企业和低利润增长率企业中，出口企业与同期的非出口企业相比，工资水平分别高 13% 和 8%。

从利润率变量的结果来看，2006—2016 年，利润率增加对高利润增长率企业和低利润增长率企业的工资溢价均具有负向影响。在其他变量保持不变的情况下，高利润增长率企业和低利润增长率企业利润率每增加 1%，企业工资水平分别下降 0.003% 和 0.001%。

从生产率变量的结果来看，2006—2016 年，我国上市公司制造业高利润增长率企业和低利润增长率企业生产率增长对企业工资溢价均具有正向影响，在其他变量保持不变的情况下，高利润增长率企业和低利润增长率企业生产率每增加 1%，企业工资水平均分别提高 0.49% 和 0.36%。

从上市年限变量的结果来看，与理论预期相反，2006—2016 年，我国上市公司制造业高利润增长率企业和低利润增长率企业上市年限一次项系数为负，二次项系数为正，上市年限与工资水平之间呈 U 型关系。在其他变量保持不变的情况下，上市初期高利润增长率企业和低利润增长率企业经营年限每增加 1%，企业工资水平分别降低 1.51% 和 2.99%；上市中后期高利润增长率企业和低利润增长率企业经营年限每增加 1%，企业工资水平分别提高 0.51% 和 0.79%。

从资产负债率变量的结果来看，2006—2016 年，我国上市公司制造业高利润增长率企业和低利润增长率企业资产负债率增加对企业工资溢价具有正向影响。在其他变量保持不变的情况下，高利润增长率企业和低利润增长率企业资产负债率每增加 1%，企业工资水平均提高 0.04%。

从劳动投入规模变量的结果来看，2006—2016 年，我国上市公司制造业高利润增长率企业和低利润增长率企业劳动投入规模增加对企业工资溢价均具有负向影响。在其他变量保持不变的情况下，高利润增长率企业和低利润增长率企业劳动投入规模每增加1%，企业工资水平分别降低0.22%和0.29%。

从人均资本变量的结果来看，2006—2016年，我国上市公司制造业高利润增长率企业和低利润增长率企业生产率增长对企业工资溢价具有正向影响，在其他变量保持不变的情况下，高利润增长率企业和低利润增长率企业人均资本每增加1%，企业工资水平分别提高0.15%和0.18%。

（二）营业收入增长率差异与出口后工资溢价

在面板模型参数估计方法的选择上，高营业收入增长率企业和低营业收入增长率企业工资溢价方程中，F检验的P值均为0.00，拒绝联合回归模型的假设，Hausman检验的P值均为0.00，高营业收入增长率企业和低营业收入增长率企业工资溢价方程均采用固定效应模型进行估计，其检验结果分别如式（4-27）和式（4-28）所示。

$$
\begin{aligned}
\ln \mathrm{wl}_{i,t} = &-4.30 + 0.09\, \mathrm{Export}_{i,t} - 0.006\, \mathrm{prfrt}_{i,t} + 0.66 \ln \mathrm{tfp}_{i,t} \\
&\;(-2.56)\qquad (3.40)\qquad\quad (-5.14)\qquad\quad (8.33) \\
&-1.53 \ln \mathrm{age}_{i,t} + 0.43 \ln \mathrm{age2}_{i,t} + 0.12 \ln \mathrm{dbastrt}_{i,t} - 0.27 \ln \mathrm{l}_{i,t} \\
&\;(-3.46)\qquad\quad (3.93)\qquad\qquad (3.38)\qquad\qquad (-9.99) \\
&+0.22 \ln \mathrm{kl}_{i,t} - 0.09\, \mathrm{area1}_{i,t} - 6.20\, \mathrm{area2}_{i,t} - 0.09\, \mathrm{size1}_{i,t} \\
&\;(9.39)\qquad\quad (-0.42)\qquad\quad (-3.62)\qquad\quad (-0.93) \\
&-0.12\, \mathrm{size2}_{i,t} + 0.12\, \mathrm{nature1}_{i,t} + 0.12\, \mathrm{nature2}_{i,t} \\
&\;(-1.41)\qquad\quad (1.66)\qquad\qquad (2.13)
\end{aligned}
$$

$$(4\text{-}27)$$

$$
\begin{aligned}
\ln \mathrm{wl}_{i,t} = &-0.87 + 0.18\, \mathrm{Export}_{i,t} - 0.0007\, \mathrm{prfrt}_{i,t} + 0.20 \ln \mathrm{tfp}_{i,t} \\
&\;(-1.13)\qquad (5.35)\qquad\quad (-1.89)\qquad\qquad (3.09) \\
&-3.35 \ln \mathrm{age}_{i,t} + 0.80 \ln \mathrm{age2}_{i,t} - 0.04 \ln \mathrm{dbastrt}_{i,t} - 0.23 \ln \mathrm{l}_{i,t} \\
&\;(-6.99)\qquad\quad (9.33)\qquad\qquad (-1.62)\qquad\qquad (-6.16) \\
&+0.18 \ln \mathrm{kl}_{i,t} - 0.53\, \mathrm{area1}_{i,t} - 1.44\, \mathrm{area2}_{i,t} - 0.08\, \mathrm{size1}_{i,t} \\
&\;(8.19)\qquad\quad (-4.74)\qquad\quad (-8.83)\qquad\quad (-0.99) \\
&-0.08\, \mathrm{size2}_{i,t} - 0.003\, \mathrm{nature1}_{i,t} - 0.03\, \mathrm{nature2}_{i,t} \\
&\;(-1.27)\qquad\quad (-0.03)\qquad\qquad (-0.32)
\end{aligned}
$$

$$(4\text{-}28)$$

式（4-27）和式（4-28）的拟合优度分别为 0.8904 和 0.9033，除式（4-27）中的 $area1_{i,t}$ 和规模变量以及式（4-28）中的 $\ln dbastrt_{i,t}$、规模和所有制变量外，式（4-27）和式（4-28）中其他变量 t 值的绝对值均显著大于 1.65，模型总体拟合效果良好。

式（4-27）和式（4-28）中，高利润增长率企业和低利润增长率企业的出口工资溢价系数 β 均显著为正，说明 2006—2016 年，我国上市公司制造业高营业收入增长率企业和低营业收入增长率企业因出口而获得工资溢价。从总体上来说，2006—2016 年，在其他变量保持不变的情况下，高营业收入增长率企业和低营业收入增长率企业中，出口企业与同期的非出口企业相比，工资水平分别高 9% 和 18%。

从利润率变量的结果来看，2006—2016 年，利润率增加对高营业收入增长率企业和低营业收入增长率企业的工资溢价均具有负向影响。在其他变量保持不变的情况下，高营业收入增长率企业和低营业收入增长率企业利润率每增加 1%，企业工资水平分别下降 0.006% 和 0.0007%。

从生产率变量的结果来看，2006—2016 年，我国上市公司制造业高营业收入增长率企业和低营业收入增长率企业生产率增长对企业工资溢价均具有正向影响，在其他变量保持不变的情况下，高营业收入增长率企业和低营业收入增长率企业生产率每增加 1%，企业工资水平均分别提高 0.66% 和 0.20%。

从上市年限变量的结果来看，与理论预期相反，2006—2016 年，我国上市公司制造业高营业收入增长率企业和低营业收入增长率企业上市年限一次项系数为负，二次项系数为正，上市年限与工资水平之间呈 U 型关系。在其他变量保持不变的情况下，上市初期高营业收入增长率企业和低营业收入增长率企业经营年限每增加 1%，企业工资水平分别降低 1.53% 和 3.35%；上市中后期高营业收入增长率企业和低营业收入增长率企业经营年限每增加 1%，企业工资水平分别提高

0.43% 和 0.80%。

从资产负债率变量的结果来看，2006—2016 年，我国上市公司制造业高营业收入增长率企业资产负债率增加对企业工资溢价具有正向影响。在其他变量保持不变的情况下，高营业收入增长率企业资产负债率每增加 1%，企业工资水平提高 0.12%。低营业收入增长率企业资产负债率增加对企业工资溢价具有负向影响。在其他变量保持不变的情况下，低营业收入增长率企业资产负债率每增加 1%，企业工资水平降低 0.04%。

从劳动投入规模变量的结果来看，2006—2016 年，我国上市公司制造业高营业收入增长率企业和低营业收入增长率企业劳动投入规模增加对企业工资溢价均具有负向影响。在其他变量保持不变的情况下，高营业收入增长率企业和低营业收入增长率企业劳动投入规模每增加 1%，企业工资水平分别降低 0.27% 和 0.23%。

从人均资本变量的结果来看，2006—2016 年，我国上市公司制造业高营业收入增长率企业和低营业收入增长率企业生产率增长对企业工资溢价具有正向影响，在其他变量保持不变的情况下，高营业收入增长率企业和低营业收入增长率企业人均资本每增加 1%，企业工资水平分别提高 0.22% 和 0.18%。

由此，可得出以下结论：①由式（4-25）—式（4-28）可知，2006—2016 年，我国上市公司制造业不同成长能力企业出口后均获得了工资溢价，但成长能力对企业出口后工资溢价的影响并不显著。②不同成长能力企业并非以提高产品附加值的方式提高盈利能力，而是以降低工资水平的方式提高利润率。③上市初期为了使得财务报表体现良好的业绩，低成长能力企业更加以降低劳动力成本的方法来提高利润率，上市年限与工资水平呈"U"型关系。④高成长能力企业融资活动的"规模经济效应"相对较强，"成本效应"相对较弱，融资活动对高成长能力企业工资溢价起正向促进作用。

四、营运能力异质性与工资溢价

营运能力强的企业相对于营运能力弱的企业在出口后能够获得更高的工资溢价。一方面，营运能力强的企业资产周转速度快、流动性高、偿债能力强、资产获取利润的速度快，有能力为企业支付更高的工资；另一方面，营运能力强的企业海外销售环节接触到的客户和竞争者更为广泛，技术溢出途径相对较多，且营运能力强的企业通常人力资本较为丰富，对先进知识和技术的吸收能力较强，能够通过出口贸易获得更高的生产率提升和工资溢价。

本书运用存货周转率和应收账款周转率两个指标，以相应的中位数为临界点，将2006—2016年上市公司制造业全部企业划分为营运能力强的企业和营运能力弱的企业，分别代入式（4-19），实证检验贸易自由化对不同营运能力的企业工资溢价的影响。

（一）存货周转率差异与出口后工资溢价

在面板模型参数估计方法的选择上，高存货周转率企业和低存货周转率企业工资溢价方程中，F检验的P值均为0.00，拒绝联合回归模型的假设，Hausman检验的P值均为0.00，高存货周转率企业和低存货周转率企业工资溢价方程均采用固定效应模型进行估计，其检验结果分别如式（4-29）和式（4-30）所示。

$$\ln wl_{i,t} = 4.62 + 0.13\,Export_{i,t} - 0.003\,prfrt_{i,t} + 0.59\ln tfp_{i,t}$$
$$\quad (5.78) \qquad (4.46) \qquad\quad (-3.95) \qquad\qquad (8.68)$$
$$\quad -2.77\ln age_{i,t} + 0.75\ln age2_{i,t} - 0.01\ln dbastrt_{i,t} - 0.30\ln l_{i,t}$$
$$\quad\;\; (-10.10) \qquad\quad (14.06) \qquad\quad (-0.41) \qquad\qquad (-11.23)$$
$$\quad + 0.21\ln kl_{i,t} - 1.47\,area1_{i,t} - 12.89\,area2_{i,t} + 0.03\,size1_{i,t}$$
$$\qquad (9.55) \qquad\quad (-8.92) \qquad\qquad (-18.56) \qquad\quad (0.30)$$
$$\quad -0.04\,size2_{i,t} - 0.06\,nature1_{i,t} - 0.04\,nature2_{i,t}$$
$$\qquad (-0.44) \qquad\qquad (-0.99) \qquad\qquad (-0.64)$$

$$(4\text{-}29)$$

$$\ln \mathrm{wl}_{i,t} = -1.06 + 0.14\,\mathrm{Export}_{i,t} - 0.001\,\mathrm{prfrt}_{i,t} + 0.33\,\ln \mathrm{tfp}_{i,t}$$
$$\quad(-1.23)\qquad\quad(4.16)\qquad\qquad(-3.07)\qquad\qquad(4.52)$$
$$\qquad -2.12\,\ln \mathrm{age}_{i,t} + 0.60\,\ln \mathrm{age}\,2_{i,t} + 0.06\,\ln \mathrm{dbastrt}_{i,t} - 0.26\,\ln l_{i,t}$$
$$\qquad\quad(-4.75)\qquad\qquad(7.06)\qquad\qquad(1.62)\qquad\qquad(-7.75)$$
$$\qquad +0.12\,\ln \mathrm{kl}_{i,t} + 2.18\,\mathrm{area}\,1_{i,t} + 1.26\,\mathrm{area}\,2_{i,t} + 0.06\,\mathrm{size}\,1_{i,t}$$
$$\qquad\quad(4.54)\qquad\quad(5.80)\qquad\qquad(3.33)\qquad\qquad(0.77)$$
$$\qquad -0.02\,\mathrm{size}\,2_{i,t} + 0.14\,\mathrm{nature}\,1_{i,t} + 0.07\,\mathrm{nature}\,2_{i,t}$$
$$\qquad\quad(-0.34)\qquad\qquad(1.33)\qquad\qquad(0.85)$$

$$(4\text{-}30)$$

式（4-29）和式（4-30）的拟合优度分别为 0.8963 和 0.8686，除式（4-29）中的 $\ln \mathrm{dbastrt}_{i,t}$、规模和所有制变量以及式（4-30）中的规模和所有制变量外，式（4-29）和式（4-30）中其他变量 t 值的绝对值均显著大于 1.65，模型总体拟合效果良好。

式（4-29）和式（4-30）中，高存货周转率企业和低存货周转率企业的出口工资溢价系数 β 均显著为正，说明 2006—2016 年，我国上市公司制造业高存货周转率企业和低存货周转率企业因出口而获得工资溢价。从总体上来说，2006—2016 年，在其他变量保持不变的情况下，高存货周转率企业和低存货周转率企业中，出口企业与同期的非出口企业相比，工资水平分别高 13% 和 14%。

从利润率变量的结果来看，2006—2016 年，利润率增加对高存货周转率企业和低存货周转率企业的工资溢价均具有负向影响。在其他变量保持不变的情况下，高存货周转率企业和低存货周转率企业利润率每增加 1%，企业工资水平分别下降 0.003% 和 0.001%。

从生产率变量的结果来看，2006—2016 年，我国上市公司制造业高存货周转率企业和低存货周转率企业生产率增长对企业工资溢价均具有正向影响，在其他变量保持不变的情况下，高存货周转率企业和低存货周转率企业生产率每增加 1%，企业工资水平均分别提高 0.59% 和 0.33%。

从上市年限变量的结果来看，与理论预期相反，2006—2016 年，我国上市公司制造业高存货周转率企业和低存货周转率企业上市年限一次项系数为负，二次项系数为正，上市年限与工资水平之间呈"U"型关系。在其他变量保持不变的情况下，上市初期高存货周转率企业和低存货周转率企业经营年限每增加1%，企业工资水平分别降低2.77%和2.12%；上市中后期高存货周转率企业和低存货周转率企业经营年限每增加1%，企业工资水平分别提高0.75%和0.60%。

从资产负债率变量的结果来看，2006—2016年，我国上市公司制造业高存货周转率企业增加对企业工资溢价具有负向影响。在其他变量保持不变的情况下，高存货周转率企业资产负债率每增加1%，企业工资水平降低0.01%。低存货周转率企业资产负债率增加对企业工资溢价具有正向影响。在其他变量保持不变的情况下，低存货周转率企业资产负债率每增加1%，企业工资水平提高0.06%。

从劳动投入规模变量的结果来看，2006—2016年，我国上市公司制造业高存货周转率企业和低存货周转率企业劳动投入规模增加对企业工资溢价均具有负向影响。在其他变量保持不变的情况下，高存货周转率企业和低存货周转率企业劳动投入规模每增加1%，企业工资水平分别降低0.30%和0.26%。

从人均资本变量的结果来看，2006—2016年，我国上市公司制造业高存货周转率企业和低存货周转率企业生产率增长对企业工资溢价具有正向影响，在其他变量保持不变的情况下，高存货周转率企业和低存货周转率企业人均资本每增加1%，企业工资水平分别提高0.21%和0.12%。

（二）应收账款周转率差异与出口后工资溢价

在面板模型参数估计方法的选择上，高应收账款周转率企业和低应收账款周转率企业工资溢价方程中，F检验的P值均为0.00，拒绝联合回归模型的假设，Hausman检验的P值均为0.00，高应收账款周转率企业和低应收账款周转率企业工资溢价方程均采用固定效应模型进行估计，其检验结果分别如式（4-31）和式（4-32）所示。

$$\ln \mathrm{wl}_{i,t} = -9.26 + 0.10\,\mathrm{Export}_{i,t} - 0.003\,\mathrm{prfrt}_{i,t} + 0.57\ln \mathrm{tfp}_{i,t}$$
$$(-2.15) \qquad\quad (3.77) \qquad\qquad (-2.75) \qquad\qquad (8.73)$$
$$-2.81\ln \mathrm{age}_{i,t} + 0.75\ln \mathrm{age}2_{i,t} + 0.01\ln \mathrm{dbastrt}_{i,t} - 0.22\ln \mathrm{l}_{i,t}$$
$$(-7.68) \qquad\quad (11.30) \qquad\qquad (0.47) \qquad\qquad (-10.51)$$
$$+0.19\ln \mathrm{kl}_{i,t} - 1.63\,\mathrm{area}1_{i,t} - 12.64\,\mathrm{area}2_{i,t} - 0.04\,\mathrm{size}1_{i,t}$$
$$(8.52) \qquad\quad (-10.83) \qquad\qquad (-16.38) \qquad\qquad (-0.34)$$
$$-0.12\,\mathrm{size}2_{i,t} - 0.04\,\mathrm{nature}1_{i,t} + 0.03\,\mathrm{nature}2_{i,t}$$
$$(-1.24) \qquad\quad (-0.52) \qquad\qquad (0.40)$$

$$（4\text{-}31）$$

$$\ln \mathrm{wl}_{i,t} = 8.79 + 0.12\,\mathrm{Export}_{i,t} - 0.001\,\mathrm{prfrt}_{i,t} + 0.35\ln \mathrm{tfp}_{i,t}$$
$$(1.11) \qquad\quad (3.63) \qquad\qquad (-3.08) \qquad\qquad (5.29)$$
$$-2.60\ln \mathrm{age}_{i,t} + 0.72\ln \mathrm{age}2_{i,t} + 0.07\ln \mathrm{dbastrt}_{i,t} - 0.23\ln \mathrm{l}_{i,t}$$
$$(-7.48) \qquad\quad (10.37) \qquad\qquad (1.83) \qquad\qquad (-6.86)$$
$$+0.15\ln \mathrm{kl}_{i,t} + 3.08\,\mathrm{area}1_{i,t} + 2.15\,\mathrm{area}2_{i,t} - 0.16\,\mathrm{size}1_{i,t}$$
$$(5.95) \qquad\quad (8.04) \qquad\qquad (5.44) \qquad\qquad (-1.71)$$
$$-0.26\,\mathrm{size}2_{i,t} + 0.24\,\mathrm{nature}1_{i,t} + 0.38\,\mathrm{nature}2_{i,t}$$
$$(-3.06) \qquad\quad (1.85) \qquad\qquad (2.61)$$

$$（4\text{-}32）$$

公式（4-31）和公式（4-32）的拟合优度分别为 0.8966 和 0.8589，除公式（4-31）中的 $\ln \mathrm{dbastrt}_{i,t}$、规模和所有制变量外，公式（4-31）和公式（4-32）中其他变量 t 值的绝对值均显著大于 1.65，模型总体拟合效果良好。

公式（4-31）和公式（4-32）中，高应收账款周转率企业和低应收账款周转率企业的出口工资溢价系数 β 均显著为正，说明 2006—2016 年，我国上市公司制造业高应收账款周转率企业和低应收账款周转率企业因出口而获得工资溢价。从总体上来说，2006—2016 年，在其他变量保持不变的情况下，高应收账款周转率企业和低应收账款周转率企业中，出口企业与同期的非出口企业相比，工资水平分别高 10% 和 12%。

从利润率变量的结果来看，2006—2016 年，利润率增加对高应收账款周转率企业和低应收账款周转率企业的工资溢价均具有负向影响。在其他变量保持不变的情况下，高应收账款周转率企业和低应收账款周转率企业利润率每增加1%，企业工资水平分别下降0.003%和0.001%。

从生产率变量的结果来看，2006—2016年，我国上市公司制造业高应收账款周转率企业和低应收账款周转率企业生产率增长对企业工资溢价均具有正向影响，在其他变量保持不变的情况下，高应收账款周转率企业和低应收账款周转率企业生产率每增加1%，企业工资水平分别提高0.57%和0.35%。

从上市年限变量的结果来看，与理论预期相反，2006—2016年，我国上市公司制造业高应收账款周转率企业和低应收账款周转率企业上市年限一次项系数为负，二次项系数为正，上市年限与工资水平之间呈"U"型关系。在其他变量保持不变的情况下，上市初期高应收账款周转率企业和低应收账款周转率企业经营年限每增加1%，企业工资水平分别降低2.81%和2.60%；上市中后期高应收账款周转率企业和低应收账款周转率企业经营年限每增加1%，企业工资水平分别提高0.75%和0.72%。

从资产负债率变量的结果来看，2006—2016年，我国上市公司制造业高应收账款周转率和低应收账款周转率企业资产负债率增加对企业工资溢价具有正向影响。在其他变量保持不变的情况下，高应收账款周转率和低应收账款周转率企业资产负债率每增加1%，企业工资水平分别提高0.01%和0.07%。

从劳动投入规模变量的结果来看，2006—2016年，我国上市公司制造业高应收账款周转率和低应收账款周转率企业劳动投入规模增加对企业工资溢价均具有负向影响。在其他变量保持不变的情况下，高应收账款周转率和低应收账款周转率企业劳动投入规模每增加1%，企业工资水平分别降低0.22%和0.23%。

从人均资本变量的结果来看，2006—2016年，我国上市公司制造业高应收账款周转率和低应收账款周转率企业生产率增长对企业工资溢价具有正向影响，在其他变量保持不变的情况下，高应收账款周转率和低应收账款周转率企业人均资本每增加 1%，企业工资水平分别提高 0.19% 和 0.15%。

由此，可得出以下结论：① 2006—2016 年，我国上市公司制造业不同营运能力企业出口后均获得了工资溢价，但由于高营运能力企业更加依靠于降低工资水平的方式来提高利润率，因此，与理论预期不同，高营运能力企业出口后工资溢价程度小于低营运能力企业。②高营运能力企业融资活动的"规模经济效应"较弱，"成本效应"较强，融资活动对高营运能力企业工资溢价的促进作用小于低营运能力企业。③由于利润率与工资水平负相关，不同营运能力企业上市年限和工资水平呈 U 型关系，高营运能力企业上市初期更加依靠降低工资水平的方式提高公司业绩。

五、内源性融资能力异质性与工资溢价

在企业外部融资比较难或者利率很高时，企业内部融通资金是否充足对"出口学习效应"能否有效发挥起到了至关重要的作用。内源性融资能力强的企业融资资金使用具有较强的自主性，企业进入国际市场后通常能够获得更高的生产率溢价和贸易收益，但内源性融资能力强的企业留存收益比重高，用于支付员工工资的比重相对较小。因此，根据异质性企业贸易理论，无论是内源性融资能力强的企业，还是内源性融资能力弱的企业，出口企业相对于非出口企业均具有更强的内源性融资能力，内源性融资能力强的企业出口后获得的工资溢价相对较小。

本书以清偿比率和股东权益比率的中位数为临界点，将 2006—2016 年上市公司制造业全部企业划分为内源性融资能力强的企业和内源性融资能力弱的企业，分别代入式（4-19），实证检验贸易自由化对不同内源性融资能力的企业工资溢价的影响。

（一）清偿比率差异与出口后工资溢价

在面板模型参数估计方法的选择上，高清偿比率企业和低清偿比率企业工资溢价方程中，F 检验的 P 值均为 0.00，拒绝联合回归模型的假

设，Hausman 检验的 P 值均为 0.00，高清偿比率企业和低清偿比率企业工资溢价方程均采用固定效应模型进行估计，其检验结果分别如式（4-33）和式（4-34）所示。

$$\ln \text{wl}_{i,t} = -2.33 + 0.07 \text{ Export}_{i,t} - 0.002 \text{ prfrt}_{i,t} + 0.58 \ln \text{tfp}_{i,t}$$
$$\qquad\ (-2.31) \qquad\ (2.48) \qquad\quad (-2.84) \qquad\qquad (7.22)$$
$$\qquad - 2.86 \ln \text{age}_{i,t} + 0.75 \ln \text{age 2}_{i,t} + 0.22 \ln \text{dbastrt}_{i,t} - 0.31 \ln 1_{i,t}$$
$$\qquad\quad (-8.93) \qquad\qquad (12.40) \qquad\qquad (3.24) \qquad\qquad (-11.67)$$
$$\qquad + 0.20 \ln \text{k1}_{i,t} + 2.88 \text{ area 1}_{i,t} + 1.59 \text{ area 2}_{i,t} + 0.16 \text{ size 1}_{i,t}$$
$$\qquad\quad (8.05) \qquad\quad (10.07) \qquad\qquad (4.58) \qquad\qquad (1.74)$$
$$\qquad + 0.02 \text{ size 2}_{i,t} + 0.02 \text{ nature 1}_{i,t} + 0.17 \text{ nature 2}_{i,t}$$
$$\qquad\quad (0.25) \qquad\qquad (0.39) \qquad\qquad (2.22)$$

$$(4-33)$$

$$\ln \text{wl}_{i,t} = 8.84 + 0.10 \text{ Export}_{i,t} - 0.002 \text{ prfrt}_{i,t} + 0.49 \ln \text{tfp}_{i,t}$$
$$\qquad\ (3.12) \qquad\ (3.05) \qquad\quad (-2.82) \qquad\qquad (6.45)$$
$$\qquad - 1.62 \ln \text{age}_{i,t} + 0.51 \ln \text{age 2}_{i,t} - 0.003 \ln \text{dbastrt}_{i,t} - 0.20 \ln 1_{i,t}$$
$$\qquad\quad (-4.43) \qquad\qquad (7.08) \qquad\qquad (-0.09) \qquad\qquad (-5.45)$$
$$\qquad + 0.22 \ln \text{k1}_{i,t} + 0.15 \text{ area 1}_{i,t} - 8.25 \text{ area 2}_{i,t} + 0.20 \text{ size 1}_{i,t}$$
$$\qquad\quad (7.41) \qquad\quad (1.48) \qquad\qquad (-9.21) \qquad\qquad (2.73)$$
$$\qquad + 0.10 \text{ size 2}_{i,t} + 0.23 \text{ nature 1}_{i,t} - 0.04 \text{ nature 2}_{i,t}$$
$$\qquad\quad (1.62) \qquad\qquad (1.34) \qquad\qquad (-0.63)$$

$$(4-34)$$

式（4-33）和式（4-34）的拟合优度分别为 0.8972 和 0.8829，除式（4-33）中的 $\text{size1}_{i,t}$、$\text{nature1}_{i,t}$ 变量以及式（4-34）中的 $\ln \text{dbastrt}_{i,t}$、$\text{area2}_{i,t}$、$\text{size2}_{i,t}$ 和所有制变量外，式（4-33）和式（4-34）中其他变量 t 值的绝对值均显著大于 1.65，模型总体拟合效果良好。

式（4-33）和式（4-34）中，高清偿比率企业和低清偿比率企业的出口工资溢价系数 β 均显著为正，说明 2006—2016 年，我国上市公司制造业高清偿比率企业和低清偿比率企业因出口而获得工资溢价。从总体上来说，2006—2016 年，在其他变量保持不变的情况下，高清偿比率企业和低清偿比率企业中，出口企业与同期的非出口企业相比，工资水平分别高 7% 和 10%。

从利润率变量的结果来看，2006—2016 年，利润率增加对高清偿比率企业和低清偿比率企业的工资溢价均具有负向影响。在其他变量保持不变的情况下，高清偿比率企业和低清偿比率企业利润率每增加 1%，企业工资水平均下降 0.002%。

从生产率变量的结果来看，2006—2016 年，我国上市公司制造业高清偿比率企业和低清偿比率企业生产率增长对企业工资溢价均具有正向影响，在其他变量保持不变的情况下，高清偿比率企业和低清偿比率企业生产率每增加 1%，企业工资水平分别提高 0.58% 和 0.49%。

从上市年限变量的结果来看，与理论预期相反，2006~2016 年，我国上市公司制造业高清偿比率企业和低清偿比率企业上市年限一次项系数为负，二次项系数为正，上市年限与工资水平之间呈"U"型关系。在其他变量保持不变的情况下，上市初期高清偿比率企业和低清偿比率企业经营年限每增加 1%，企业工资水平分别降低 2.86% 和 1.62%；上市中后期高清偿比率企业和低清偿比率企业经营年限每增加 1%，企业工资水平分别提高 0.75% 和 0.51%。

从资产负债率变量的结果来看，2006—2016 年，我国上市公司制造业高清偿比率企业资产负债率增加对企业工资溢价具有正向影响。在其他变量保持不变的情况下，高清偿比率企业资产负债率每增加 1%，企业工资水平提高 0.22%。低清偿比率企业资产负债率增加对企业工资溢价具有负向影响。在其他变量保持不变的情况下，低清偿比率企业资产负债率每增加 1%，企业工资水平降低 0.003%。

从劳动投入规模变量的结果来看，2006—2016 年，我国上市公司制造业高清偿比率企业和低清偿比率企业劳动投入规模增加对企业工资溢价均具有负向影响。在其他变量保持不变的情况下，高清偿比率企业和低清偿比率企业劳动投入规模每增加 1%，企业工资水平分别降低 0.31%

和 0.20%。

从人均资本变量的结果来看，2006—2016 年，我国上市公司制造业高清偿比率企业和低清偿比率企业生产率增长对企业工资溢价具有正向影响，在其他变量保持不变的情况下，高清偿比率企业和低清偿比率企业人均资本每增加 1%，企业工资水平分别提高 0.20% 和 0.22%。

（二）股东权益比率差异与出口后工资溢价

在面板模型参数估计方法的选择上，高股东权益比率企业和低股东权益比率企业工资溢价方程中，F 检验的 P 值均为 0.00，拒绝联合回归模型的假设，Hausman 检验的 P 值均为 0.00，高股东权益比率企业和低股东权益比率企业工资溢价方程均采用固定效应模型进行估计，其检验结果分别如式（4-35）和式（4-36）所示。

$$\ln \text{wl}_{i,t} = -7.97 + 0.07\,\text{Export}_{i,t} - 0.004\,\text{prfrt}_{i,t} + 1.01\ln \text{tfp}_{i,t}$$
$$(-6.87)\quad (2.25)\quad\quad (-9.61)\quad\quad\quad (13.43)$$
$$-1.61\ln \text{age}_{i,t} + 0.55\ln \text{age2}_{i,t} + 0.08\ln \text{dbastrt}_{i,t} - 0.43\ln l_{i,t}$$
$$(-3.81)\quad\quad (6.54)\quad\quad\quad (2.07)\quad\quad\quad (-9.67)$$
$$+0.18\ln \text{k1}_{i,t} + 0.01\,\text{area1}_{i,t} + 8.73\,\text{area2}_{i,t} + 0.35\,\text{size1}_{i,t}$$
$$(5.16)\quad\quad (0.05)\quad\quad (13.49)\quad\quad\quad (3.37)$$
$$+0.16\,\text{size2}_{i,t} + 0.13\,\text{nature1}_{i,t} - 0.19\,\text{nature2}_{i,t}$$
$$(1.72)\quad\quad (0.87)\quad\quad\quad (-2.21)$$

$$(4-35)$$

$$\ln \text{wl}_{i,t} = 6.58 + 0.08\,\text{Export}_{i,t} - 0.002\,\text{prfrt}_{i,t} + 0.66\ln \text{tfp}_{i,t}$$
$$(1.80)\quad (1.85)\quad\quad (-2.75)\quad\quad\quad (13.43)$$
$$-2.79\ln \text{age}_{i,t} + 0.75\ln \text{age2}_{i,t} + 0.41\ln \text{dbastrt}_{i,t} - 0.33\ln l_{i,t}$$
$$(-5.28)\quad\quad (7.92)\quad\quad\quad (4.43)\quad\quad\quad (-9.72)$$
$$+0.25\ln \text{k1}_{i,t} + 2.23\,\text{area1}_{i,t} + 0.96\,\text{area2}_{i,t} + 0.15\,\text{size1}_{i,t}$$
$$(8.12)\quad\quad (10.08)\quad\quad (3.56)\quad\quad\quad (1.65)$$
$$-0.02\,\text{size2}_{i,t} + 0.06\,\text{nature1}_{i,t} + 0.23\,\text{nature2}_{i,t}$$
$$(-0.33)\quad\quad (0.92)\quad\quad\quad (2.67)$$

$$(4-36)$$

式（4-35）和式（4-36）的拟合优度分别为 0.9262 和 0.9489，除式（4-35）中的 area1$_{i,t}$、nature1$_{i,t}$ 变量和式（4-36）中的 size2$_{i,t}$、nature1$_{i,t}$ 变量外，式（4-35）和式（4-36）中其他变量 t 值的绝对值均显著大于 1.65，模型总体拟合效果良好。

式（4-35）和式（4-36）中，高股东权益比率企业和低股东权益比率企业的出口工资溢价系数 β 均显著为正，说明 2006—2016 年，我国上市公司制造业高股东权益比率企业和低股东权益比率企业因出口而获得工资溢价。从总体上来说，2006—2016 年，在其他变量保持不变的情况下，高股东权益比率企业和低股东权益比率企业中，出口企业与同期的非出口企业相比，工资水平分别高 7% 和 8%。

从利润率变量的结果来看，2006—2016 年，利润率增加对高股东权益比率企业和低股东权益比率企业的工资溢价均具有负向影响。在其他变量保持不变的情况下，高股东权益比率企业和低股东权益比率企业利润率每增加 1%，企业工资水平分别下降 0.004% 和 0.002%。

从生产率变量的结果来看，2006—2016 年，我国上市公司制造业高股东权益比率企业和低股东权益比率企业生产率增长对企业工资溢价均具有正向影响，在其他变量保持不变的情况下，高股东权益比率企业和低股东权益比率企业生产率每增加 1%，企业工资水平分别提高 1.01% 和 0.66%。

从上市年限变量的结果来看，与理论预期相反，2006—2016 年，我国上市公司制造业高股东权益比率企业和低股东权益比率企业上市年限一次项系数为负，二次项系数为正，上市年限与工资水平之间呈"U"型关系。在其他变量保持不变的情况下，上市初期高股东权益比率企业和低股东权益比率企业经营年限每增加 1%，企业工资水平分别降低 1.61% 和 2.79%；上市中后期高股东权益比率企业和低股东权益比率企业经营年限每增加 1%，企业工资水平分别提高 0.55% 和 0.75%。

从资产负债率变量的结果来看，2006—2016 年，我国上市公司制造业高股东权益比率企业和低股东权益比率企业资产负债率增加对企业工资溢价均具有正向影响。在其他变量保持不变的情况下，高股东权益比率企业和低股东权益比率企业资产负债率每增加1%，企业工资水平分别提高0.08%和0.41%。

从劳动投入规模变量的结果来看，2006—2016年，我国上市公司制造业高股东权益比率企业和低股东权益比率企业劳动投入规模增加对企业工资溢价均具有负向影响。在其他变量保持不变的情况下，高股东权益比率企业和低股东权益比率企业劳动投入规模每增加1%，企业工资水平分别降低0.43%和0.33%。

从人均资本变量的结果来看，2006—2016年，我国上市公司制造业高股东权益比率企业和低股东权益比率企业生产率增长对企业工资溢价具有正向影响，在其他变量保持不变的情况下，高股东权益比率企业和低股东权益比率企业人均资本每增加1%，企业工资水平分别提高0.18%和0.25%。

由此，可得出以下结论：① 2006—2016年，我国上市公司制造业不同内源性融资能力企业出口后均获得了工资溢价，与理论预期相符，内源性融资能力弱的企业工资溢价的程度更高。②不同内源性融资能力企业并非以提高产品附加值的方式提高盈利能力，而是以降低工资水平的方式提高利润率。③上市初期，为了使得财务报表体现良好的业绩，低内源性融资能力企业更加以降低劳动力成本的方法来提高利润率，上市年限与工资水平呈负相关。随着企业上市年限的增长，企业的管理经验越发丰富，经营状况越趋于稳定，越能够促进劳动力报酬的提升。

第五节　政策建议

工资上涨、生产率水平提升、产业转型升级，这是新常态下我国外贸企业今后面临的必然趋势。工资水平变化与企业是否从事出口密切相关，尽管现有文献从微观视角研究了中国企业出口中是否存在工资溢价的现象，但是现有文献没有分析是出口导致了更高的工资水平，还是高工资水平的企业自选择出口。本书运用2006—2016年中国上市公司制造业企业的数据实证检验了企业出口与工资水平之间的相互关系，研究结果表明：中国企业出口前和出口后均存在显著的工资溢价，但由于中国企业在国际市场上并不具备竞争优势，众多企业采用压低工人工资的方法来扩大出口市场份额、维持出口利润，出口工资溢价和企业效益之间成反比关系。为通过出口工资溢价带动企业生产率水平提升和外贸结构转型升级，可采取以下对策。

一、深化制度改革，合理配置生产要素

根据异质性企业贸易理论，资本和熟练劳动力之间具有互补性，高资本密集度企业相对于低资本密集度企业获得的"出口学习效应"更强，出口后工资溢价程度更大。与理论预期不符，式（4-21）和式（4-22）中，2006—2016年，我国上市公司制造业不同资本密集度企业进入国际市场之后均存在工资溢价。由于我国存在严重的要素错配现象，落后产能闲置与先进资本设备短缺并存，式（2-42）—式（2-45）中，低资本密集度企业获得的"出口学习效应"反而大于高资本密集度企业，致使低资本密集度企业出口后工资溢价程度更大。为合理配置生产要素，充分发挥市场对生产要素的"价格发现"功能，提高要素收益，可采取以下措施：第一，破除存在的地方产业、贸易保护主义，推动生产要素在不同地区的自由流通；第二，深化户籍制度改革，从而建立城乡一体化的劳动力自由市场，促进劳动力在地区内部以及区域之间的合理配置。

二、鼓励人力资本积累

出口工资溢价对企业的影响是双重的。一方面，员工工资是生产成本的重要组成部分，出口工资溢价使得我国部分劳动力密集型企业丧失

比较优势，被迫退出出口市场；另一方面，出口工资溢价可以激励企业
人力资本积累，提高企业的吸收能力，通过学习与吸收经验，接受国外
研发技术外溢，提升企业的生产率水平，从而抵消工资成本增加的负面
影响，提高企业的成本加成率水平与获利能力。式（4-23）和式（4-24）
中，我国上市公司制造业高熟练劳动力密集度企业相对于低熟练劳动力
密集度企业出口后获得了更大程度的工资溢价。式（2-46）—式（2-49）
中，高熟练劳动力密集企业出口中获得了"出口学习效应"，低熟练劳动
力密集度企业的出口生产率溢价系数为负。为此，政府应该加大高等教
育和职业培训的力度，鼓励人力资本积累，全面提升企业员工的技能水
平，以要素供给侧结构性改革推动产业结构及外贸结构的转型升级。

三、加大研发支出投入力度

研发创新能力强的企业通常具有较高的生产率水平，有能力为员工
支付更高的工资，同时，研发创新能力强的企业能够快速的接受国外的
新知识、新技术，具有较强的"出口学习效应"，企业进入国际市场后工
资溢价程度更高。因此，企业管理者应积极提升创新意识，提高创新管
理能力，推动企业创新发展。与此同时，加大创新资源的投入，提高高
科技新器械的装备率，增加对新技术专业知识的引入，全面提升企业的
生产能力与效率，生产不断向数字化与信息化转变。加大研发经费的投
入，提高自我研发能力，逐渐积累企业创新能力，形成核心竞争力（王
融亲，2017）。

四、推动企业向价值链高端发展

传统贸易增长模型下，中国长期处于微笑曲线（微笑嘴型的一条曲
线，两端朝上，在产业链中，附加值更多体现在两端，设计和销售，处
于中间环节的加工制造附加值最低）的最底端，出口产品在中国内要素
增加比重较低，短期内以"低附加值"为主导的粗放型经济增长模式为

中国经济增长提供了长达 30 年左右的"机会窗口期"。然而，在外部需求萎靡、人口红利逐渐消失的现实条件下，以低工资、低附加值参与国际价值链分工的模式难以为继。因此，在全球化价值链分工的背景下，一方面，中国应继续深入改革、深化开放，巩固与扩大原有劳动力密集型产品的市场份额，增加出口产品本国要素贸易增加值，推动本国劳动要素报酬比重提升；另一方面，延伸产品价值链，向微笑曲线的两端发展。鼓励更多社会主体创新创业，扶持成长性企业的发展，向微笑曲线的研发阶段延伸；提升企业的营运能力，向微笑曲线营销阶段延伸。

五、降低融资成本，提高融资效率

企业在出口产品正式投入生产之前，需要通过银行贷款、发放股权等筹资方式支付劳动力报酬，为此，融资环境对可能对出口企业内部的收入分配产生影响。在不完美的金融市场中，企业的借贷能力受自身财务状况的制约。负债比重高的企业难以从银行获得贷款，导致其流动资产的规模有限，在这种情况下，它们倾向于减少劳动力的雇佣或降低现有员工的工资水平，进而对劳动收入份额造成打压（罗长远、陈琳，2012）。式（4-33）—式（4-36）中可以看出，受融资约束的影响，我国众多企业通过内源性融资方式筹集短期资金，尽管内源性融资能力强的企业进入国际市场后能够获得更高的生产率溢价和贸易收益，但内源性融资能力强的企业留存收益比重高，用于支付员工工资的比重相对较小，企业出口后实现的工资溢价较低。为此，降低融资成本、提高融资效率、扩展融资渠道，有利于促进企业形成出口工资溢价、生产率提升和产业结构升级的良性循环。

参考文献

1. 包群、邵敏：《出口贸易与我国的工资增长：一个经验分析》，《管理世界》2010 年第 9 期，第 55—66 页。

2. 陈波、贺超群：《出口与工资差距：基于我国工业企业的理论与实证分析》，《管理世界》2013 年第 8 期，第 6—15 页。

3. 戴觅、余淼杰、Madhura Maitra：《中国出口企业生产率之谜：加工贸易的作用》，《经济学（季刊）》2014 年第 2 期，第 675—698 页。

4. 范剑勇、冯猛：《中国制造业出口企业生产率悖论之谜：基于出口密度差别上的检验》，《管理世界》2013 年第 8 期，第 16—29 页。

5. 高运胜、郑乐凯、杨张娇：《异质性产品质量与出口加成率》，《统计研究》2017 年第 9 期，第 28—35 页。

6. 耿晔强、狄媛：《中间品贸易自由化、制度环境与企业加成率——基于中国制造业企业的实证研究》，《国际经贸探索》2017 年第 5 期，第 51—68 页。

7. 李春顶、尹翔硕：《我国出口企业的"生产率悖论"及其解释》，《财贸经济》2009 年第 11 期，第 84—90 页。

8. 李春顶、唐丁祥：《出口与企业生产率：新—新贸易理论下的我国数据检验（1997—2006 年）》，《国际贸易问题》2010 年第 9 期，第 13—21 页。

9. 李建萍：《异质性企业的出口生产率悖论研究》，博士学位论文，山东大学，2015 年。

10. 刘啟仁、黄建忠:《异质出口倾向、学习效应与"低加成率陷阱"》,《经济研究》2015 年第 12 期,第 143—157 页。

11. 鲁晓东、连玉君:《中国工业企业全要素生产率估计:1999—2007》,《经济学(季刊)》2012 年第 2 期,第 541—558 页。

12. 黄先海、诸竹君、宋学印:《中国出口企业阶段性低加成率陷阱》,《世界经济》2016 年第 3 期,第 95—117 页。

13. 钱学锋、潘莹、毛海涛:《出口退税、企业成本加成与资源误置》,《世界经济》2015 年第 8 期,第 80—106 页。

14. 盛丹、王永进:《中国企业低价出口之谜——基于企业加成率的视角》,《管理世界》2012 年第 5 期,第 8—23 页。

15. 盛丹:《国有企业改制、竞争程度与社会福利——基于企业成本加成率的考察》,《经济学(季刊)》2013 年第 12 期,第 1465—1490 页。

16. 佟家栋、刘竹青、黄平川:《不同发展阶段出口学习效应比较——来自中国制造业企业的例证》,《经济评论》2014 年第 3 期,第 75—86 页。

17. 易靖韬:《企业异质性、市场进入成本、技术溢出效应与出口参与决定》,《经济研究》2009 年第 9 期,第 106—115 页。

18. 于洪霞、陈玉宇:《外贸出口影响工资水平的机制探析》,《管理世界》2010 年第 10 期,第 47—58 页。

19. 余淼杰:《中国的贸易自由化与制造业企业生产率》,《经济研究》2010 年第 12 期,第 97—110 页。

20. 赵春燕、黄汉民:《出口工资溢价:自我选择效应还是出口学习效应?——基于企业异质性视角的经验研究》,《国际贸易问题》2013 年第 9 期,第 111—119 页。

21. 赵伟、赵金亮:《生产率决定中国企业出口倾向吗——企业所有制异质性视角的分析》,《财贸经济》2011 年第 5 期,第 100—105 页。

22. 赵瑞丽、孙楚仁、陈勇兵:《最低工资与企业价格加成》,《世界经济》2018 年第 2 期，第 121—144 页。

23. 张礼卿、孙俊新：《出口是否促进了异质性企业生产率的增长：来自中国制造企业的实证分析》，《南开经济研究》2010 年第 4 期，第110—122 页。

24. 张杰、李勇、刘志彪：《出口与中国本土企业生产率——基于江苏制造业企业的实证分析》，《管理世界》2008 年第 11 期，第 50—64 页。

25. 张坤、侯维忠、刘璐：《中国企业存在"出口—生产率悖论"吗？——基于不同贸易状态的比较分析》，《产业经济研究》2016 年第 1 期，第 30—39 页。

26. 张仁骞、苏然、张二震：《经济开放与中国企业生产率的关系研究——"学习效应"还是"自选择效应"》，《世界经济研究》2016 年第 4 期，第 119—133 页。

27. 周小琳、吴翔、独孤昌慧：《异质性企业贸易理论关于国际贸易基本问题的回答——一个文献综述》，《经济问题探索》2015 年第 9 期，第 156—163 页。

28. 祝树金、张鹏辉：《出口企业是否有更高的价格加成：中国制造业的证据》，《世界经济》2015 年第 4 期，第 3—24 页。

29. Akerlof G. A., Yellen J. L., "The Fair Wage-effort Hypothesis and Unemployment", *The Quarterly Journal of Economics*, 1990, pp.255-283.

30. Alcala Agullo F., Hernández Martínez P. J., "Firms' Main Market, Human Capital, and Wages", *SERIEs*, Vol.1, April 2010, pp.433-458.

31. Altomonte C., Barattieri A., "Endogenous Markups, International Trade, and the Product Mix", *Journal of Industry Competition & Trade*, Vol.15, March 2015, pp.205-221.

32. Altug S., Filiztekin A., "Scale Effects, Time-varying Markups, and the Cyclical Behaviour of Primal and Dual Productivity", *Applied Economics*, Vol.34, No.13, 2002, pp.1687-1702.

33.Amiti M., Freund C., "China's Export Boom", *Finance & Development*, Vol.44, March 2007, pp.38-41.

34.Andersson M., Lööf H., Johansson S., "Productivity and International Trade: Firm Level Evidence from a Small Open Economy", *Review of World Economics*, Vol.144, April 2008, pp.774-801.

35.Antras P., Helpman E., "Global Sourcing", *Social Science Electronic Publishing*, Vol.112, March 2003, pp.552-580.

36.Arkolakis C., Demidova S., Klenow P. J., et al., "Endogenous Variety and the Gains from Trade", *American Economic Review*, Vol.98, February 2008, pp.444-450.

37.Arkolakis C., Costinot A., Rodríguez-Clare A., "New Trade Models, Same Old Gains?", *American Economic Review*, Vol.101, January 2012, pp.94-130.

38.Aw B. Y., Chung S., Roberts M. J., "Productivity and Turnover in the Export Market: Micro-Level Evidence from the Republic of Korea and Taiwan (China)", *World Bank Economic Review*, Vol.14, January 2000, pp.65-90.

39.Badinger H., "Market Size, Trade, Competition and Productivity: Evidence from OECD Manufacturing Industries", *Applied Economics*, Vol.39, No.17, 2007, pp.2143-2157.

40.Baldwin R., Harrigan J., "Zeros, Quality, and Space: Trade Theory and Trade Evidence", *American Economic Journal: Microeconomics*, Vol.3, February 2011, pp.60-88.

41.Bas M., "Technology Adoption, Export Status, and Skill Upgrading: Theory and Evidence", *Review of International Economics*, Vol.20, February 2012, pp. 315-331.

42.Bastos P., Silva J., "The Quality of a Firm's Exports: Where You

Export to Matters", *Journal of International Economics*, Vol.82, February 2010, pp.99–111.

43.Bekes G., Altomonte C., "Trade Complexity and Productivity", *Social Science Electronic Publishing*, Vol.16, No.914, 2009.

44.Bellone F., Musso P., Nesta L, et al, "International Trade and Firm-Level Markups When Location and Quality Matter", *Working Papers*, Vol.16, January 2014, pp.37 - 59.

45.Bernard A. B., Jensen J. B., Lawrence R Z, "Exporters, Jobs, and Wages in US Manufacturing:1976–1987", *Brookings Papers on Economic Activity. Microeconomics*, 1995, pp.67–119.

46.Bernard A. B., Wagner J., "Exports and Success in German Manufacturing", *Weltwirtschaftliches Archiv*, Vol.133, January 1997, pp.134–157.

47.Bernard A. B., Eaton J, Jensen J B, et al, "Plants and Productivity in International Trade", *American Economic Review*, Vol.93, April 2003, pp.1268–1290.

48.Bernard A. B., Jensen J B, Schott P K, "Trade Costs, Firms and Productivity", *Journal of Monetary Economics*, Vol.53, May 2006, pp.917–937.

49.Bernard A. B., Jensen J B, Redding S J, et al, "Firms in International Trade", *Journal of Economic Perspectives*, Vol.21, March 2007, pp.105–130.

50.Bernard A. B., Jensen J B, Redding S J, et al, "The Empirics of Firm Heterogeneity and International Trade", *Annual Review of Economics*, Vol.4, January 2012, pp.283–313.

51.Blalock G., Gertler P. J., "Learning from Exporting Revisited in a Less Developed Setting", *Journal of Development Economics*, Vol.75, February 2004, pp.397–416.

52.Bleaney M., Wakelin K., "Efficiency, Innovation and Exports", *Oxford Bulletin of Economics & Statistics*, Vol.64, January 2010, pp.3–15.

53.Broda C., Weinstein D. E., "Globalization and the Gains from Variety", *National Bureau of Economic Research*, 2004.

54.Clerides S. K., Lach S, Tybout J. R., "Is Learning by Exporting Important? Micro-dynamic Evidence from Colombia, Mexico, and Morocco", *Quarterly Journal of Economics*, 1998, pp.903–947.

55.Combes P. P., Duranton G., Gobillon L, et al, "The Productivity Advantages of Large Cities: Distinguishing Agglomeration from Firm Selection", *Econometrica*, Vol.80, June 2012, pp.2543–2594.

56.Constantini J. A., Melitz M. J., "The Dynamics of Firm-level Adjustment to Trade Liberalization", *The Organization of Firms in a Global Economy*. 2007.

57.Collier P., Fafchamps M., Teal F., et al., "Exports and Firm-Level Efficiency in African Manufacturing", *Economic Development & Cultural Change*, Vol.48, April 2000, pp.801–827.

58.Coşar A. K., Guner N., Tybout J., "Firm Dynamics, Job Turnover, and Wage Distributions in an Open Economy", *National Bureau of Economic Research*, 2010.

59.Crozet M., Trionfetti F., "Firm-level Comparative Advantage", *Journal of International Economics*, Vol.91, February 2013, pp.321–328. Das S, Roberts M, Tybout J, "Market entry costs, producer heterogeneity, and export dynamics". *Econometrica*, Vol. 75, March 2007, pp.837–873.

60.Davis D. R., Harrigan J., "Good Jobs, Bad Jobs, and Trade Liberalization", *Journal of International Economics*, Vol.84, January 2011, pp.26–36.

61.De Loecker J., Warzynski F., "Markups and Firm-level Export

Status", *American Economic Review*, Vol.102, June 2012, pp.2437–2471.

62.Disney R. F., Emmerson C., Smith S., "Pension Reform and Economic Performance in Britain in the 1980s and 1990s", *Social Science Electronic Publishing*, 2003, pp.233–274.

63.Domowitz I., Hubbard R G., Petersen B. C., "Market Structure and the Cyclical Fluctuations in U.S Manufacturing", *Review of Economics & Statistics*, Vol. 70, January 1986, pp.55–66.

64.Eaton J., Kortum S., "Technology, Geography, and Trade", *Econometrica*, Vol.70, May 2002, pp. 1741–1779.

65.Egger H., Grossmann V., "Non-routine Tasks, Restructuring of Firms, and Wage Inequality within and between Skill-groups", *Journal of Economics*, Vol.86, March 2005, pp. 197–228.

66.Falvey R., Greenaway D., Yu Z., "Intra-industry Trade Between Asymmetric Countries with Heterogeneous Firms", *Ssrn Electronic Journal*, 2004.

67.Feenstra R. C., "Advanced International Trade: Theory and Evidence", *Journal of International Economics*, Vol.66, February 2003, pp.541–544.

68.Feenstra R. C., Kee H. L., "Export Variety and Country Productivity", *National Bureau of Economic Research*, 2004.

69.Feenstra R. C., Weinstein D. E., "Globalization, Markups, and the US Price Level", *National Bureau of Economic Research*, 2010.

70.Feenstra R. C., "Restoring the Product Variety and Pro-competitive Gains from Trade with Heterogeneous Firms and Bounded Productivity", *National Bureau of Economic Research*, 2014.

71.Fernandes A. M., "Trade Policy, Trade Volumes and Plant-level Productivity in Colombian Manufacturing Industries", *Social Science*

Electronic Publishing, Vol.71, January 2007, pp.52–71.

72.Frıas J. A., Kaplan D. S., Verhoogen E A, "Exports and Wage Premia: Evidence from Mexican Employer–employee Data", *Unpub. paper*, Columbia University, 2009.

73.Fryges H., Wagner J., "Exports and Profitability: First Evidence for German Manufacturing Firms", *World Economy*, Vol.33, March 2010, pp.399–423.

74.Gradzewicz M., Hagemejer J., "Impact of Competition and Business Cycles on the Behavior of Monopolistic Markups in the Polish Economy", *Mpra Paper*, 2007, p.15759.

75.Girma S., Greenaway D., Kneller R, "Export Market Exit and Performance Dynamics: A Causality Analysis of Matched Firms", *Economics Letters*, Vol.80, February 2003, pp.181–187.

76.Girma S., Görg H., Strobl E., "Exports, International Investment, and Plant Performance: Evidence from a Non–parametric Test", *Discussion Papers of Diw Berlin*, Vol.83, March 2004, pp.317–324.

77.Goldberg P. K., Khandelwal A., Pavcnik N, et al., "Imported Intermediate Inputs and Domestic Product Growth: Evidence from India", *Quarterly Journal of Economics*, Vol.125, April 2010, pp.1727–1767.

78.Gourlay A., Seaton J., "Explaining the Decision to Export: Evidence from UK Firms", *Applied Economics Letters*, Vol. 11, March 2004, pp.153–158.

79.Grossman G. M., Helpman E., "Quality Ladders in the Theory of Growth", *Review of Economic Studies*, Vol.58, January 1991, pp.43–61.

80.Hall R. E., "The Relation between Price and Marginal Cost in U.S. Industry", *Journal of Political Economy*, Vol. 96, May 1988, pp.921–947.

81.Harrigan J., "Technology, Factor Supplies, and International

Specialization: Estimating the Neoclassical Model", *Staff Reports*, Vol.87, April 1997, pp.475–494.

82.Harris R. I., Li Q. C., "Export–market Dynamics and the Probability of Firm Closure: Evidence for the UK", *Scottish Institute for Research in Economics (SIRE)*, 2008, pp.145–168.

83.Helpman E., Melitz M, Yeaple S. R., "Export versus FDI", *Social Science Electronic Publishing*, Vol.94, January 2003, pp.300–316.

84.Helpman E., Melitz M. J., Yeaple S. R., "Export versus FDI with Heterogeneous Firms", *American Economic Review*, Vol.94, January 2004, pp.300–316.

85.Helpman E., Melitz M., Rubinstein Y., "Estimating Trade Flows: Trading Partners and Trading Volumes", *Quarterly Journal of Economics*, Vol.123, February 2008, pp.441–487.

86.Helpman E., Itskhoki O., "Labour Market Rigidities, Trade and Unemployment", *The Review of Economic Studies*, Vol.77, March 2010, pp.1100–1137.

87.Helpman E., Itskhoki O., Muendler M A, et al., "Trade and Inequality: From Theory to Estimation", *Social Science Electronic Publishing*, Vol.86, February 2012, pp.184–196.

88.Hsu T., "An Open Economy General Equilibrium Model with Heterogeneous Producers, a Homothetic Utility Function and Endogenous Elasticity", *Review of World Economics*, Vol.146, April 2010, pp. 799–818.

89.Isgut A., "What's Different about Exporters? Evidence from Colombian Manufacturing", *Journal of Development Studies*, Vol.37, May 2001, pp.57–82.

90.Janiak A., "Does Trade Liberalization Lead to Unemployment? Theory and Some Evidence", *Mimeo, Universite Libre de Bruxelles*, 2006.

91.Johnson R. C., "Trade and Prices with Heterogeneous Firms", *Journal of International Economics*, Vol.86, January 2012, pp.43–56.

92.Kasahara H., Rodrigue J., "Does the Use of Imported Intermediates Increase Productivity? Plant-level Evidence", *Journal of Development Economics*, Vol.87, January 2008, pp.106–118.

93.Khandelwal A., "The Long and Short (of) Quality Ladders", *The Review of Economic Studies*, Vol.77, April 2010, pp. 1450–1476.

94.Khalifa S., "Trade, overeducation, and wage inequality", *The Journal of Developing Areas*, Vol.50, February 2016, pp. 153–183.

95.Konings J., Cayseele P. V., Warzynski F., "The Effects of Privatization and Competitive Pressure on Firms' Price-cost Margins: Micro Evidence from Emerging Economies", *Review of Economics & Statistics*, Vol.87, January 2005, pp.124–134.

96.Konings J., Vandenbussche H., "Antidumping Protection and Markups of Domestic Firms", *Journal of International Economics*, Vol.65, January 2005, pp.151–165.

97.Kramarz F., "Offshoring, wages, and employment: Evidence from Data Matching Imports, Firms, and Workers", *CREST-INSEE Mimeo*, 2008.

98.Krugman P. R., "Increasing Returns, Monopolistic Competition, and International Trade", *Journal of International Economics*, Vol.9, April 1979, pp.469–479.

99.Krugman P., "Scale Economies, Product Differentiation, and the Pattern of Trade", *American Economic Review*, Vol.70, May 1980, pp.950–959.

100.Kugler M., Verhoogen E., "Prices, Plant Size, and Product Quality", *Review of Economic Studies*, Vol. 79, January 2012, pp.307–339.

101.Liu J. T., Tsou M. W., Hammitt J. K., "Export Activity and Productivity: Evidence from the Taiwan Electronics Industry",

Weltwirtschaftliches Archiv, Vol.135, April 1999, pp. 675-691.

102.Lu Y., Yu L., "Trade Liberalization and Markup Dispersion: Evidence from China's WTO Accession", *American Economic Journal Applied Economics*, Vol.7, April 2015, pp. 221-253.

103.Martins P. S., Opromolla L. D., "Exports, Imports and Wages: Evidence from Matched Firm-Worker-Product Panels", *Social Science Electronic Publishing*, 2009.

104.Mayer T., Melitz M. J., Ottaviano G. I. P., "Market Size, Competition, and the Product Mix of Exporters", *National Bureau of Economic Research*, 2011.

105.Mayer T., Melitz M. J., Ottaviano G. I. P., "Market Size, Competition, and the Product Mix of Exporters", *Social Science Electronic Publishing*, Vol.104, February 2014, pp.495-536.

106.Melitz M. J., "The Impact of Trade on Intra - industry Reallocations and Aggregate Industry Productivity", *Econometrica*, Vol.71, June 2003, pp.1695-1725.

107.Melitz M. J., Ottaviano G. I. P., "Market Size, Trade, and Productivity", *The Review of Economic Studies*, Vol.75, January 2008, pp.295-316.

108.Montagna C., "Efficiency Gaps, Love of Variety and International Trade", *Economica*, Vol. 68, No.269, 2001, pp. 27-44.

109.Munch J. R., Skaksen J. R., "Human Capital and Wages in Exporting Firms", *Journal of International Economics*, Vol.75, February 2008, pp.363-372.

110.Namini J. E., "The Short and Long-run Impact of Globalization If Firms Differ in Factor Input Ratios", *Journal of Economic Dynamics & Control*, Vol.38, January 2014, pp.37-64.

111.Nekarda C., Ramey V., "The Cyclical Behavior of the Price-Cost Markup", *Nber Working Papers*, 2013, pp.19099.

112.Ottaviano G., Tabuchi T., Thisse J. F., "Agglomeration and Trade Revisited", *International Economic Review*, Vol.43, February 2002, pp.409-435.

113.Ottaviano G. I. P., "National Disparities and Regional Allocation of Resources: A Positive Framework", *Idb Publications*, 2005.

114.Pavcnik N., "Trade Liberalization, Exit, and Productivity Improvements: Evidence from Chilean Plants", *The Review of Economic Studies*, Vol.2002, 69(1), pp. 245-276.

115.Roeger, W., "Can Imperfect Competition Explain the Difference between Primal and Dual Productivity Measures? Estimates for U.S. Manufacturing", *Journal of Political Economy*, Vol.103, February 1995, pp. 316-330.

116.Romer P., "Endogenous Technological Change", *National Bureau of Economic Research*, 1989.

117.Rotemberg J. J., Woodford M., "The Cyclical Behavior of Prices and Costs", *Handbook of Macroeconomics*, January 1999, pp.1051-1135.

118.Pflüger M., Russek S., "Heterogeneous Firms, Trade, and Economic Policy: Insights from a Simple Two-Sector Model", *Firms in the International Economy: Firm Heterogeneity Meets International Business*, 2013, p.369.

119.Salomon R. M., Shaver J. M., "Learning by Exporting: New Insights from Examining Firm Innovation", *Journal of Economics & Management Strategy*, Vol.14, February 2010, pp. 431-460.

120.Schank T., Schnabel C., Wagner J., "Do Exporters Really Pay Higher Wages? First Evidence from German Linked Employer - employee

Data", *Journal of International Economics*, Vol.72, January 2007 , pp. 52–74.

121.Schmeiser K. N., "Learning to Export: Export Growth and the Destination Decision of Firms", *Journal of International Economics*, Vol.87, January 2012, pp.89–97.

122.Shapiro C., Stiglitz J. E., "Equilibrium Unemployment as a Worker Discipline Device", *The American Economic Review*, 1984, pp.433–444.

123.Siotis G., "Competitive Pressure and Economic Integration: an Illustration for Spain, 1983 - 1996", *International Journal of Industrial Organization*, Vol.21, October 2003, pp. 1435–1459.

124.Verhoogen E. A., "Trade, Quality Upgrading, and Wage Inequality in the Mexican Manufacturing Sector", *Quarterly Journal of Economics*, Vol.123, February 2008, pp.489–530.

125.Yeaple S. R., "A Simple Model of Firm Heterogeneity, International Trade, and Wages" . *Journal of International Economics*, Vol.65, January 2005, pp.1–20.

责任编辑:高晓璐

图书在版编目(CIP)数据

竞争能力异质性与中国制造业企业出口贸易问题研究/周小琳 著. 一
北京:人民出版社,2019.12
ISBN 978-7-01-021630-0

Ⅰ.①竞…　Ⅱ.①周…　Ⅲ.①制造工业-工业企业-出口贸易-研究-中国
Ⅳ.①F426.4

中国版本图书馆 CIP 数据核字(2019)第 295558 号

竞争能力异质性与中国制造业企业出口贸易问题研究
JINGZHENG NENGLI YIZHIXING YU ZHONGGUO ZHIZAOYE QIYE CHUKOU MAOYI WENTI YANJIU

周小琳　著

人民出版社 出版发行
(100706　北京市东城区隆福寺街 99 号)

北京虎彩文化传播有限公司印刷　新华书店经销

2019 年 12 月第 1 版　2019 年 12 月北京第 1 次印刷
开本:710 毫米×1000 毫米 1/16　印张:17.25
字数:277 千字

ISBN 978-7-01-021630-0　定价:56.00 元

邮购地址 100706　北京市东城区隆福寺街 99 号
人民东方图书销售中心　电话 (010)65250042　65289539